教科書ぴ
トレー

はなまるシール

- ふろくの「がんばり表」に使おう！
- はじめに、キミのおとも犬を選んで、がんばり表にはろう！
- 学習が終わったら、がんばり表に「はなまるシール」をはろう！
- 余ったシールは自由に使ってね。

もくじ

国語５年
教育出版版
ひろがる言葉 小学国語

教科書ぴったりトレーニング

▶ ３分でまとめ動画

水平線
うぐいす

めあて
★くり返される言葉に気をつけて読もう。
★音読するときに、どこで「間（ま）」をとるか考えよう。

学習日
月　日
教科書
上10〜12ページ
答え
2ページ

1 詩を読んで、答えましょう。

水平線　　小泉（こいずみ） 周二（しゅうじ）

水平線がある
一直線にある
ゆれているはずなのに
一直線にある

水平線がある
はっきりとある
空とはちがうぞと
はっきりとある

水平線がある
どこまでもある
ほんとうの強さみたいに
どこまでもある

(1) 「水平線」はどのような様子であるといっていますか。三つ書きぬきましょう。

（　　　　）
（　　　　）
（　　　　）

(2) 「空とはちがうぞ」とは、どのようなことを伝えようとしていますか。一つに〇をつけましょう。

ア（　）水平線であることをしっかりと伝えようとしている。
イ（　）水平線であることを静かに伝えようとしている。
ウ（　）水平線であることをゆっくりと伝えようとしている。

(3) この詩の表現（げん）としてあてはまるもの一つに〇をつけましょう。

ア（　）たとえを用いて水平線の様子を想像（ぞう）させている。
イ（　）言葉の順序（じょ）をふつうとぎゃくにして強調している。
ウ（　）言葉をくり返して水平線の様子を強調している。

(4) この詩からは、どのようなものが感じられますか。一つに〇をつけましょう。

ア（　）ずっと遠くまで続く広がり。
イ（　）動くことのない、重々しさ。
ウ（　）まぶしいような明るい世界。

2 詩を読んで、答えましょう。

うぐいす

武鹿（ぶしか）悦子（えつこ）

うぐいすの　こえ
すきとおる
はるのつめたさ
におわせて

うぐいすの　こえ
すきとおる
うちゅうが　一しゅん
しん、とする

(1) 「うぐいすの　こえ」は、どのような声ですか。五字で書きぬきましょう。

□□□□□声

(2) 「はるのつめたさ　におわせて」とは、どのような様子を表していますか。一つに○をつけましょう。

ア（　）春が来たことをそれとなくつげている様子。
イ（　）春の花の香りを知らせようとしている様子。
ウ（　）春の美しさを早く教えようとしている様子。

(3) 「しん、とする」とは、どのような様子を表していますか。一つに○をつけましょう。

ア（　）なんとなくこわい様子。
イ（　）とても静かな様子。
ウ（　）人が全くいない様子。

(4) この詩を音読するとき、どのように読むのがよいですか。一つに○をつけましょう。

ア（　）ゆっくりとささやくように、小さな声で読む。
イ（　）「間（ま）」を取りながら、声に強弱をつけて読む。
ウ（　）元気よく大きな声で、全部をはっきりと読む。

ぴったり1 準備

3分でまとめ

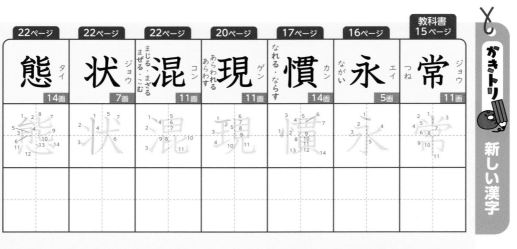

一 登場人物のしんじょうをそうぞうして読もう

いつか、大切なところ
新聞を読もう

魚住（うおずみ）直子（なおこ）

めあて
★登場人物のしんじょうを読みとろう。
★新聞の読み方を知ろう。

学習日 月 日
教科書 上13～37ページ
答え 2ページ

かきトリ 新しい漢字

漢字	教科書	読み	画数
常	15ページ	ジョウ・つね	11画
永	16ページ	エイ・ながい	5画
慣	17ページ	カン・なれる・ならす	14画
現	20ページ	ゲン・あらわれる・あらわす	11画
混	22ページ	コン・まじる・まざる・まぜる・こむ	11画
状	22ページ	ジョウ	7画
態	22ページ	タイ	14画
迷	27ページ	まよう	9画
士	30ページ	シ	3画
謝	30ページ	シャ	17画
情	32ページ	ジョウ・なさけ	11画
報	32ページ	ホウ	12画
容	32ページ	ヨウ	10画
編	32ページ	ヘン・あむ	15画
確	32ページ	カク・たしか・たしかめる	15画
構	32ページ	コウ・かまえる・かまう	14画
囲	33ページ	イ・かこむ・かこう	7画
解	33ページ	カイ・とく・とかす・とける	13画

1 （　）に読みがなを書きましょう。

①（　　）常夜灯 の光。
②（　　）この世に 出現 する。
③（　　）車内が 混 む。
④（　　）状態 が悪い。
⑤（　　）さくで 囲 む。
⑥（　　）早起きの 習慣。
⑦（　　）道に 迷 う。
⑧（　　）力士 とあく手する。

2 □に漢字を、（　）に漢字と送りがなを書きましょう。

① □□（じょうほう）をえる。
② チームの□□（こうせい）。
③ □□（えいえん）のちかい。
④ 文の□□（ないよう）を読み取る。
⑤ □□（かいせつ）を聞く。
⑥ 点数を（　　　）（たしかめる）。
⑦ 毛糸を（　　　）（あむ）。
⑧ 友達に（　　　）（あやまる）。

新聞を読もう

3 次の文章の（　）にあてはまる言葉を、ア～オから選んで答えましょう。

新聞は、印刷物によって情報を伝える①（　　　）の一つです。新聞は内容に応（おう）じて、さまざまな記事がページ（面）ごとに編集されています。書き手の意図によって社会の②（　　　）が高いと思われる記事は大きく、②（　　　）が小さいと思われる記事は小さくなるので、紙面全体をみると記事の③（　　　）が分かります。

新聞記事は大事なことを先に書くようにしています。大きな記事では「④（　　　）」「リード（前文）」「⑤（　　　）」の順に、内容がくわしく書かれています。

ア　見出し　　イ　マスメディア　　ウ　本文
エ　重要度　　オ　関心

いつか、大切なところ

3分でワンポイント

それぞれの場面での、亮太（りょうた）のしんじょうをそうぞうしよう。

★①～③にあてはまる言葉を□の中から選んで、記号を書きましょう。

一平（いっぺい）と駿（しゅん）に会うために電車に乗っている場面	親友に会えるうれしさで、気持ちも明るくはずんでいる。
一平と駿、森田君と遊ぶ場面	親友と遊ぶつもりだったのに、森田君も加わり①（　　　）気持ち。
帰る時間になった場面	森田君と親友がなかよくなっていき、自分のいばしょがなくなったような気持ち。
帰るために電車に乗っている場面	前の友達と学校が変わっていくのが②（　　　）。
自転車に乗った女の子に会った後の場面	新しい町と学校も好きになれる日がくるかもしれないと、③（　　　）している。

ア　さびしい　　イ　わくわく　　ウ　がっかりした

一　登場人物のしんじょうをそうぞうして読もう

いつか、大切なところ

学習日
月　日
教科書
上13～31ページ
答え
3ページ

文章を読んで、答えましょう。

だれもいない校庭に、一平（いっぺい）と駿（しゅん）だけが待っていると思っていたのに、たくさん人がいる。ジャングルジムに上ったり、走り回ったり、縄とびをしたり。低学年の子が多いが、まるで休み時間のようだ。

ずっと前に、校庭を開放している休日に来た時は、がらんとしていた。今日は天気がいいからだろうか。

鉄棒（ぼう）の近くに駿がいる。だれかといっしょだ。でも一平じゃない。あれはたしか、四年の時、となりのクラスだった森田（もりた）君だ。

「駿。」

亮太（りょうた）がよぶと、すぐに気がついた。

「おおっ。」

駿が笑顔（えがお）で走ってくる。

それと同時に、後ろから「亮太。」と声がした。ふり向くと一平だ。校門から走ってくる。

一平と駿が、前と後ろからやってくる。二人にはさまれ、亮太はうれしくてむねがいっぱいになった。

「元気だった？　学校はどう？」

「もう慣れた？　友達はできた？」

二人が次々にたずねる。

「ちょっとは慣れたかな。クラスは一つ多くて、四クラスあるんだ。友達も、まあまあできたよ。」

1 校庭はどんな様子でしたか。次の□にあてはまる言葉を五字と四字で書きぬきましょう。

□□□□□がいて、
まるで□□□□のようだった。

2 前に来た時の校庭は、どんな様子でしたか。八字で書きぬきましょう。

□□□□□□□□

3 鉄棒の近くにはだれがいましたか。

（　　　　）と（　　　　）

4 駿が亮太に会えたことを、とてもよろこんでいることがよくわかる一文を書きぬきましょう。

（　　　　）

ヒント
亮太によばれて気がついたときの駿の様子に注目しよう。

5 一平や駿と会えて、亮太はどんな気持ちになりましたか。わかるところを書きぬきましょう。

（　　　　）

「よかったね。」

駿がほっとしたように笑った。

一平もうなずく。

「それで一平と駿はどう？　クラスは別になったんだよね。」

「そうなんだ。一組と三組に別れたんだよ。」

一平が答えた。

いつのまにか、森田君もそばに来て、話を聞いている。

亮太は、森田君をちらっと見た。なんだかむねにすき間風が入ってきたような変な感じだ。

四人でかくれおにをすることになった。亮太はにげる側になり、走りだす。

水飲み場の青いタイル。ペンキが少しはげたサッカーゴール。大きなタブの木。変わっていないものを見るたびに、亮太はほっとした。

そのあと、一平の家に行った。

森田君も、またいっしょだ。

魚住（うおずみ）直子（なおこ）「いつか、大切なところ」より

6 「森田君をちらっと見た。」時に、亮太はどのように感じましたか。一つに○をつけましょう。

ア（　）新しい友達と出会えて、とてもうれしい。

イ（　）みんなによく知らない友達ができて、少しさびしい。

ウ（　）これから仲よくやっていけるかどうか、心配だ。

エ（　）あまり好きではない友達が来て、楽しくない。

7 「変わっていないもの」について、答えましょう。

ヒント　直後の一文に注目しよう。

① 「変わっていないもの」を三つ書きぬきましょう。

（　　　　）

（　　　　）

（　　　　）

② 「変わっていないもの」を見て、亮太はどのように感じましたか。五字で書きぬきましょう。

□□□□□

8 「またいっしょだ。」は、どんな気持ちを表していますか。一つに○をつけましょう。

ア（　）いっしょに来てくれて、とてもうれしい。

イ（　）あまり来てほしくないけれど、しかたがない。

ウ（　）どうして来たのか、とても不思議だ。

エ（　）いっしょなのは、本当にいやだ。

一 登場人物のしんじょうをそうぞうして読もう

いつか、大切なところ

文章を読んで、答えましょう。

お昼ご飯をごちそうになっている時、

「あ、そういえば。」

一平が思い出したように言った。

「あの白い子が、学校のうらの家にすんでるって、知ってる？」

「急に消えた子？」

駿がきいた。

なんの話だろう。亮太は、一平と駿の顔を見た。

「ちょっと前に生まれたんだって。その中の一ぴきらしいよ。」

「ほかのも白いのかな。」

「ブチもいるんだって。」

亮太がわからない顔をしているのに気がついたのは、森田君だった。

「ねこの話だよ。」

先週、学校の中庭に、とつぜん子ねこが一ぴき現れた。首輪をしていない真っ白な子ねこで、休み時間になるたび、みんな見に行った。家に連れて帰りたいという子も出てきたけど、四時間めが

1 「あ、そういえば。」とありますが、一平は何のことを思い出しましたか。次の□にあてはまる言葉を書きぬきましょう。

□□□□□□□ の話。

2 「亮太は、一平と駿の顔を見た。」とありますが、なぜですか。理由を書きましょう。

（　　　　　　　　　　）

3 「ねこの話だよ。」について、答えましょう。

① 森田君がそう言ったのは、何に気づいたからですか。十六字で書きぬきましょう。

ヒント 直前の一文に注目。理由の答え方にも注意しよう。

② 森田君がそう言った時の気持ちにふさわしいもの一つに○をつけましょう。

ア（　）亮太を思いやる、親切な気持ち。

イ（　）何も知らない亮太を見下す気持ち。

ウ（　）話が通じないことにいら立つ気持ち。

終わって見に行くと、消えていたという。

「だれだよ、ゆうれいねこだって言ったのは。」

一平の言葉に、駿と森田君が笑った。亮太もいっしょに笑いながら、むねの中で冷たい風がふいている気がした。

帰る時間になった。一平と駿と森田君が、げんかんで見送ってくれた。これから一平はスイミングに、駿は森田君の家に遊びに行くらしい。

「じゃあねえ。」

一平と駿が、笑いながら大きく手をふる。亮太も手をふり返したが、笑顔を作れなかった。

終業式の日も同じように見送られた。あの時は二人とも泣いていたけど、今は笑っている。

もう亮太が転校してしまったからだろうか。会おうと思えば、会えるからだろうか。

でも、亮太はあした、この学校には来られない。あしただけじゃない、あさっても、その次の日も、ずっとだ。

魚住直子「いつか、大切なところ」より

4 「ゆうれいねこ」と言われたのは、なぜですか。

（　　　　　　　　）

5 「むねの中で冷たい風がふいている気がした。」について、答えましょう。

① それはどのような気持ちを表していますか。一つに○をつけましょう。

ア（　）心配なことがあるときの、落ちつかない気持ち。

イ（　）いやなことがすんだ後の、さわやかな気持ち。

ウ（　）ひとりぼっちでいるような、さびしい気持ち。

② 亮太がそのようになったのは、なぜですか。

ア（　）自分が笑われているように感じたから。

イ（　）自分だけ仲間でないように思えたから。

ウ（　）自分の知らないことが楽しかったから。

6 「今は笑っている。」とありますが、二人が笑っているのを見て、亮太はどのような様子でしたか。亮太の様子がわかる部分を九字で書きぬきましょう。

□□□□□□□□□

ヒント　一平と駿が見送ってくれたときの亮太の様子が前の段落にあるよ。

7 「あさっても、その次の日も、ずっとだ。」とは、どのようなことを表していますか。あてはまる言葉を書きましょう。

亮太はもう（　　　　　　　）には来られないということ。

一 登場人物のしんじょうをそうぞうして読もう
情報ノート
漢字の広場① 漢字学習ノート

◎めあて
★「情報ノート」の作り方を学ぼう。
★「漢字学習ノート」のまとめ方を学ぼう。

学習日 月 日
教科書 上38〜41ページ
答え 4ページ

かきトリ 新しい漢字

漢字	読み	画数	教科書
災	サイ	7画	38ページ
技	ギ	7画	38ページ
術	ジュツ	11画	38ページ
資	シ	13画	38ページ
快	カイ　こころよい	7画	40ページ
識	シキ	19画	40ページ

1 （　）に読みがなを書きましょう。

① 資料（　）をそろえる。
② 意識（　）を変える。
③ 快速（　）列車に乗る。
④ 芸術（　）作品を見る。
⑤ 競技（　）かるたの大会。
⑥ 火災（　）にあう。

2 □に漢字を、（　）に漢字と送りがなを書きましょう。

① □（かいせい）の空の下。
② □（ちしき）をたくわえる。
③ □（ぎじゅつ）をみがく。
④ □（さいがい）にそなえる。
⑤ □（しざい）を運ぶ。
⑥ □（おきなわ）の海。
⑦ □（こくごじてん）
⑧ □（ともだち）と遊ぶ。
⑨ 島の□（こゆうしゅ）。
⑩ （こころよい）風がふく。
⑪ 荷物を（おく）。

情報ノート

3 正しい意味に○をつけましょう。

① 湖に生息する魚。
ア（　）その場所で生きていること。
イ（　）この世にそんざいすること。

② 出典を調べる。
ア（　）引用された語句などの出どころ。
イ（　）引用された語句などの意味。

③ 天然記念物のつる。
ア（　）観賞用にほごされている動物や植物など。
イ（　）ほごするようにほうりつで指定された動物や植物など。

④ 快てきな生活をおくる。
ア（　）とても気持ちのよいこと。
イ（　）とてもぜいたくであること。

⑤ 豆知識をふやす。
ア（　）生活で必要な知識。
イ（　）ちょっとした知識。

⑥ 疑問に思う。
ア（　）正しいかどうか分からないこと。
イ（　）きょうみをもつこと。

4 「情報ノート」を作るときに大切なことを、次のようにまとめました。（　）にあてはまる言葉を［　］から選んで書きましょう。

知りたいと思った情報を新聞や本、（　　　）などから集める。資料をノートにはる。初めて知ったことや疑問に思ったところに線を引いておく。「（　　　）」や「調べたこと」などの（　　　）をたて、資料の出典も書く。
情報をもとに、自分の考えを整理して作る。

［こうもく　インターネット　考えたこと］

漢字学習ノート

5 「快」という漢字について「漢字学習ノート」を作るとき、次の内容は、どのようなことにあたりますか。［　］から選んで、記号を書きましょう。

① 「気持ちがよい」「病気が治る」「速い」（　）
② 「快」の右側は、「決」の右側と同じ。（　）
③ 友達の病気が快方に向かった。（　）

［ア　漢字を使った文　イ　漢字の意味　ウ　漢字の組み立て］

時間 20分
／100
合格 80点

学習日 月 日
教科書 上13～41ページ
答え 5ページ

文章を読んで、答えましょう。　思考・判断・表現

「さっきまで、児童センターでたっきゅうしてたんだよ。」

「たっきゅう台があるんだ。」

「三つ。みんな、けっこう来てるよ。今度西村（にしむら）君も来たら。」

行きたい！　亮太（りょうた）はうれしくなった。今度行くよと言おうか。ありがとうと言ったほうがいいか。

女の子は亮太が返事をする前に、

「じゃあね。」と、自転車をこぎだした。水色のパーカが風にひるがえり、どんどん小さくなっていく。

「亮太。」

ふり返ると、母さんだ。

「やっぱり、さっきの電車だったのね。お帰り。」

買い物をしてきたらしく、ふくろを両手にさげている。

「今、だれとしゃべってたの？」

「名前は知らない。」

母さんがびっくりした顔になる。

「えっ、知らない子としゃべってたの？」

「そうじゃなくて、同じ学校の人だよ。名前は知らないけど、そ

1 「女の子」は、亮太とどのような関係の子ですか。六字で書きぬきましょう。　10点

2 「水色のパーカが風にひるがえり」は、どんな様子を表していますか。一つに○をつけましょう。　5点

ア（　）元気で、力強そうな様子。

イ（　）明るくて、さわやかな様子。

ウ（　）弱々しくて、寒そうな様子。

3 母さんが「びっくりした顔」をしたのはなぜですか。考えて書きましょう。　11点

（　　　　）

よく出る

4 「そのとおりだと思った。」とありますが、それはどのようなことを表していますか。次の□にあてはまる言葉を、「ということ。」に続く形で書きぬきましょう。　10点

□□□□□□□□□□□□□□□□ということ。

のうちわかる。」

言ってから、そのとおりだと思った。

今、知らなくても、そのうちにわかる。ここで知っていることが、どんどんふえていくのだ。

ふと、今度の学校の教室が目にうかんだ。転校した初日、にげ出したいくらいどきどきした教室だ。

でも、いつのまにかそんな気持ちはなくなっている。わからないことは、みんなすぐに教えてくれるし、休み時間に遊ぶときもさそってくれる。放課後、同じクラスの子の家に遊びにも行った。それに転校生がめずらしくない学校だからか、あまり注目されずにすむのもありがたい。

あれっと、亮太は思った。そうか、今度の学校も悪くない。まだちょっとときんちょうしているけど、そのうちに慣れるだろう。

「一つ、持つよ。」

母さんのふくろを取り、先に歩きだした。

魚住(うおずみ)直子(なおこ)「いつか、大切なところ」より

できたらスゴイ！

5 「今度の学校も悪くない。」について、答えましょう。

① 「今度の学校」で、亮太がほかの子たちとの関係について思い出していることを、四つ書きましょう。 一つ11点(44点)

② 「悪くない」と思っている「今度の学校」は、初めはどのような場所でしたか。 10点

考えを書こう

6 『一つ、持つよ。』……だした。」の場面が、亮太のどのような様子を表しているかを、考えて書きましょう。 10点

ふりかえり　6が分からないときは、5ページの 3分でワンポイント にもどって確にんしてみよう。

一 登場人物のしんじょうをそうぞうして読もう

いつか、大切なところ ～ 漢字の広場① 漢字学習ノート

時間 20分

／100

合格 80点

学習日 月 日

教科書 上13～41ページ

答え 6ページ

1 読みがなを書きましょう。

一つ2点(20点)

① 表情（　）がゆたかだ。

② 意識（　）ははっきりしている。

③ 確実（　）な方法。

④ 特技（　）を身につける。

⑤ 周囲（　）を見回す。

⑥ 自然災害（　）が起こる。

⑦ ニュースを報（　）じる。

⑧ 容器（　）に入れる。

⑨ 八両編成（　）の電車。

⑩ 文章構成（　）を考える。

2 □に漢字を、〔 〕に漢字と送りがなを書きましょう。

一つ2点(20点)

① □□（にちじょう）の会話。

② 男女□□（こんごう）チーム。

③ 新しい□□（しゅうかん）。

④ 外科（げ）の□□（しゅじゅつ）。

⑤ 会議の□□（しりょう）。

⑥ 健康□□（じょうたい）を知る。

⑦ □□（えいえん）の平和を願う。

⑧ テストの□□（かいとう）。

⑨ 〔　〕（こころよい）空間。

⑩ 子犬が〔　〕（あらわれる）。

3 次の——線の言葉にあてはまるものを[　]から選んで、記号を書きましょう。 一つ3点(12点)

① ぼんやりと外をながめる。（　）
② ねむくてしきりに目をこする。（　）
③ あこがれの歌手を前にどきどきする。（　）
④ しみじみと秋の気配を感じる。（　）

ア 心に深くしみこむ様子。
イ 何度も行う様子。
ウ 活気のない様子。
エ むねをときめかせている様子。

4 次の文の（　）にあてはまる言葉を[　]から選んで、記号を書きましょう。同じものを二回選んでもかまいません。 一つ4点(20点)

① あまりにくやしくて、（　）がこみあげてきた。
② 午後は、（　）の合う友達と遊びに出かける。
③ 明日の遠足が楽しみで、（　）がはずむ。
④ ふるさとのなつかしい景色が（　）にうかぶ。
⑤ やさしいはげましに、（　）がいっぱいになった。

ア 気　イ むね　ウ なみだ　エ 目

5 新聞について、（　）にあてはまる言葉を[　]から選んで書きましょう。 一つ4点(12点)

新聞は、さまざまな（　）を一度に多くの人に伝えることができる。読む人の（　）が高い記事は大きくしてあるので、紙面全体を見れば記事の（　）がわかる。

関心　重要度　情報

6 「快」について答えましょう。 一つ4点(16点)

① 「快」の音読みをカタカナで書きましょう。（　）
② 「快」の意味を一つ書きましょう。（　）
③ 「快」をふくむ二字の熟語(じゅく)を一つ書きましょう。（　）
④ 「快」をふくむ短い文を書きましょう。
（　）

ぴったり1 準備

二　事例と解説をもとに筆者の考えを読みとこう

ことなる見方

言葉と事実

言葉の広場①　話し言葉と書き言葉

福沢（ふくざわ）周亮（しゅうすけ）

めあて
★筆者のあげる事例と解説をとらえよう。
★話し言葉と書き言葉について学ぼう。

学習日　月　日
教科書　上43～57ページ
答え　6ページ

かきトリ　新しい漢字

際	サイ	14画	46ページ
逆	ギャク・さか・さからう	9画	47ページ
象	ショウ・ゾウ	12画	48ページ
価	カ	8画	48ページ
非	ヒ	8画	48ページ
像	ゾウ	14画	49ページ
織	シキ・おる	18画	49ページ
証	ショウ	12画	54ページ
属	ゾク	12画	54ページ
比	ヒ・くらべる	4画	56ページ
職	ショク	18画	56ページ
応	オウ・こたえる	7画	57ページ
質	シツ	15画	57ページ

1　（　）に読みがなを書きましょう。

① 逆上（　　）がりを習得（とく）する。

② 物価（　　）が上がる。

③ 国際的（　　）な仕事がしたい。

④ 応用（　　）問題を解く。

⑤ 非常口（　　）からにげる。

2　□に漢字を、（　）に漢字と送りがなを書きましょう。

① □（しょうげん）をする。

② 美術館で□（せきぞう）を見る。

③ 学校の□（そしき）。

④ □（しつもん）をする。

⑤ 水泳部に□（しょぞく）する。

⑥ 重さを（くらべる）。

言葉と事実

3 正しい意味に○をつけましょう。

① 彼女の見た目は人目をひいた。
ア（　）他人の注目をあびる。
イ（　）特に目だたない。

② 要旨を説明する。
ア（　）話のもっとも大事な部分。
イ（　）話の最後の部分。

③ 論理的に説明する。
ア（　）変わった説明。
イ（　）考えの組み立て。

④ 事実を証明する。
ア（　）説明すること。
イ（　）明らかにすること。

話し言葉と書き言葉

4 つぎの文章は「話し言葉」「書き言葉」どちらのとくちょうですか。合うものを全て選びましょう。

ア 相手の反応を見ながら、言い直すことができる。
イ その場にいない人にも伝えることができる。
ウ 読み手はくり返し読んで、確かめることができる。
エ 声の調子をくふうしたり、みぶりを使ったりすることができる。
オ 文字や言葉の使い方を、時間をかけてくふうできる。

・話し言葉（　　　　）　・書き言葉（　　　　）

言葉と事実

3分でワンポイント

文章の事例と解説をもとに、筆者の考えを読みとろう。

★①～③にあてはまる言葉を［　］の中から選んで、記号を書きましょう。

事例
学級たいこうリレーの結果を伝える新聞の見出しが、書いた人によってちがう。
見出しの①（　　）によって受け取る側の印象がちがう。

事例
同じハンカチにちがう札をつけて売ると、売れゆきにちがいがあった。
人は②（　　）を見ず、言葉だけを信じて行動することがある。

筆者の考え
わたしたちが話したり書いたりするときは、事実をどのようにとらえ、表すかということに気を配る必要がある。
話を聞いたり本を読んだりするときは、話し手や書き手が事実をどのような言葉で表しているか、どのような目的で何を伝えようとしているかまで③（　　）必要がある。

［ア 事実　イ 言葉　ウ 考える］

言葉と事実

学習日　月　日
教科書　上46～55ページ
答え　7ページ

文章を読んで、答えましょう。

一方、二組の秋田（あきた）さんは、「おしくも敗れる」と、学級新聞の見出しをつけました。ほとんど勝っていたリレーだったのに、本当におしいところで負けたという感想をもっていたからです。

一組は二組に大勝利をおさめた。

一組は二組に快勝した。

二組は一組におしくも敗れた。

このように、事実は同じでも、表現する人の立場や感じ方によって、言葉がちがっています。

言葉がちがうと、受け取る側の印象もちがいます。「大勝利」ですと、価値（ち）ある勝利であるとか、非常に強かったということが印象に残りますし、「快勝」ですと、気持ちよく勝ったという印象があります。「おしくも敗れた」では、勝ちそうだったのに、もうちょっとのところで負けた、という感じがします。そのため、一組の新聞を読んだ場合と、二組の新聞を読んだ場合とでは、たいこう戦について、言葉から想像する「事実」がちがってきます。

言葉のあたえる印象のちがいに注意を向けた、こんな話もあります。数十年前のアメリカのあるデパートでのことです。同じ男子用ハンカチを、売り場の両はしに分けて積んでおき、次のような札をつけておいたところ、①の札をつけておいたほうがよく売れたというのです。

① 織りのやわらかい、まじりけのないアイルランドあさのハン

1 「おしくも敗れる」とありますが、そのように書いたのはなぜですか。文章中の言葉を使って、理由を書きましょう。

（　　　）

2 「事実」とありますが、どのようなことですか。次の□にあてはまる言葉を二字と三字で書きぬきましょう。

□□が二組に□□□ということ。

3 「言葉がちがうと、受け取る側の印象もちがいます。」とありますが、次の言葉があたえる印象は、それぞれどのようなものですか。

① 「大勝利」（　　　）

② 「快勝」（　　　）

③ 「おしくも敗れた」（　　　）

カチーフ　特価　三枚五十セント

②手ふき　三枚二十五セント

八時間の間に、①では、二十六人が手に取って見て、十一人が買っていったのに対し、②では、六人が手に取って見て、二人が買っていきました。同じ商品のハンカチですが、売れゆきにちがいがあったのです。

福沢周亮「言葉と事実」より

4 「こんな話」について書いてあるのは、どこからどこまでですか。初めと終わりの五字を書きぬきましょう。（句読点をふくみます。）

ヒント 続く部分に注目しよう。

□□□□□～□□□□□

5 「①の札をつけておいたほうがよく売れた」とありますが、どのように売れましたか。

①は（　　）人が買い、②は（　　）人が買った。

6 「売れゆきにちがいがあった」とありますが、なぜそうなったのですか。次の□にあてはまる言葉を十三字で書きぬきましょう。

□□□□□□□□□□□□□があったから。

7 この文章の内容にあてはまるものはどれですか。一つに○をつけましょう。

ヒント 前の段落の内容に注目しよう。

ア（　）同じ商品なので札がちがっても売れゆきは同じだった。

イ（　）同じ商品なのに札によって売れゆきに差が出た。

ウ（　）素材のちがう商品なのに売れゆきが同じだった。

エ（　）素材のちがう商品を同じねだんで売った。

ぴったり3 確かめのテスト①

二 事例と解説をもとに筆者の考えを読みとこう

ことなる見方
～言葉の広場① 話し言葉と書き言葉

時間 20分

／100

合格 80 点

学習日 月 日

教科書 上43～57ページ

答え 8ページ

文章を読んで、答えましょう。　思考・判断・表現

①織りのやわらかい、まじりけのないアイルランドあさのハンカチーフ
　特価　三枚五十セント

②手ふき
　三枚二十五セント

八時間の間に、①では、二十六人が手に取って見て、十一人が買っていったのに対し、②では、六人が手に取って見て、二人が買っていきました。同じ商品のハンカチですが、売れゆきにちがいがあったのです。

どうしてこんなことが起きたのでしょうか。考えられることは、札に書かれた言葉の印象のちがいです。①が、よいハンカチを特に安く売ると感じられるのに対し、②には、人目をひかない言葉が書かれています。こうした印象のちがいが、前のような結果を引き起こしたものと思われます。同じ事実でも、言葉によってちがった「事実」の受け取り方をする、ということがよくわかるでしょう。そればかりか、人は、言葉だけを信用し、事実に目を向けずに行動してしま

よく出る

1 「どうしてこんなことが起きたのでしょうか。」とありますが、その理由を答えましょう。　10点

2 「こうした印象のちがい」とありますが、①と②の札のあたえる印象は、どのようなものですか。それぞれ書きましょう。　一つ10点（20点）

①（　　　）

②（　　　）

3 「言葉によってちがった『事実』の受け取り方をする」とは、どのようなことを表していますか。一つに○をつけましょう。　10点

ア（　）事実の印象が言葉を決めてしまうということ。

イ（　）言葉が事実の受け止め方を変えるということ。

ウ（　）言葉があやまった事実を伝えてしまうということ。

4 「言葉だけを……あるのです。」とありますが、筆者はここでどのようなことを伝えたいのですか。一つに○をつけましょう。　10点

ア（　）言葉のたのもしさ　イ（　）人のおろかさ

ウ（　）言葉のこわさ　エ（　）人のずるさ

できたらスゴイ！

5 「ことなった言葉」になるのは、なぜだと言っていますか。文章中の言葉を使って二つ書きましょう。　一つ10点（20点）

うことがあるのです。

これまであげてきた例のようなことは、わたしたちの日常生活の中でもよく起きています。事実と言葉が結びついていても、人がちがえばことなった言葉で表され、ことなった印象をあたえることがあります。そこには、一人一人のものの見方のちがいが表れているのです。そして時には、「受け取る側にこんな印象をあたえよう」と考えて、言葉が用いられることもあります。

このように考えると、わたしたちが話したり書いたりするときには、ある一つの事実を表すにも、それをどのようにとらえ、どのように表すかということに気を配る必要があります。一方、話を聞いたり、本を読んだりするときには、話し手や書き手が事実をどのような言葉で表しているか、その言葉によって、その人がどのようなものの見方をし、どのような目的で、何を伝えようとしているか、というところまで考えてみる必要があるのです。

福沢周亮（ふくざわしゅうすけ）「言葉と事実」より

6 「受け取る側」とありますが、これと反対の意味になる言葉を考えて書きましょう。 10点

7 「話を聞いたり、本を読んだりするとき」考えてみる必要があるのはどのようなことですか。あてはまる言葉を三十四字でさがし、初めと終わりの五字を書きましょう。 10点

話し手や書き手が、

□□□□□ ～ □□□□□

ということ。

考えを書こう

8 「このように……あります。」の内容について、事実を表すときにどのような言葉を用いるべきかを、具体的な例を考えて、それにそって書きましょう。 10点

ことなる見方 ～言葉の広場① 話し言葉と書き言葉

時間 20分
／100
合格 80点

学習日 月 日
教科書 上43～57ページ
答え 9ページ

1 読みがなを書きましょう。 一つ2点(20点)

① 自然 **現象** の観察。（　　）
② **非常** ベルを鳴らす。（　　）
③ **応用** 問題を解く。（　　）
④ 求めに **応** える。（　　）
⑤ さいばんで **証言** する。（　　）
⑥ **資質** が問われる。（　　）
⑦ こっとう品の **価** 値（ち）。（　　）
⑧ **金属** は熱を伝える。（　　）
⑨ **織** りのやわらかなぬの。（　　）
⑩ 流れに **逆** らう。（　　）

2 □に漢字を、〔　〕に漢字と送りがなを書きましょう。 一つ3点(30点)

① □□（こくさい）連合
② □□（ぶっか）が上がる。
③ 新しい□□（しょくば）に慣れる。
④ 会社の□□（そしき）に入る。
⑤ □（ぎゃく）の言葉。
⑥ 頭の中で□□（そうぞう）する。
⑦ □□（はんのう）を調べる。
⑧ インド□（ぞう）の鼻。
⑨ □□（しつもん）に答える。
⑩ 品物を〔　　〕（くらべる）。

3 次の①～④の意味にあてはまる言葉を□から選んで、記号を書きましょう。

一つ5点(20点)

① 会って、よく話を聞くこと。（　　）

② ほかのものとくらべて、きわ立って目立つ点。（　　）

③ 見たり聞いたりしたときに受けとる感じ。（　　）

④ 考えや思うことを進める道すじ。（　　）

ア 印象　イ インタビュー　ウ とくちょう　エ 論理(ろん)

4 次の①～⑤の文を「話し言葉」と「書き言葉」に分けましょう。

一つ4点(20点)

ア いちばん注意しなくちゃならないのは、水だね。
イ 毎朝、朝ごはんはしっかりとるべきである。
ウ お姉ちゃんは、東京の会社で仕事をしているの。
エ 情報は整理してノートにまとめておくのがよい。
オ いつかは母のふるさとに行こうと考えていた。

話し言葉（　　　　）

書き言葉（　　　　）

5 次のインタビューの会話について答えましょう。

一つ5点(10点)

【チョウの研究をしている○○さんへのインタビュー】

「チョウの飛び方は、種類によってちがうのですか？」

「ええ、ナミアゲハは、日の当たるミカン科の木がある所を飛ぶし、モンシロチョウは、日なたの草原のアブラナ科の草のある所を飛ぶんですよ。」

「チョウは、木や草の見分けができるのですか？」

「人にとってはただの緑の植物というだけかもしれないけど、チョウにとっては、ちがうんだよね。人とチョウとでは、世界の見え方や意味がちがうんです。」

① このインタビューを学校新聞にのせるときの、記事の書き始めを一文で書きましょう。

（　　　　）

② ――線の部分を、学校新聞の記事の書き方に直しましょう。

（　　　　）

ぴったり1 準備

三 伝わるように構成を考えよう

すいせんしよう「町じまん」 案内やしょうかいのポスター

3分でまとめ

めあて
★聞き手がなっとくするような話の構成を考えよう。
★相手や目的に合わせたポスターの作り方を学ぼう。

学習日 月 日
教科書 上58～65ページ
答え 9ページ

がきトリ 新しい漢字

教科書58ページ	59ページ	59ページ	59ページ	64ページ
統 トウ 12画	減 ゲン へる・へらす 12画	述 ジュツ のべる 8画	経 ケイ へる 11画	示 ジ しめす 5画

1 □に読みがなを書きましょう。

① 答えを示す。
② 事実を記述する。
③ 生産量が減る。
④ 経路を確にんする。
⑤ 村を統合する。

2 □に漢字を、〔 〕に漢字と送りがなを書きましょう。

① でんとうてき な服。
② 実際に けいけん する。
③ 人口の げんしょう 。
④ しじ を出す。
⑤ 年を〔 へる 〕。
⑥ 意見を〔 のべる 〕。

すいせんしよう「町じまん」

3 正しい意味に○をつけましょう。

① 交流している学校に伝える。
ア（ ）いろいろと競い合うこと。
イ（ ）たがいに行き来すること。

② いい作品をすいせんする。
ア（ ）ほかの人にすすめること。
イ（ ）一つだけを選び出すこと。

③ オリンピックに関心がある。
ア（ ）きょうみをもつこと。
イ（ ）参加すること。

4 すいせんするとき（発表するとき）の注意点について、（　）にあてはまる言葉を□から選んで書きましょう。

① 聞き手が（　　　　）できる理由を考える。

② 話し方の（　　　　）をくふうする。

③ 先に（　　　　）から話す。

④ うったえたいところを（　　　　）まとめる。

短く　構成　なっとく　結論

5 次のア〜エの文を、ある町をすいせんした文章になるように、「始め」「理由」「終わり」のどれかに分類しましょう。

ア 一つめは、とてもあまくておいしいからです。

イ 以上の二つの理由から、「有田みかん」をすいせんします。

ウ わたしは、町のじまんとして「有田みかん」をすいせんします。その理由は二つあります。

エ 二つ目は、「有田みかん」がこの地域で昔から育てられているからです。

・始め（　　）（　　）

・理由（　　）（　　）

・終わり（　　）（　　）

案内やしょうかいのポスター

6 正しい意味に○をつけましょう。

① お祭りについて取材する。

ア（　）文章の内容を人に伝えること。

イ（　）文章の材料を集めること。

② 図かんを参考にする。

ア（　）自分の考えの手がかりにすること。

イ（　）自分の考えを変えること。

③ ポイントを強調する。

ア（　）目立たせること。

イ（　）目立たないようにすること。

7 ポスターを作るときの大事な点について、（　）にあてはまる言葉を□から選んで書きましょう。

伝えたい内容や相手を決め、取材する。内容や相手に合わせた（　　　　）を考える。（　　　　）やキャッチコピーなどを入れたり、（　　　　）の大きさや色を変えて強調したりする。

図表や（　　　　）の示し方もくふうする。

写真　文字　見出し　構成

三 伝わるように構成を考えよう

言葉の文化① 漢文に親しむ
言葉の広場② 敬語（けい）

めあて

★漢文について学び、親しもう。
★敬語のはたらきと種類を覚えよう。

学習日
月　日
教科書
上66〜73ページ
答え
10ページ

がきトリ 新しい漢字

教科書67ページ	68ページ	68ページ	68ページ	69ページ	70ページ	71ページ
序（ジョ）7画	故（コ）9画	歴（レキ）14画	史（シ）5画	精（セイ）14画	任（ニン／まかせる・まかす）6画	勢（セイ／いきおい）13画

71ページ	71ページ	71ページ	73ページ	73ページ
貸（かす）12画	許（キョ／ゆるす）11画	責（セキ／せめる）11画	適（テキ）14画	程（テイ）12画

1 （　）に読みがなを書きましょう。

① 本を 貸 す。（　）
② 適切 な言葉を選ぶ。（　）
③ 順序 を変える。（　）
④ 日程 を決める。（　）
⑤ 大勢 の人がいる。（　）
⑥ 発明の 特許 を取る。（　）

2 □に漢字を、（　）に漢字と送りがなを書きましょう。

① □□（せいしん）を集中させる。
② 中国の□□（れきし）。
③ 担（たん）□（にん）の先生。
④ この温度が□□（さいてき）だ。
⑤ □□（じこ）が起きる。
⑥ 人を（　ゆるす　）。

漢文に親しむ

3 正しい意味に○をつけましょう。

① 送りがなをおぎなう。

ア（　）思いのままに追加すること。

イ（　）足らないものを満たすこと。

② 月を望む。

ア（　）はるかにながめやること。

イ（　）こうしてほしいと思うこと。

③ 頭をたれて、故郷のことを思った。

ア（　）力なく頭を前に下げる様子。

イ（　）なみだがとまらない様子。

4 次の漢文についての文章の（　）に入る言葉を［　］から選びましょう。

漢文とは、昔の中国の（①　　）です。

日本人は、漢字を読む（②　　）を変えたり、（③　　）を足したり、くふうして漢文に親しんできました。

漢文には、詩や昔の中国の歴史を記した文章や、（④　　）を表した文章もありました。

ア　人々の考え　イ　順序
ウ　書き言葉　エ　送りがな

敬語

5 敬語の種類の説明について、あてはまるものを［　］の中から選びましょう。

①（　）話し相手に対し、丁寧に言う言い方。

②（　）動作をする人を高めて言う言い方。

③（　）自分の動作がおよぶ相手を高めて言う言い方。

ア　尊敬語　イ　謙譲語　ウ　丁寧語

6 敬語として適切な言い方に○をつけましょう。

① ア（　）校長先生がおっしゃいました。
イ（　）校長先生が言いました。

② ア（　）先生がお答えになる。
イ（　）先生が答える。

③ ア（　）お兄ちゃんは出かけている。
イ（　）兄は外出しております。

④ ア（　）お茶をいただきます。
イ（　）お茶をもらう。

⑤ ア（　）宿題をする。
イ（　）宿題をします。

ぴったり1 準備

三 伝わるように構成を考えよう
漢字の広場② 複合語
読書の広場① 図書館を活用しよう
読書の広場② ひろがる読書の世界

めあて
★複合語の成り立ちについて学ぼう。
★資料を使った情報の調べ方を知ろう。

学習日 月 日
教科書 上74〜81ページ
答え 10ページ

かきトリ 新しい漢字

教科書74ページ	74ページ	75ページ	75ページ
複 フク 14画	移 イ うつる・うつす 11画	厚 あつい 9画	飼 シ かう 13画

1 □に読みがなを書きましょう。

① 複合語を作る。
② 大きな犬を飼う。
③ 遠くへ移動する。
④ 厚着する。
⑤ 場所を移す。
⑥ とびらを開く。
⑦ 失敗を反省する。
⑧ 青菜を買う。

2 □に漢字を、〔 〕に漢字と送りがなを書きましょう。

① ふくすう の答え。
② しいく についての本。
③ ほっきょくせい
④ へいたい の絵。
⑤ じょうほう を調べる。
⑥ 〔あつい〕本。
⑦ 席を〔うつる〕。
⑧ 魚を〔やく〕。

図書館を活用しよう

3 正しい意味に○をつけましょう。

① 自治体
ア（ ）家を守るためのシステム。
イ（ ）地域の人々のための団体。

② 官公庁
ア（ ）国と地方の役所。
イ（ ）資料を守る場所。

4 次の言葉を組み合わせて複合語を作りましょう。

① 着る＋かえる（　　　　）

② 見る＋比べる（　　　　）

③ 読む＋続ける（　　　　）

④ うすい＋暗い（　　　　）

5 次の複合語は、どんな言葉が組み合わさってできていますか。組み合わせる前の言葉を書きましょう。

① 近寄る（　　　　）＋（　　　　）

② ねばり強い（　　　　）＋（　　　　）

③ 思い出す（　　　　）＋（　　　　）

④ 手遊び（　　　　）＋（　　　　）

6 次の情報を調べるときに、どの資料を使えばよいでしょうか。正しいものを［　］から選びましょう。

① 地球温暖化（　　）

② かぶと虫のくわしい生態。（　　）

③ 今日の最新のニュース。（　　）

④ 図書館にある本。（　　）

ア　図書館のオンラインデータベース　　イ　こん虫ずかん
ウ　環境省のウェブサイト　　エ　新聞

7 インターネットでけんさくするときに気をつけることについて、正しい言葉を［　］から選びましょう。

インターネットで情報を調べるときは、けんさく用のウェブサイトを使うことができます。ウェブサイトのけんさくボックスに調べたいことに関する（①　　）を入力します。（①）の間に一字分の空白を入れると、複数の（①）でけんさくすることもできます。

ウェブサイトはだれでも（②　　）作れるので、中には（③　　）が書かれていることがあります。インターネットでけんさくするときは気をつけましょう。

ア　あやまった情報　　イ　キーワード　　ウ　自由に

時間 20 分
／100
合格 80 点

学習日
月　日
教科書 上58～81ページ
答え 11ページ

文章を読んで、答えましょう。　思考・判断・表現

【A】

春暁　孟浩然

春眠　暁を　覚えず
処処　啼鳥を　聞く
夜来　風雨の　声
花　落つる　こと　知る　多少

〈日本語訳〉

春の明け方

春のねむりのここちよさに、
夜が明けたのも気がつかなかった。
あちこちから、
鳥の鳴き声が聞こえてくる。
昨夜、風雨の音が聞こえていた。
花は、いったい、どれくらい
落ちたのであろうか。

【B】

静夜思　李白

牀前　月光を　看る
疑うらくは　是れ　地上の　霜かと

【A】について

1 「夜が明けたのも気がつかなかった。」とありますが、なぜですか。日本語訳の言葉を使って書きましょう。 10点

2 詩の中では、今、何が聞こえていますか。日本語訳の中から五字で書きぬきましょう。 10点

よく出る
3 「風雨の音」の「音」を表している漢字を、漢文の中から一字で書きぬきましょう。 10点

できたらスゴイ！
4 「風雨の音」から、作者はどんなことを思っていますか。考えて書きましょう。 10点

【B】について

よく出る
5 「月光」は何に見えましたか。日本語訳の中から七字で書きぬきましょう。 10点

頭を　挙げて　山月を　望み
頭を　低れて　故郷を　思う

〈日本語訳〉
　静かな夜のもの思い
寝台の前にさしこむ月光を見て、
地上におりた霜ではないかと思った。
頭をあげて、山のはしにかかる月を望み、
頭をたれて、故郷のことを思った。

【C】
故きを温ねて
新しきを知る
（『論語』）

〈日本語訳〉
昔のことをよく調べ、勉強し、今に通じる新しいものの見方や考えをもつ。

「漢文に親しむ」より

6 「山月」とは、どのような月ですか。日本語訳の中から書きぬきましょう。 10点

考えを書こう

7 「頭をたれて、故郷のことを思った。」とありますが、作者はどのようなことを思ったのでしょうか。考えて書きましょう。 10点

【C】について

8 「温ねて」とありますが、「温ねる」とはどのような意味ですか。日本語訳の言葉を使って書きましょう。 10点

9 「新しき」とは、どのようなものですか。日本語訳の中から書きぬきましょう。 10点

よく出る

10 この文章から生まれた四字熟語を書きましょう。 10点

ぴったり3 確かめのテスト②

三 伝わるように構成を考えよう

すいせんしよう「町じまん」
～ 読書の広場② ひろがる読書の世界

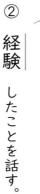

時間 20分

／100

合格 80点

学習日 月 日

教科書 上58～81ページ

答え 12ページ

1 読みがなを書きましょう。 一つ2点(20点)

① 故意（　）に行う。

② 経験（　）したことを話す。

③ 意見を述（　）べる。

④ 厚手（　）の生地。

⑤ 水量が減少（　）する。

⑥ 歴代（　）のチャンピオン。

⑦ 複合語（　）をさがす。

⑧ えんぴつを貸（　）す。

⑨ 結果を表示（　）する。

⑩ オリンピック精神（　）

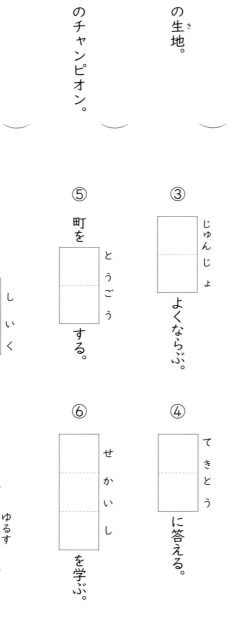

2 □に漢字を、（　）に漢字と送りがなを書きましょう。 一つ3点(30点)

① □□（せきにん）を持つ。

② □（おんてい）がくるう。

③ □□（じゅんじょ）よくならぶ。

④ □（てきとう）に答える。

⑤ 町を□□（とうごう）する。

⑥ □□□（せかいし）を学ぶ。

⑦ うさぎを□□（しいく）する。

⑧ つみを（ゆるす）。

⑨ 季節が（うつり）変わる。

⑩ （いきおい）がある。

3 発表するときの注意として、あてはまるものには○を、あてはまらないものには×を書きましょう。 一つ2点(10点)

ア（　）理由は、「一つめは…、二つめは…」と言うとよい。

イ（　）うったえたいところは強調してなるべく長く話す。

ウ（　）言いたいことは、言いたい順番で発表していってよい。

エ（　）聞き手がなっとくできる理由をメモにまとめ、発表する順番を考える。

オ（　）始め方のくふうとしてよびかけるのもよい。

4 次のポスターを見て、（　）にあてはまる言葉を書きましょう。 一つ5点(10点)

〈5年生のみなさんへ〉
読書会のお知らせ
7月10日　15時～
場所：1組の教室
「怪人二十面相」(かいじん に じゅうめんそう)
江戸川乱歩(え ど がわらん ぽ)

本を読んで、
感想を言い合おう！

五年生を相手に、（　　　　）を開くことを伝えるポスター。

目的は、本を読んで、（　　　　）ことである。

字の大きさと形にくふうをしている。

5 ――線の言葉を正しい言い方に書き直しましょう。ただし、書かれている文字から始めることとします。 一つ3点(15点)

① 先生が来た。（い　　　　）

② 先生のおたくに行く。（う　　　　）

③ 先生から本をもらった。（い　　　　）

④ 市長に言いたいことがある。（も　　　　）

⑤ 兄がいらっしゃいます。（ま　　　　）

6 言葉を組み合わせて複合語を作りましょう。 一つ3点(15点)

① 流れる＋星（　　　　）

② 飛ぶ＋散る（　　　　）

③ 見る＋続ける（　　　　）

④ 目＋覚ます＋時計（　　　　）

⑤ わる＋引く＋セール（　　　　）

この本の終わりにある「夏のチャレンジテスト」をやってみよう！

「対話」というやりとり

めあて
★相手の意図にふさわしい質問をしよう。
★話を聞いて、自分の考えをまとめよう。

学習日
月　日
教科書 上82〜85ページ
答え 12ページ

1 □に漢字を、〔　〕に漢字と送りがなを書きましょう。

① 先生に［しつもん］する。
② ついに［せいこう］した。
③ ハンバーグを［や］く。
④ ［しっぱい］をおそれない。
⑤ 音量を［ちょうせつ］する。
⑥ 都合が［わる］い。
⑦ 料理の［てじゅん］。
⑧ 時間を〔はかる〕。

2 正しい意味に○をつけましょう。

① 相手の<u>意図</u>を聞く。
ア（　）話していること。
イ（　）考えていること。

② 仕事の<u>段取り</u>（だん）がよい。
ア（　）やることの順序を決めること。
イ（　）やる内容を決めること。

③ 友達の話に<u>共感</u>する。
ア（　）同じように感じること。
イ（　）ちがうと感じること。

「共感」の「共」はいっしょという意味だよ。

3 文章を読んで、答えましょう。

木村　最近、何かちょうせんしたことはありますか。
中西　家族のために、ぼくが夕食を一週間作りました。
木村　それはすごいですね。例えば、どんなものを作ったのですか。

(1) 木村さんは、中西さんに、何について質問していますか。話の中から九字で書きぬきましょう。

最近［　　　　　　　　］について。

中西　スパゲッティ、カレーライス、オムライスなどを作りました。そうそう、ハンバーグにもちょうせんしました。

木村　大変だったのはどんなことですか。

中西　できるだけ手早く料理することですね。はじめは段取りが悪くて、とても時間がかかってしまいました。

木村　なるほど。わたしも料理をたまにするのですが、段取りがむずかしいと、するたびに思います。段取りよく料理をするくふうはありますか。

中西　見通しをもてるように、料理する前に手順を表にまとめておきました。

木村　それはいい方法ですね。おいしくできましたか。

中西　はい。家族はみんなよろこんでくれました。特に、最終日のオムライスは「ふわふわでとてもおいしい。」と言われました。

　そういえば、大失敗もありました。

木村　くわしく教えてください。

中西　ハンバーグの焼きかげんがむずかしくて、こがしてしまったのです。時間を計りながら、ガスコンロの火を調節するようにしたら、次からはおいしくできました。失敗は成功のもとです。

「『対話』というやりとり」より

(2) 中西さんは、なんと答えていますか。話の中から二字と三字で書きぬきましょう。

［　　］を［　　　］作った。

(3) 中西さんは、どのような点が大変だったと言っていますか。話の中から十四字で書きぬきましょう。

［　　　　　　　　　　　　　　］

(4) 中西さんが、くふうしたことはどのようなことですか。あてはまるもの一つに○をつけましょう。

ア（　）どんな料理を作ればよいか家族に聞いた。

イ（　）料理する前に手順を表にまとめておいた。

ウ（　）ハンバーグを焼く時間を調べておいた。

(5) 中西さんは、自分の経験をどのようにまとめていますか。話の中から八字で書きぬきましょう。

［　　　　　　　　］

(6) この文章にあてはまるもの二つに○をつけましょう。

ア（　）話し手は聞かれたことについて具体的に答えている。

イ（　）聞き手は話し手から聞いたことに共感していない。

ウ（　）聞き手はもっと知りたいと考えて質問している。

エ（　）話し手は聞かれたこととは関係ないことを話している。

素朴(そぼく)な琴(こと)
鳴く虫
山のあなた

めあて
★詩の表現のイメージを読み取ろう。

学習日
月　日
教科書
上86〜88ページ
答え
13ページ

1 □に漢字を、〔　〕に漢字と送りがなを書きましょう。

① □□(れきし)的かなづかい。
② □□(げんだい)の日本。
③ ピアノの□□(ねいろ)。
④ にぎやかな町に□(す)む。
⑤ 〔　　〕(うつくしい)秋の空。

2 正しい意味に○をつけましょう。

① 素朴(そぼく)な人がらだ。
ア（　）かざりけがない様子。
イ（　）おとなしくやさしい様子。

② 耐(た)えかねる。
ア（　）同時に二つのことをする。
イ（　）〜することができない。

③ 音が冴(さ)える。
ア（　）すんではっきりとしている。
イ（　）強くひびきわたる。

④ ほんのりと明るい。
ア（　）うっすらとしている様子。
イ（　）うすくすけて見える様子。

⑤ 話を聞いて、涙(なみだ)ぐむ。
ア（　）声をあげて泣く。
イ（　）目に涙をためる。

⑥ なお遠くにある。
ア（　）さらに。
イ（　）まっすぐ。

「ーぐむ」は現れはじめるという意味なんだよ。

3 詩を読んで答えましょう。

素朴な琴　八木重吉（やぎじゅうきち）

このあかるさのなかへ
ひとつの素朴な琴をおけば
秋の美しさに耐（た）へ（エ）かねて
琴はしづ（ズ）かに鳴りいだすだらう（ロ）

(1) 「耐へ」「しづか」「だらう」について、答えましょう。

① 「耐へ」「しづか」「だらう」のように、現代ではふつう使われないかなづかいのことを、何といいますか。

（　　　　）

② 「だらう」を声に出して読むとき、どのように発音しますか。ひらがなで書きましょう。

（　　　　）

(2) 「素朴な琴」とは、どのような琴ですか。一つに○をつけましょう。

ア（　）かざりつけていない琴。
イ（　）たった一つしかない琴。
ウ（　）美しさをもっている琴。

(3) この詩は、どのような日の様子を表現していますか。

（　　　　）

(4) 「耐へかねて」とは、どのような意味ですか。一つに○をつけましょう。

ア（　）がまんできて。
イ（　）がまんできなくて。
ウ（　）どうでもよくて。

(5) この詩にあてはまるもの一つに○をつけましょう。

ア（　）琴は秋になったので自然に鳴り出す。
イ（　）琴は秋の美しさに心をゆさぶられ鳴り出す。
ウ（　）琴は秋の明るさに心がしずんで鳴り出す。

素朴な琴
鳴く虫
山のあなた

時間 20分
／100
合格 80点
学習日
月　日
教科書 上82～88ページ
答え 13ページ

文章を読んで、答えましょう。　思考・判断・表現

【A】

鳴く虫　　高橋　元吉

草かげの
鳴く虫たちの宝石工場

どの音もみんなあんなに冴えてゐるから
虫たちはきつといつしんになつて
それぞれちがつたいろの宝石を磨いてゐるのだらう

宝石のひかりがうつり
いひやうのない色まであつて
方々の草かげがほんのりあかるい

よく出る

【A】の詩について

1 「宝石工場」では、何を行っていますか。あてはまる言葉を詩の中から九字で書きぬきましょう。　10点

虫たちが［　　　　　　　　　］を磨いている。

2 虫たちの鳴く音はどのように聞こえていますか。一つに○をつけましょう。　5点

ア（　）どの音も暗く聞こえている。
イ（　）どの音も明るく聞こえている。
ウ（　）どの音も冴えて聞こえている。

3 「いつしんになつて」とは、どのような様子を表していますか。一つに○をつけましょう。　5点

ア（　）みんなで協力し合っている様子。
イ（　）たいへん熱心に行っている様子。
ウ（　）なるべく静かにしている様子。

4 「宝石のひかり」はどのような色であると言っていますか。　10点

（　　　　　　　　　　）

5 「方々の草かげがほんのりあかるい」のは、なぜですか。あてはまる言葉を詩の中から六字で書きぬきましょう。　10点

［　　　　　　］がうつっているから。

【B】

山のあなた

カール＝ブッセ
上田敏　やく

山のあなたの空遠く、
「幸」住むと人のいふ(ウ)。
ああ、われひとと尋めゆきて、
涙さしぐみ、かへ(エ)りきぬ。
山のあなたになほ(オ)遠く、
「幸」住むと人のいふ(ウ)。

※言葉の意味
・あなた
（かなた）
・尋めゆきて
（たずねて行って）
・涙さしぐみ
（涙ぐんで）

6 この詩にあてはまるもの一つに○をつけましょう。　10点

ア（　）虫たちがえさをさがしまわっている様子を表している。
イ（　）虫たちが草かげでしていることを正しく説明している。
ウ（　）虫たちが生きている世界を楽しく思いえがいている。

【B】の詩について

7 「尋めゆきて（たずねて行って）」とありますが、なぜたずねて行ったのですか。一つに○をつけましょう。　10点

ア（　）山の向こうに幸せがあると聞いたから。
イ（　）さがす人が山の向こうにいると聞いたから。
ウ（　）山の向こうに行ってみたかったから。

8 「涙さしぐみ（涙ぐんで）」とありますが、なぜ涙ぐんだのですか。　10点

たずねて行ったところに、
（　　　　　　　　）から。

できたらスゴイ！

9 「山のあなたになほ遠く」とは、どのような意味ですか。　10点

（　　　　　　　　）

10 この詩にあてはまるもの一つに○をつけましょう。　10点

ア（　）本当の幸せをさがし続ける様子がえがかれている。
イ（　）幸せにすんでいる人をさがす様子がわかる。
ウ（　）幸せなどそんざいしないという悲しさが伝わってくる。

考えを書こう

11 「あなたにとっての「幸せ」は何ですか。なぜそう思うのかも考えて書きましょう。　10点

四 物語のやま場を見つけ、読みを深めよう

大造(だいぞう)じいさんとがん

椋(むく)鳩十(はとじゅう)

めあて

★大造じいさんの心情の変化をとらえよう。

★大造じいさんの心情が大きく変わった場面をとらえよう。

学習日　月　日

教科書 上89〜109ページ

答え 14ページ

かきトリ 新しい漢字

教科書ページ	漢字	音	訓	画数
90ページ	率	リツ	ひきいる	11画
90ページ	領	リョウ		14画
92ページ	夢	ム	ゆめ	13画
92ページ	喜	キ	よろこぶ	12画
92ページ	険	ケン	けわしい	11画
93ページ	導	ドウ	みちびく	15画
96ページ	能	ノウ		10画
97ページ	略	リャク		11画
101ページ	救	キュウ	すくう	11画
102ページ	弁	ベン		5画
102ページ	堂	ドウ		11画
108ページ	貯	チョ		12画
108ページ	雑	ザツ・ゾウ		14画
108ページ	殺	サツ	ころす	10画

1 (　)に読みがなを書きましょう。

① 生徒を指導(　)する。

② 殺風景(　)な部屋。

③ 堂々(　)たる態度。

④ 雑音(　)が混じる。

⑤ 険(　)しい山道。

⑥ ◆真っ赤(　)な太陽。

◆特別な読み方の言葉

2 □に漢字を、(　)に漢字と送りがなを書きましょう。

① 遊びに□□(むちゅう)になる。

② □□(けいりゃく)を練る。

③ 動物の□□(ほんのう)。

④ 子どもを□□(きゅうじょ)する。

⑤ □□□(ちょきんばこ)

⑥ 群れを(　)(ひきいる)。

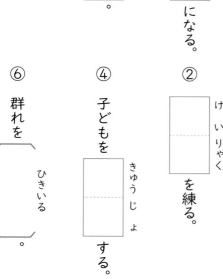

3 正しい意味に○をつけましょう。

① えさをあさったけいせきがある。
ア（　）あることが起こった、はっきりしたあと。
イ（　）あるものがとる、決まったかたち。

② いいあんばいに進む。
ア（　）物事が起こる順番。
イ（　）物事が進む調子。

③ 案の定雨になった。
ア（　）思っていたとおりに。
イ（　）見当がはずれて。

④ うまくいって、会心のえみがこぼれる。
ア（　）期待して見せる笑い。
イ（　）満足して見せる笑い。

⑤ てきに目にもの見せる。
ア（　）うまい立ち回って、だまし通すこと。
イ（　）ひどい目にあわせて、思い知らせること。

⑥ 頭領としてのいげんに満ちる。
ア（　）堂々としておごそかなこと。
イ（　）とてもおそろしい様子のこと。

3分でワンポイント 人物の心情の変化を読み取ろう。

★①〜⑤にあてはまる言葉を□の中から選んで、記号を書きましょう。

大造じいさんの様子や行動	残雪(ざんせつ)に対する気持ち
残雪のせいでがんが手に入らなくなる。	①（　）。
がんをとらえようといろいろな作戦を立てるが、残雪に見ぬかれてしまい、うまくいかない。	りこうで知恵(ちえ)があることを思い知って、②（　）。
おとりのがんを使って、残雪の仲間をとらえようとする。	今度こそ③（　）ことができると期待する。
とつぜん現れたはやぶさからおとりのがんを救おうとし、堂々たる態度をとる残雪を見る。	④（　）。
はやぶさとの戦いでできたきずも治り、元気になった残雪を放す。	堂々と戦おうとちかい、⑤（　）気持ちになる。

ア とても感心する　イ 心を打たれる　ウ はればれとした
エ ひとあわふかせる　オ いまいましく思う

大造（だいぞう）じいさんとがん

文章を読んで、答えましょう。

その翌年も、残雪（ざんせつ）は、大群を率いてやってきた。そして例によって、ぬま地のうちでも、見通しのきく所をえ場（ば）に選んで、えをあさるのであった。

大造じいさんは、夏のうちから心がけて、たにしを五俵（ひょう）ばかり集めておいた。それを、がんの好みそうな場所にばらまいておいた。どんなあんばいだったかなと、その夜行ってみると、案の定、そこに集まって、さかんに食べたけいせきがあった。その翌日も、同じ場所に、うんとこさとまいた。その翌日も、そのまた翌日も、同じようなことをした。

がんの群れは、思わぬごちそうが四、五日も続いたので、ぬま地のうちでも、そこがいちばん気に入りの場所となったらしい。

大造じいさんは、会心のえみをもらした。

そこで、夜の間にえ場より少しはなれた所に、小さな小屋を作って、その中にもぐりこんだ。そして、ねぐらをぬけ出してこのえ場にやってくるがんの群れを待った。

あかつきの光が、小屋の中に、すがすがしく流れこんできた。ぬま地にやってくるがんのすがたが、かなたの空に、黒く、点々と見えだした。

先頭に来るのが、残雪にちがいない。

その群れは、ぐんぐんやってくる。

「しめたぞ！　もう少しのしんぼうだ。あの群れの中に一発ぶち

1 「例によって」とありますが、ここから残雪が何をしたことがわかりますか。一つに○をつけましょう。

ア（　）今年は、いつもとちがう場所をえ場に選んだこと。
イ（　）長い間、がんの大群を率いる頭領であること。
ウ（　）去年も見通しのきく所でえをあさっていたこと。

2 「どんなあんばいだったかな」とありますが、どういうことですか。一つに○をつけましょう。

ア（　）がんが好きな場所だったかどうかということ。
イ（　）がんが多くてもたにしが足りたかということ。
ウ（　）がんがちゃんと食べたかどうかということ。

3 「思わぬごちそう」とは、何ですか。書きぬきましょう。

（　　　　　　　　）

ヒント　この一文の後半に注目しよう。

4 「会心のえみをもらした。」とは、どのような様子を表していますか。一つに○をつけましょう。

ア（　）うまくいきそうで、けんめいになっている様子。
イ（　）思ったとおりになって、うれしく思っている様子。
ウ（　）無事に終わりそうに思えて、安心している様子。

5 「その中にもぐりこんだ。」とありますが、そのようにしたのは、なぜですか。□にあてはまる言葉を五字で書きぬきましょう。

学習日　月　日
教科書　上89～109ページ
答え　14ページ

こんで、今年こそは、目にもの見せてくれるぞ。」
猟銃(りょうじゅう)をぐっとにぎりしめた大造じいさんは、ほおがびりびりするほど引きしまった。

　ところが、残雪は、ゆだんなく地上を見下ろしながら、群れを率いてやってきた。そして、ふと、いつものえ場に、昨日までなかった小さな小屋をみとめた。

「様子の変わった所には近づかぬがよいぞ。」かれの本能は、そう感じたらしい。ぐっと急角度に方向を変えると、その広いぬま地の、ずっと西側のはしに着陸した。

　もう少しで、たまのとどくきょりに入ってくるというところで、またしても、残雪のためにしてやられたのだ。

　大造じいさんは、広いぬま地の向こうをじっと見つめたまま、

「ううん。」

とうなってしまった。

3

　今年もまた、ぼつぼつ、例のぬま地にがんの来る季節になった。

　大造じいさんは、生きたどじょうを入れたどんぶりを持って、にわとり小屋の方に行った。じいさんが小屋に入ると、一羽のがんが、羽をばたつかせながら、じいさんに飛びついてきた。

椋鳩十(むくはとじゅう)「大造じいさんとがん」より

見つからないようにして、［　　　　　］を待つため。

6 「目にもの見せてくれるぞ。」とは、どのような気持ちを表していますか。一つに○をつけましょう。

ア（　）がんを見つけようとしてあせっている気持ち。
イ（　）がんをしとめてやろうと意気ごんでいる気持ち。
ウ（　）がんが早く来てほしいと待ち望んでいる気持ち。

7 「ほおがびりびりするほど引きしまった。」とは、どのような様子を表していますか。一つに○をつけましょう。

ア（　）きんちょうした様子。
イ（　）おびえている様子。
ウ（　）おこっている様子。

8 「ぐっと急角度に方向を変えると」について、答えましょう。

① 残雪がそのようにしたのは、何に気づいたからですか。

（　　　　　　　　　　）

② 残雪にそうさせたものは何ですか。五字で書きぬきましょう。

［　　　　　］

9 大造じいさんと残雪の戦いが、また続いていくことがわかる文をさがして、初めの五字を書きぬきましょう。

［　　　　　］

ヒント 「いつも」「また」「例の」などの言葉をさがそう。

四 物語のやま場を見つけ、読みを深めよう

大造じいさんとがん

学習日 月 日
教科書 上89〜109ページ
答え 15ページ

文章を読んで、答えましょう。

がんたちは、昨年じいさんが小屋がけした所から、たまのとどくきょりの三倍もはなれている地点を、え場にしているらしかった。そこは、夏の出水で大きな水たまりができて、がんのえが十分にあるらしかった。

「うまくいくぞ。」

大造じいさんは、青くすんだ空を見上げながらにっこりした。

その夜のうちに、飼いならしたがんを例のえ場に放ち、昨年建てた小屋の中にもぐりこんだ。

さあ、いよいよ戦闘開始だ。

東の空が真っ赤にもえて、朝が来た。

残雪は、いつものように、群れの先頭に立って、美しい朝の空を、真一文字に横ぎってやってきた。

やがて、え場におりると、グワー、グワーという、やかましい声で鳴き始めた。大造じいさんのむねは、わくわくしてきた。しばらく目をつぶって、心の落ち着くのを待った。そして、冷え冷えする銃身を、ぎゅっとにぎりしめた。

じいさんは目を開いた。

「さあ、今日こそ、あの残雪めにひとあわふかせてやるぞ。」

くちびるを二、三回静かにぬらした。そして、あのおとりを飛び立たせるために口笛をふこうと、くちびるをとんがらせた。と、その時、ものすごい羽音とともに、がんの群れが、一度にばたば

1 がんたちが「え場」にしていた場所は、どのような所でしたか。二つ書きましょう。

（　　　　）

（　　　　）

2 「うまくいくぞ。」とありますが、大造じいさんは何をしようとしていますか。□にあてはまる言葉を八字で書きぬきましょう。

□□□□□□□□をおとりにして、がんと戦うこと。

3 「真一文字に」と同じ意味を表す言葉を、四字で書きぬきましょう。

ヒント このあとの段落に注目しよう。大造じいさんは何をしたのか。

□□□□

4 「わくわくしてきた。」とは、どのような気持ちを表していますか。一つに○をつけましょう。

ア（　）思うとおりにならず、あわてている気持ち。

イ（　）待っていた時がきて、喜んでいる気持ち。

ウ（　）どうなるかわからず、不安な気持ち。

5 「しばらく目をつぶって」とありますが、大造じいさんはそうすることで何をしようとしているのですか。書きましょう。

たと飛び立った。

「どうしたことだ。」

じいさんは、小屋の外にはい出してみた。

がんの群れを目がけて、白い雲の辺りから、何か一直線に落ちてくる。

はやぶさだ。

がんの群れは、残雪に導かれて、実にすばやい動作で、はやぶさの目をくらましながら飛び去っていく。

「あ！」

一羽飛びおくれたのがいる。

大造じいさんのおとりのがんだ。

長い間飼いならされていたので、野鳥としての本能がにぶっていたのだ。

はやぶさは、その一羽を見のがさなかった。

じいさんは、ピュ、ピュ、ピュと口笛をふいた。

こんな命がけの場合でも、飼い主のよび声を聞き分けたとみえて、がんは、こっちに方向を変えた。

はやぶさは、その道をさえぎって、パーンと一つけった。

ぱっと、白い羽毛が、あかつきの空に光って散った。がんの体は、ななめにかたむいた。

もう一けりと、はやぶさがこうげきの姿勢をとった時、さっと、大きなかげが空を横ぎった。

残雪だ。

椋鳩十「大造じいさんとがん」より

6 「ひとあわふかせてやるぞ。」とは、どのような気持ちから出た言葉ですか。一つに○をつけましょう。

ア（　）残雪をひきよせてかわいがってやるぞ。

イ（　）残雪をだまして遠くにおいはらってやるぞ。

ウ（　）残雪をおどろかせてあわてさせてやるぞ。

7 「がんの群れが、一度にばたばたと飛び立った。」について、答えましょう。

① そのようになったのは、なぜですか。

（　　　　）

② がんの群れはその後どうしましたか。

（　　　　）

8 「その一羽」とは何ですか。六字で書きぬきましょう。

9 「残雪だ。」とありますが、残雪はどのように現れましたか。一つに○をつけましょう。

ア（　）がんの群れを率いて、ゆうゆうと飛んできた。

イ（　）飛びおくれたがんとともにはやぶさを待っていた。

ウ（　）とつぜん、はやぶさのそばに一羽でおどり出た。

ヒント 直前の一文の後半に注目しよう。

ぴったり1 準備

四 物語のやま場をみつけ、読みを深めよう

言葉の文化② 鳥
俳(はい)句・短歌のリズムにのせて

めあて
★いろいろな言葉や歌、俳句の中で鳥がどのように出てくるかとらえよう。
★俳句・短歌の作り方を知ろう。

学習日 月 日
教科書 上110〜115ページ
答え 15ページ

かきトリ 新しい漢字

教科書110ページ	110ページ
句 ク 5画	得 トク え(る) 11画

1 □に読みがなを書きましょう。

① 好ましい 印象（　）。
② 収入を 得（　）る。
③ 日常（　）のできごと。
④ 言葉を 省略（　）する。
⑤ 美しい 情景（　）。
⑥ 不思議（　）な物語。
⑦ 勢（　）いよくジャンプする。

2 □に漢字を、□に漢字と送りがなを書きましょう。

① とくい □ な科目。
② 俳 く □ を作る。
③ 子どもが たいしょう □ の本。
④ 例を さんこう □ にする。
⑤ 戸じまりを たしかめる（　）。

俳句・短歌のリズムにのせて

3 それぞれの季節にあてはまる季語を□から選んで、記号で答えましょう。

春（　）　夏（　）　秋（　）　冬（　）

ア 新米　イ さくら　ウ 落ち葉　エ 雪だるま　オ ひまわり

4 正しい意味に○をつけましょう。

① 風流な遊び。
ア（　）上品なおもむきがあること。
イ（　）風で流れるように軽やかなこと。

② 一石二鳥
ア（　）一つのことで二つの苦しみがあること。
イ（　）一つのことで二つの利えきを得ること。

③ 立つ鳥あとをにごさず
ア（　）去るときはきれいにかたづけていくこと。
イ（　）飛んでいく鳥のようにす早く立ち去ること。

④ うらうらとした春の日。
ア（　）やわらかで、のどかな様子。
イ（　）あわただしく、活発な様子。

⑤ すずめはなじみの深い鳥だ。
ア（　）種類がとても多いこと。
イ（　）なれ親しんでいること。

⑥ なつかしい情景が目にうかぶ。
ア（　）目の前に広がる自然の景色。
イ（　）人の心を動かす風景や場面。

5 「鳥」が出てくる言葉の意味を□から選んで、記号を書きましょう。

① 鳥ぐもり（　）
② 飛ぶ鳥を落とすいきおい（　）
③ 花鳥風月（　）

ア 自然の美しい景色。風流な遊び。
イ わたり鳥が日本で冬をこし、北へ帰っていく時期の、くもり空。
ウ 飛んでいる鳥を落としてしまうくらいのいきおい。

6 俳句と短歌について、次のようにまとめました。□にあてはまる言葉を□から選んで書きましょう。

俳句は、「（　）」の（　）音で作られ、（　）が入っていることがとくちょうである。

短歌は、「（　）」の（　）音で作られ、千三百年以上も昔から、自然の風景や気持ちがうたわれている。

五・七・五　五・七・五・七・七　三十一　十七　季語

ぴったり3 確かめのテスト①

四 物語のやま場を見つけ、読みを深めよう

大造じいさんとがん
～俳句・短歌のリズムにのせて

時間 20分

／100

合格 80点

学習日 月 日

教科書 上89～115ページ

答え 16ページ

文章を読んで、答えましょう。 思考・判断・表現

　不意をうたれて、さすがのはやぶさも、空中でふらふらとよろめいた。が、はやぶさもさるものだ。さっと体勢を整えると、残雪のむなもとに飛びこんだ。

　ぱっ。

　ぱっ。

　羽が、白い花弁のように、すんだ空に飛び散った。

　そのまま、はやぶさと残雪は、もつれ合って、ぬま地に落ちていった。

　大造じいさんはかけつけた。

　二羽の鳥は、なおも、地上ではげしく戦っていた。が、はやぶさは、人間のすがたをみとめると、急に戦いをやめて、よろめきながら飛び去っていった。

　残雪は、むねのあたりをくれないにそめて、ぐったりとしていた。しかし、第二のおそろしいてきが近づいたのを感じると、残りの力をふりしぼって、ぐっと長い首を持ち上げた。そして、じいさんを正面からにらみつけた。

　それは、鳥とはいえ、いかにも頭領らしい、堂々たる態度のようであった。

　大造じいさんが手をのばしても、残雪は、もうじたばたさわがなかった。それは、最期の時を感じて、せめて頭領としてのいげんをきずつけまいと、努力しているようでもあった。

1 「さるものだ。」とは、どのような意味を表していますか。一つに○をつけましょう。 5点

ア（　）多くのちえをもっている、かしこいもの。

イ（　）おそれをなして、急ににげていくもの。

ウ（　）かんたんに負けそうにない、強いもの。

2 「ぱっ。」という言葉は、何を表していますか。 10点

（　　　　）

3 「第二のおそろしいてき」とありますが、それは何ですか。二字で書きぬきましょう。 10点

□□

4 よく出る 大造じいさんが近づいた時、はやぶさと残雪はどうしましたか。それぞれ書きましょう。 一つ10点(20点)

はやぶさ（　　　　）

残雪（　　　　）

5 できたらスゴイ! 「残雪は、もうじたばたさわがなかった。」とありますが、それはどのような様子に見えましたか。 15点

大造じいさんは、強く心を打たれて、ただの鳥に対しているような気がしなかった。

4

残雪は、大造じいさんのおりの中で、ひと冬をこした。春になると、そのむねのきずも治り、体力も元のようになった。

ある晴れた春の朝だった。

じいさんは、おりのふたをいっぱいに開けてやった。

残雪は、あの長い首をかたむけて、とつぜんに広がった世界におどろいたようであった。が、

バシッ!

快い羽音一番。一直線に空へ飛び上がった。

らんまんとさいたすももの花が、その羽にふれて、雪のように清らかにはらはらと散った。

「おうい。がんのえいゆうよ。おまえみたいなえらぶつを、おれは、ひきょうなやり方でやっつけたかあないぞ。なあおい。今年の冬も、仲間を連れて、ぬま地にやってこいよ。そうして、おれたちは、また、堂々と戦おうじゃあないか。」

大造じいさんは、花の下に立って、こう大きな声で、がんによびかけた。そうして、残雪が北へ北へと飛び去っていくのを、晴れ晴れとした顔つきで見守っていた。

いつまでも、いつまでも、見守っていた。

椋(むく)鳩十(はとじゅう)「大造じいさんとがん」より

6 「強く心を打たれて」とありますが、大造じいさんがそのようになったのは、なぜですか。一つに○をつけましょう。 5点

ア(　)残雪がすぐに争いをあきらめてしまったから。

イ(　)残雪が決して弱いところを見せなかったから。

ウ(　)残雪には言うことを聞くすなおさがあったから。

7 「はらはらと」とは、どのような様子を表していますか。一つに○をつけましょう。 5点

ア(　)重苦しさ　イ(　)かろやかさ

ウ(　)ゆたかさ

8 「えいゆう」と、ほぼ同じ意味の言葉を四字で書きぬきましょう。 5点

9 「おれたちは、また、堂々と戦おうじゃあないか。」とありますが、このとき大造じいさんは残雪をどのように思っていますか。一つに○をつけましょう。 10点

ア(　)いつかやっつけてやりたい、ずるがしこいてき。

イ(　)けががかわいそうで、つい同情してしまう友達。

ウ(　)また会って、まっこうから立ち向かいたい好てき手。

考えを書こう

10 □の場面で、残雪はどのような気持ちであったかを、考えて書きましょう。 15点

四 物語のやま場を見つけ、読みを深めよう

大造（だいぞう）じいさんとがん
～俳句（はい）・短歌のリズムにのせて

時間 20 分
／100
合格 80 点

学習日
月　日
教科書
上89～115ページ
答え
17ページ

1 読みがなを書きましょう。　一つ2点(20点)

① 雑木林（　）を歩く。
② お年玉を貯金（　）する。
③ ちこくを弁解（　）する。
④ 得意（　）な料理。
⑤ 救急車（　）で運ぶ。
⑥ 悲喜（　）こもごも。
⑦ 真っ赤（　）な夕日。
⑧ 領土（　）を広げる。
⑨ 効率（　）がよい。
⑩ 夢中（　）でボールを追う。

2 □に漢字を書きましょう。　一つ3点(18点)

① 事情を□□（こころえ）る。
② 説明を□□（しょうりゃく）する。
③ 静かな寺のお□（どう）。
④ むずかしい□□（ごく）。
⑤ □□□（さっぷうけい）な庭。
⑥ □□（のうりょく）がある。

3 〔　〕に漢字と送りがなを書きましょう。　一つ4点(16点)

① チームを〔　（ひきいる）　〕。
② 船を〔　（みちびく）　〕光。
③ 〔　（けわしい）　〕がけ。
④ 当選を〔　（よろこぶ）　〕。

4 次の文の（　）にあてはまる言葉を［　］から選んで、記号を書きましょう。

一つ2点（10点）

① （　）戦いが始まるのだ。
② 石につまずき、（　）よろめく。
③ もう（　）さわがなかった。
④ 花びらが雪のように（　）散る。
⑤ （　）かしこい鳥だった。

ア はらはらと　イ いよいよ　ウ じたばた
エ なかなか　オ ふらふらと

5 次の言葉にあてはまるものを［　］から選んで、記号を書きましょう。

一つ2点（8点）

① いまいましく思う（　）
② 不意をうつ（　）
③ 感嘆（たん）の声をもらす（　）
④ ひとあわふかせる（　）

ア 感心した気持ちを表す様子。
イ にくらしく思っている様子。
ウ 他人をおどろかせ、あわてさせること。
エ 相手が予想していないことを行うこと。

6 次の（　）にあてはまる言葉を［　］から選んで、記号を書きましょう。

一つ2点（10点）

① 散歩は気持ちもよいし健康にもよくて（　）だ。
② 悲しいことに今日のおやつは（　）だ。
③ （　）の空を見上げて春のおとずれを感じる。
④ （　）を題材にして俳句をつくる。
⑤ あの会社は今まさに（　）だ。

ア すずめのなみだ　イ 一石二鳥
ウ 鳥ぐもり　エ 花鳥風月
オ 飛ぶ鳥を落とすいきおい

7 思考・判断・表現 自由に俳句を作り、くふうしたところを書きましょう。

一つ9点（18点）

俳句（　　　　）

くふうしたところ（　　　　）

ふりかえり 7が分からないときは、47ページの6にもどって確にんしてみよう。

ぴったり1 準備

五 立場を明確にして話し合おう

ミニディベート ――AI（エーアイ）とのくらし

めあて
★考えを広げるために話しあうくふうを学ぼう。

学習日 月 日
教科書 上116～121ページ
答え 17ページ

かきトリ 新しい漢字

増	準	備	効
教科書117ページ	118ページ	118ページ	118ページ
ゾウ ま-す・ふ-える ふ-やす	ジュン	ビ そな-える そな-わる	コウ き-く
14画	13画	12画	8画

可	性	評
118ページ	118ページ	120ページ
カ	セイ	ヒョウ
5画	8画	12画

「増」の送りがなに気をつけよう。

1 （　）に読みがなを書きましょう。

① 外出の 許可。
② 旅行の 準備。
③ 子どもに 好評 だ。
④ 水かさが 増 す。
⑤ やさしい 性 かく。
⑥ せん伝の 効果。

2 □に漢字を、（　）に漢字と送りがなを書きましょう。

① □（じゅんけっしょう）に進む。
② □（ひょうか）をつける。
③ 人口の □（ぞうげん）。
④ □（ふかのう）な計画。
⑤ 薬が（きく）。
⑥ 災害に（そなえる）。

3 正しい意味に○をつけましょう。

① ＡＩの利点を考える。

ア（　）すぐれたところ。

イ（　）おとっているところ。

② 新聞記事を引用する。

ア（　）他の人の意見を信じること。

イ（　）他の人の文章や図を用いること。

③ 意見の根拠を伝える。

ア（　）理由になるもの。

イ（　）結ろんになるもの。

④ 使い方の具体例を伝える。

ア（　）現実にある物事の例え。

イ（　）現実にはない物事の例え。

4 一つのテーマについて、三人でミニディベートをするときに、必要な役わりすべてに○をつけましょう。

ア（　）話を聞いて考える役。

イ（　）全ての意見に反論する役。

ウ（　）テーマを決めてみんなに伝える役。

エ（　）テーマの問題点の立場で意見を述べる役。

オ（　）テーマの利点の立場で意見を述べる役。

5 AI（人工知能）を利用した次のことがらについて、「利点の立場」と「問題点の立場」の意見の根拠を［　］から全て選びましょう。

ＡＩを使い、自動で文章を作成できるツールが増えている。必要な情報を入力すると、長い文章もかん単に作成することができる。

ア　短い時間で長い文章を作成できるので、時間を効率よく使える。

イ　ＡＩは自動で文章を作成しているので、まちがった内容になることがある。

ウ　かん単に文章が作れるので、自分で考えて文章を書く力がつかない。

エ　ＡＩが文章を作成するので、自分では思いつかないような内容の文章を作ることができる。

オ　文章中のひらがなや漢字の使い方のまちがいがなくなる。

・利点の立場の根拠（　　　　）

・問題点の立場の根拠（　　　　）

五 立場を明確にして話し合おう

漢字の広場③ 熟語(じゅく)の構成
言葉の広場③ 方言と共通語

3分でまとめ

めあて
★熟語の構成をとらえよう。
★方言と共通語について学ぼう。

学習日
月　日
教科書 上122～127ページ
答え 18ページ

かきトリ 新しい漢字

漢字	音読み	訓読み	画数	教科書
防	ボウ	ふせぐ	7画	122ページ
犯	ハン		5画	122ページ
罪	ザイ	つみ	13画	122ページ
営	エイ	いとなむ	12画	122ページ
造	ゾウ	つくる	10画	123ページ
修	シュウ	おさめる・おさまる	10画	123ページ
仮	カ	かり	6画	123ページ
耕	コウ	たがやす	10画	127ページ
綿	メン	わた	14画	123ページ
布	フ	ぬの	5画	123ページ
損	ソン		13画	123ページ
豊	ホウ	ゆたか	13画	123ページ
久	キュウ	ひさしい	3画	123ページ
毒	ドク		8画	123ページ

1 （　）に読みがなを書きましょう。

① 綿布（　）の着物。
② 仮題（　）をつける。
③ 物資が豊富（　）にある。
④ 畑を耕（　）す。
⑤ 新せんな◆果物（　）。
⑥ 学問を修（　）める。

◆特別な読み方の言葉

2 □に漢字を、□に漢字と送りがなを書きましょう。

① □□（ぼうはん）カメラ
② □□□（しょくちゅうどく）になる。
③ □□（じんぞう）の湖。
④ □□（そんとく）を考えない。
⑤ 事故を（ふせぐ）。
⑥ 会社を（いとなむ）。

熟語の構成

3 **次の熟語の構成を、あとの［　］から選びましょう。**

①雪原（　　）　②非常（　　）　③消火（　　）
④岩石（　　）　⑤年長（　　）

ア　上の漢字が主語であるもの
イ　上の漢字が下を修飾（しょく）するもの
ウ　関係のある意味の漢字がならぶもの
エ　上の漢字が動作を表し、その対象を表す漢字が下にくるもの
オ　下の言葉の意味を打ち消す漢字が上につくもの

4 **次の熟語について、［　］に入る言葉を答えましょう。**

①無罪　（　　）↑（　罪　）が
②海底　（　　）↓（　底　）
③防水　（　　）↑（　水　）を
④県営　（　県　）が↓（　　）こと

方言と共通語

5 **［　］にあてはまる言葉を書きましょう。**

ある地方だけで使われる言葉を（　　）という。
全国の人が理解できて意思を伝え合うことができる言葉を（　　）という。

6 **次の会話文の中で使われている方言を、共通語に直して書きましょう。**

「昨日は重い荷物を運んでくれて、おおきに。助かったわ。」
「いえいえ、お役に立ててよかったです。」

方言（　　）
↓
共通語（　　）

7 **方言についての説明として、正しいものはどれですか。二つに○をつけましょう。**

ア（　）テレビのニュースや新聞で用いられる。
イ（　）各地方に住む人たちの中で使われてきた。
ウ（　）全国的にどの地域の人たちにも同じように通じる。
エ（　）同じ言葉でも、ちがうアクセントで発言することがある。
オ（　）細やかな感覚や気持ちを伝えることはできない。

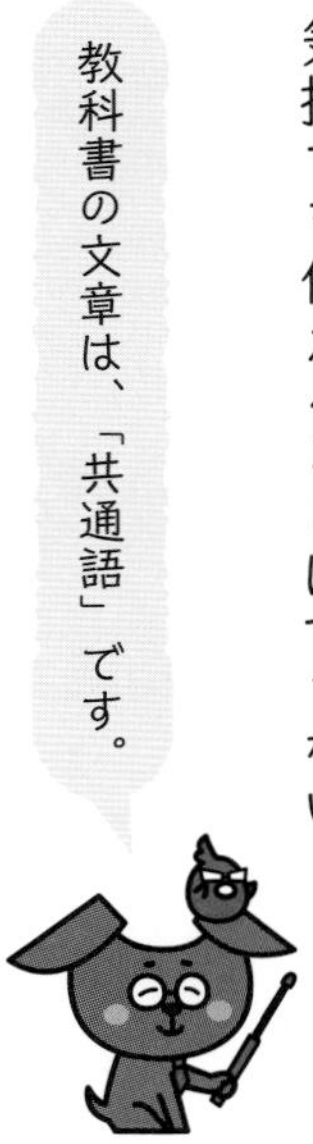

五 立場を明確にして話し合おう
ミニディベート ——AI（エーアイ）とのくらし
～言葉の広場③ 方言と共通語

時間 20分　／100　合格 80点

学習日　月　日

教科書 上116～127ページ　答え 19ページ

文章を読んで、答えましょう。　思考・判断・表現

【ミニディベートカード】

テーマ	AIとのくらし	名前（北原大地）
立場	利点	問題点
○意見と■根拠（出典）	○AIは、人の生活をよりゆたかにする。 ■新しいレシピをていあんするAI 人間だと思いつかないような食材の組み合わせをていあんして、新しい料理を生み出している。AIが考えた料理を食べさせてくれるお店の記事。ハンバーグは、香草が肉のうまみを引き出していて人気だそうだ。 （十月七日○○新聞）	○AIはばんのうではない。 ■AIはそざいの組み合わせをていあんしてくれるだけで、組み合わせる分量や調理手順、どう食材を切るか、どのくらい焼いたりにたりするのかは教えてくれない。

【ミニディベート】を行う。

北原　ぼくは、利点の立場からの意見を述べます。AIにはいくつかのよいところがあると思います。

1 AIについて、どのような観点から、ミニディベートは進められていますか。□にあてはまる言葉を五字で書きぬきましょう。　5点

AIのかつやくが、□□□□□にするかどうか、という観点で進められている。

2 北原さんは、AIの利点が、まずどのような点にあると述べていますか。　10点

（　　　　）

3 北原さんは、**2**の根拠としてAIはどのように役立っていると述べていますか。　10点

（　　　　）

よく出る

4 「北原さんは、意見を述べているとき、新聞記事のフリップを見せています。これは何のためですか。　5点

ア（　）自分の立場をはっきりとさせるため。

イ（　）意見の説得力を増すため。

ウ（　）自分の考え方が正解であることを伝えるため。

できたらスゴイ！

5 森本さんはAIの利点に対する反論を、どのように述べていますか。（　）にあてはまるように書きましょう。　一つ10点（20点）

まず、ＡＩは、人の生活をよりゆたかなものにしてくれます。人間が思いつかないような食材の組み合わせをていあんして、新しい料理を生み出すことができます。実際にＡＩがていあんした料理を食べさせてくれるお店もあって、そこのハンバーグはお客さんになかなかのひょうばんだそうです（新聞記事のフリップを見せる）。

次に、自動車の運転についてですが、……。

森本　わたしは、問題点の立場からの意見を述べます。ＡＩとのくらしには、三つの問題点があると思います。

一つめは、ＡＩのかつやくが人間を幸せにしていないことです。わたしは前に、有名な作曲家の未完成作品をＡＩが引きついだという記事を読みました。その作曲家がもし生きていたら、ＡＩが自分の作品を完成させたことを喜ぶでしょうか。なくなった作曲家の思いが大切にされないＡＩのかつやくは、人間を幸せにはしていないと思います。

二つめは、……。

森本　わたしの母は、休日に自分で新しいレシピを考えて料理を作ることを楽しんでいます。人間には思いつかない新しい料理をＡＩが考案してくれるということでしたが、人間が新しい料理を考える楽しさをうばわれてしまうと思います。本当にＡＩは、人間を幸せにしているといえるのでしょうか。

……

北原　先ほど見せた記事にのっていた料理人さんの話だと、ＡＩがていあんしたレシピに自分の考えを加えているそうです。人間と協力して新しいものを生み出すＡＩは、人を幸せにしていると思います。

「ミニディベート　――ＡＩとのくらし」より

理由の一つとして、ＡＩが作曲家の未完作品を引きついだが、（　　　）から、ＡＩのかつやくは、（　　　）にしないということ。

6 森本さんは、森本さんの母親の例をあげて、ＡＩは人間を幸せにしていないと述べていますが、それに対して北原さんはどのように反論していますか。□と（　）にあてはまるようにして書きましょう。　一つ10点（30点）

ある料理人は、ＡＩがていあんしたレシピに□を加えており、ＡＩと人間が（　　　）おり、ＡＩは□にしている。

考えを書こう

7 北原さん、森本さんの主張の方法の特徴を、それぞれにまとめましょう。　一つ10点（20点）

北原さん（　　　）

森本さん（　　　）

ミニディベート ——AI（エーアイ）とのくらし
〜言葉の広場③ 方言と共通語

時間 20分
／100
合格 80点

学習日 月 日
教科書 上116〜127ページ
答え 20ページ

1 読みがなを書きましょう。 一つ2点（20点）

① 法案が可決される。（　　）
② 大きな船を造る。（　　）
③ 人数が増える。（　　）
④ 仮の名前をつける。（　　）
⑤ 農作業の耕具。（　　）
⑥ 買い物で損をする。（　　）
⑦ 準決勝に進出する。（　　）
⑧ 新せい品は好評だ。（　　）
⑨ 布の切れはし。（　　）
⑩ 雨風を防ぐ。（　　）

2 □に漢字を書きましょう。 一つ3点（18点）

① □□□（しょくちゅうどく）
② □（めん）のシャツ。
③ □（つみ）をつぐなう。
④ 温せんの□□（こうのう）。
⑤ かぜを□□（よぼう）する。
⑥ □□□（じきゅうそう）の順位。

3 （　）に漢字と送りがなを書きましょう。 一つ4点（16点）

① 畑を（　　）（たがやす）。
② （　　）（ゆたかな）自然。
③ 台風に（　　）（そなえる）。
④ 店を（　　）（いとなむ）。

4 思考・判断・表現

ＡＩ（人工知能）を利用した次の事がらについて、対立する二つの立場から、自分の考えを理由といっしょに書きましょう。　一つ8点(16点)

> 最近、多くの場所で防犯カメラが取り付けられ、防犯カメラによる顔認識システム（カメラに映った顔の画像からＡＩが個人を特定する仕組み）が使われている。

ＡＩを利用した防犯カメラの使用について

利点の立場
〔　　　　〕

問題点の立場
〔　　　　〕

5

次の熟語の構成を□から選んで、記号を書きましょう。　一つ2点(10点)

① 永久（　）　② 非力（　）
③ 投票（　）　④ 月光（　）
⑤ 国営（　）

> ア　上の漢字が主語であるもの
> イ　上の漢字が下を修飾するもの
> ウ　関係のある意味の漢字がならぶもの
> エ　上の漢字が動作を表し、その対象を表す漢字が下にくるもの
> オ　下の言葉の意味を打ち消す漢字が上につくもの

6

次の熟語と構成が同じものを□から選んで、記号を書きましょう。　一つ2点(10点)

① 読書（　）
② 損得（　）
③ 海底（　）
④ 市立（　）
⑤ 無効（　）

> ア　苦楽　イ　不正　ウ　清流
> エ　日照　オ　加熱

7

方言と共通語について、正しいものに○、正しくないものには×をつけましょう。　一つ2点(10点)

ア（　）方言はある地方だけに使われる言葉である。
イ（　）方言と共通語のちがいは意味だけである。
ウ（　）言葉の発音の高低のきまりをアクセントという。
エ（　）共通語はテレビや新聞だけで使われる言葉である。
オ（　）全国の人は共通語で意思を伝え合うことができる。

ふりかえり　4が分からないときは、53ページの5にもどって確にんしてみよう。

ぴったり1 準備

一 根拠となる資料にもとづいて考えを深め、自分の意見を書こう

世界遺産 白神山地からの提言 ——意見文を書こう

めあて
★さまざまな資料を比べながら読み、自分の考えをまとめるポイントをおさえよう。

学習日　月　日
教科書 下7～21ページ
答え 20ページ

かきトリ 新しい漢字

教科書ページ	漢字	読み	画数
8ページ	提	テイ	12画
8ページ	支	シ／ささえる	4画
9ページ	採	サイ／とる	11画
10ページ	保	ホ／たもつ	9画
10ページ	護	ゴ	20画
10ページ	河	カ／かわ	8画
12ページ	基	キ	11画
12ページ	規	キ	11画
12ページ	制	セイ	8画
13ページ	設	セツ／もうける	11画
13ページ	限	ゲン／かぎる	9画
13ページ	条	ジョウ	7画
13ページ	件	ケン	6画
13ページ	接	セツ	11画
20ページ	張	チョウ／はる	11画

1 （　）に読みがなを書きましょう。

① 意見を主張（　）する。
② 基本（　）的なルール。
③ 河口（　）近くの海。
④ ルールを設（　）ける。
⑤ 直接（　）人に会う。
⑥ 条件（　）にかなう。

2 □に漢字を、（　）に漢字と送りがなを書きましょう。

① テストの□□（さいてん）。
② 交通□□（きせい）をする。
③ 宿題を□□（ていしゅつ）する。
④ □□□（さいしょうげん）の被害。
⑤ 自然□□（ほご）運動
⑥ 友人を（　　）（ささえる）。

3 正しい意味に○をつけましょう。

① 活動を始める気運が高まる。

ア（　）ある方向への動きのなりゆき。

イ（　）最もよいと思われる時期。

② 多様な生物がくらす。

ア（　）使い道が多くあること。

イ（　）いろいろな種類があること。

③ 世界遺産に登録される。

ア（　）世界中の人が有名になるために残した業せき。

イ（　）世界中の人たちのたから物として守るべきもの。

④ 自然のめぐみに感謝する。

ア（　）いつも決まってあたえられるもの。

イ（　）あたえられる、ありがたいもの。

⑤ 核心をついた名言。

ア（　）中心となっている重要なところ。

イ（　）心のおくの大事なところ。

⑥ クッションが緩衝となってけがをしなかった。

ア（　）対立する二つのものを直接つなぐもの。

イ（　）対立する二つのものの間で対立をやわらげるもの。

3分でワンポイント

さまざまな資料を比べながら読み、自分の考えをまとめよう。

★意見文を書くまでの流れをまとめましょう。

資料を読み課題を知る。

↓（　）↓（　）↓（　）↓（　）

ア 考えを交流し、自分の考えを深める。
イ 課題について、自分の考えとその根拠を書く。
ウ 自分の考えをまとめ、意見文を書く。
エ 資料からわかることを書き出す。

★二つの文章について（　）にあてはまる言葉をあとから選んで書きましょう。

①「ブナの森が支える豊かな自然」（斎藤　宗勝）

・（　）であったためにブナの森が残り、（　）になった。そこには豊かな（　）がある。

②「白神山地の自然保護――『緩衝地域』の役割」（牧田　肇）

・（　）と自然がふれ合いながら、自然保護を進めていくために、さまざまな（　）がある。

ア きまり　イ めぐみ　ウ 人間
エ 人が入りにくい所　オ 生物にとっての楽園

一 根拠となる資料にもとづいて考えを深め、自分の意見を書こう

世界遺産 白神山地からの提言 ――意見文を書こう

文章を読んで、答えましょう。

白神山地は、青森県と秋田県に広がる約十三万ヘクタールにおよぶ山地全体のよび名です。その中心部分の約一万七千ヘクタールのほとんどは、ブナの森でおおわれています。

広大なブナの森には、水が豊かにたくわえられています。ブナの森では、毎年秋に落ちたたくさんの葉が地面に厚く積もります。落ち葉が積もった土の中では、たくさんの小さな生物がさかんに動き回りながら、落ち葉をかみくだきます。この結果、土の中に小さなすき間が多く作られ、そこに水がたまります。このようなことが、長い年月をかけて続けられ、水は、山地全体にたくわえられてきたのです。

この豊かな水によって、ブナの森にはたくさんの種類の植物が生え、それをえさとするさまざまな動物も生活しています。さらに、それらの動物をえさとする肉食性の動物もいます。ブナの森では、たくさんの生物が関係し合いながら生きているのです。

ブナは、かつて、日本各地に生えていましたが、木材としては価値の低い木とされていました。そのため、日本が発展するにつれて、利用価値の高いスギやヒバに植えかえられ、全国から急速にすがたを消していきました。

では、どうして白神山地だけに、広大なブナの森が残ったのでしょうか。

それは、白神山地が都市部から遠くはなれた奥地にあって、人

1 白神山地のうち、どのくらいのはんいがブナの森でおおわれていますか。十字で書きぬきましょう。

□□□□□□□□□□

2 「水は、山地全体にたくわえられてきた」理由をまとめました。□にあてはまる言葉を書きぬきましょう。

秋にたくさんの□が積もる。

↓

土の中で□がかみくだく。

↓

土の中に□ができる。

↓

土の中に□がたまる。

3 「たくさんの生物」には、どのようなものがいると言っていますか。三つ書きましょう。

（　　　）

（　　　）

学習日　月　日

教科書 下7〜21ページ

答え 21ページ

が入りにくい所だったからです。また、青森県や秋田県には、スギやヒバがたくさんあり、わざわざ白神山地のブナの森まで伐採する必要がなかったからです。

その後、ブナ材の加工技術が改良されて、ブナは木材としてふたたび利用され始めました。白神山地のブナも、木材資源として注目されるようになりました。その一方で、白神山地の自然の豊かさを見直す気運が高まってきました。白神山地のブナの森は、人の手が加わっていないものとしては、世界中で最も広い面積があり、多様な生物がくらす場所であることが明らかになってきたからです。

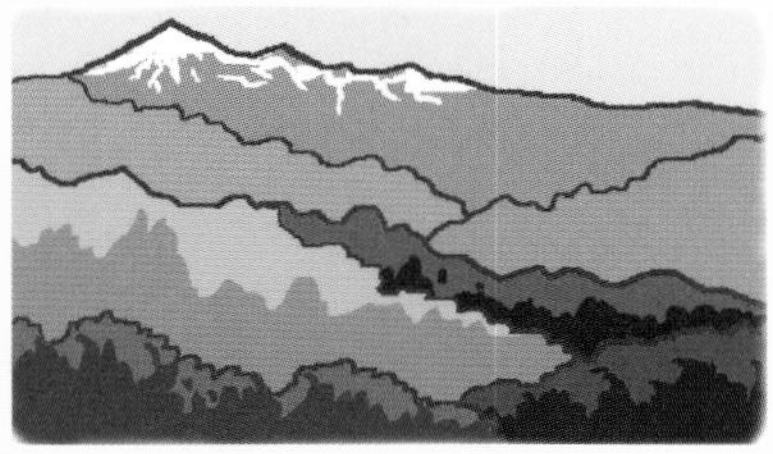

こうして、白神山地のブナの保護運動が日本全国に広がった結果、一九九三（平成五）年、中心の部分が、日本で最初の世界遺産の一つに登録されました。

白神山地は、生物にとっての楽園であるばかりではありません。白神山地を水源とする川の下流では、その水が飲料水や農業用水、そして発電にも使われています。また、河口近くの海では、山地から運ばれた栄養分が魚のえさとなる微生物などを増やすため、豊かな漁場をつくり出しています。白神山地のブナの森には、計り知れないめぐみがあるのです。

斎藤宗勝「ブナの森が支える豊かな自然」より

4 「全国から急速にすがたを消していきました。」とありますが、ブナがすがたを消した理由は何ですか。

（　　　　）

5 白神山地にブナの森が残った理由は何ですか。三十一字と二十八字でさがし、それぞれ初めと終わりの五字を書きぬきましょう。

ヒント すぐ前の部分に注目しよう。

□□□□□ 〜 □□□□□

□□□□□ 〜 □□□□□

6 「白神山地の自然の豊かさを見直す気運が高まってきました。」とありますが、その理由をまとめました。あてはまる言葉を二十八字と十六字でさがし、初めと終わりの五字を書きぬきましょう。

ヒント 問いかけの後に、理由は「〜から」という形で書かれているよ。

白神山地のブナの森は、

□□□□□ 〜 □□□□□

であるうえに、

□□□□□ 〜 □□□□□

がわかってきたから。

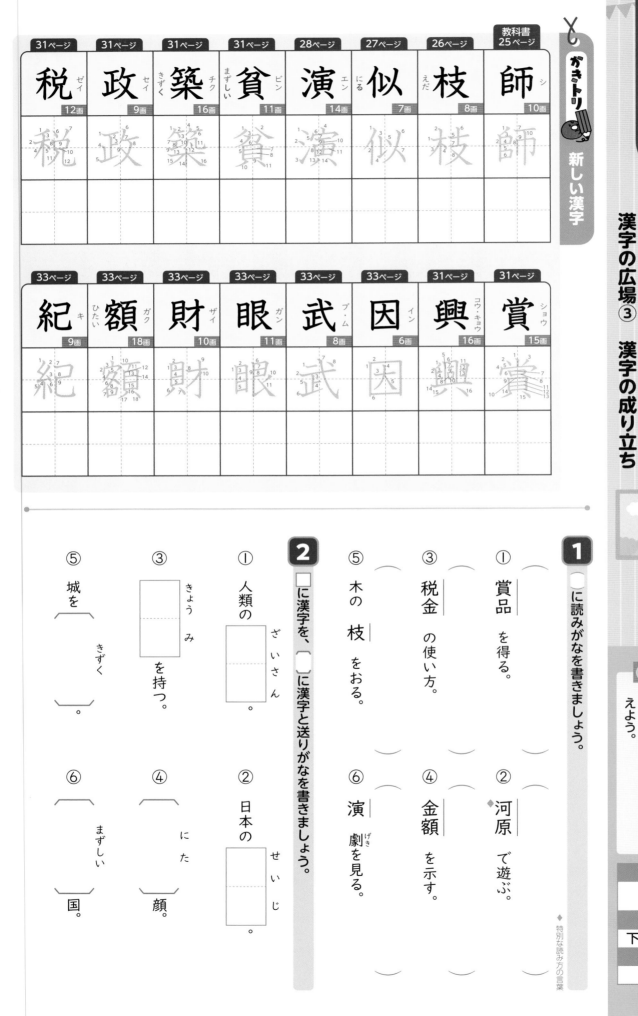

一 根拠（きょ）となる資料にもとづいて考えを深め、自分の意見を書こう
言葉の文化③ 「古典」を楽しむ
言葉の広場④ かなづかいで気をつけること
漢字の広場③ 漢字の成り立ち

めあて
★古くから読まれている作品にふれてみよう。
★かなづかいへの理解を深めよう。
★漢字の成り立ちについて考えよう。

学習日
月　日
教科書 下22～33ページ
答え 21ページ

かきトリ 新しい漢字

師	シ	10画	教科書25ページ
枝	えだ	8画	26ページ
似	にる	7画	27ページ
演	エン	14画	28ページ
貧	ビン・まずしい	11画	31ページ
築	チク・きずく	16画	31ページ
政	セイ	9画	31ページ
税	ゼイ	12画	31ページ
賞	ショウ	15画	31ページ
興	コウ・キョウ	16画	31ページ
因	イン	6画	33ページ
武	ブ・ム	8画	33ページ
眼	ガン	11画	33ページ
財	ザイ	10画	33ページ
額	ガク・ひたい	18画	33ページ
紀	キ	9画	33ページ

1 （　）に読みがなを書きましょう。

① 賞品を得る。（　）
② ◆河原で遊ぶ。（　）
③ 税金の使い方。（　）
④ 金額を示す。（　）
⑤ 木の枝をおる。（　）
⑥ 演劇（げき）を見る。（　）

◆特別な読み方の言葉

2 □に漢字を、（　）に漢字と送りがなを書きましょう。

① 人類の□□（ざいさん）。
② 日本の□□（せいじ）。
③ □□（きょうみ）を持つ。
④ （にた）顔。
⑤ 城を（きずく）。
⑥ （まずしい）国。

3 正しい意味に○をつけましょう。

① 古くから読みつがれてきた作品。
ア（　）長い間読み続けられてきた。
イ（　）読むべきものとされてきた。

② おごりたかぶる人。
ア（　）自由きままにふるまうこと。
イ（　）思い上がった態度をとること。

③ 国がほろびる。
ア（　）おとろえて、なくなること。
イ（　）人がいなくなってしまうこと。

④ はんえいをきわめた国。
ア（　）豊かになって栄えること。
イ（　）有名になって知られること。

4 次の（　）にあてはまるものを□から全て選びましょう。

① 今から六百年ほど前の室町（むろまち）時代から行われるようになった演劇（げき）。（　　　）

② 今から四百年ほど前の江戸（えど）時代から始まった演劇。（　　　）

ア 能（のう）　イ 人形浄瑠璃（じょうるり）　ウ 歌舞伎（かぶき）　エ 狂言（きょうげん）

5 正しいかなづかいに○をつけましょう。

① 漢字とかなが交（じ　ぢ）る。

② 動物園で、（おう　おお）かみを見た。

③ 少し（づつ　ずつ）やっていこう。

6 次の漢字は、成り立ちから、□のどれにあたりますか。記号を書きましょう。

① 川（　　）　② 財（　　）　③ ニ（　　）
④ 因（　　）　⑤ 名（　　）　⑥ 耳（　　）
⑦ 週（　　）　⑧ 下（　　）　⑨ 飼（　　）

ア 物の形をかたどった漢字（象形（しょうけい）文字）
イ 意味を図形や記号で表した漢字（指示（しじ）文字）
ウ 漢字の意味を組み合わせた漢字（会意（かいい）文字）
エ 意味を表す部分と、音（おん）を表す部分とを組み合わせた漢字（形声（けいせい）文字）

一 根拠(きょ)となる資料にもとづいて考えを深め、自分の意見を書こう

「古典」を楽しむ

学習日
月　日
教科書
下22〜29ページ
答え
22ページ

文章を読んで、答えましょう。

【A】

今は昔、竹取(たけとり)の翁(おきな)といふ(ウ)者ありけり。野山にまじりて竹を取りつつ、よろづ(ズ)のことに使ひ(イ)けり。名をば、さぬきの造(みやつこ)となむ(ン)いひ(イ)ける。

その竹の中に、もと光る竹なむ(ン)一筋(すぢ)(ジ)ありける。あやしがりて寄(よ)りて見るに、筒(つつ)の中光りたり。それを見れば、三寸(ずん)ばかりなる人、いとうつくしう(シュウ)てゐ(イ)たり。

〈現代語訳(やく)〉

今から見れば昔のことですが、竹取の翁という人がいました。野や山に入って竹を取っては、さまざまなことに使っていました。名前をさぬきの造といいました。

その竹の中に、根もとの光る竹が一本ありました。不思議に思って近づいて見ると、筒の中が光っていました。その中を見ると、三寸（約十センチメートル）ほどの人が、とてもかわいらしいすがたですわっていました。

1 【A】について、答えましょう。

① 「竹取の翁」の名前は何ですか。また、どのようなことをしていましたか。（　）にあてはまる言葉を現代語訳の中から書きぬきましょう。

名前は（　　　　）で、（　　　　）いた。

② 「竹取の翁」が見つけた竹はどのようになっていましたか。現代語訳の中の言葉を使って書きましょう。

（　　　　）

③ 「あやしがりて」の意味を、現代語訳の中から七字で書きぬきましょう。

□□□□□□□

④ 「竹取の翁」が見つけた竹の筒の中には、どんな人がいましたか。また、その人はどんなようすでいましたか。現代語訳の中の言葉を使って書きましょう。

どんな人（　　　　）

【B】

祇園精舎(ぎをんしやうじや)(オンショウジャ)の鐘(かね)の声、諸行無常(しよぎやう)(ショギョウ)のひびきあり。
沙羅双樹(しやらさうじゆ)(シャラソウジュ)の花の色、盛者必衰(じやうしやひつすい)(ジョウシャヒッスイ)のことわりをあらは(ワ)す。
おごれる人も久しからず、ただ春の夜(よ)の夢のごとし。
たけき者もつひ(イ)にはほろびぬ、ひとへ(エ)に風の前のちりに同じ。

〈現代語訳〉

祇園精舎の鐘の音には、全ての物事は移り変わるということを思い起こさせるひびきがある。

（お釈迦(しゃか)様がなくなった時に白くなったという）沙羅双樹の花の色は、勢いのさかんな者も、いつかはおとろえるということを表している。

おごりたかぶる人も長くは続かない、まるで春の夜の夢のようだ。

力の強い者もいつかはほろびてしまう、全く風にふき飛ぶちりと同じだ。

「『古典』を楽しむ」より

すがた（　　　）

2 【B】について、答えましょう。

ヒント 現代語訳の二段落(だん)めに注目しよう。

① 「祇園精舎の鐘の声」は何を思い起こさせますか。現代語訳の中から十六字で書きぬきましょう。

② 「沙羅双樹の花の色」は何を教えていますか。現代語訳の中から二十四字で探し、初めと終わりの五字を書きぬきましょう。

〜

ヒント 現代語訳の二文め「花の色は、」のあとの部分に注目しよう。

③ 「春の夜の夢」と同じようにたとえを表している言葉を、【B】の中から六字で書きぬきましょう。

3 『竹取物語』『平家(へいけ)物語』について、あてはまるものに〇、あてはまらないものに×をつけましょう。

ア（　）『平家物語』の作者はわかっていない。
イ（　）『竹取物語』は、日本で一番古い物語といわれる。
ウ（　）『平家物語』は、今から約千百年ほど前に作られた。
エ（　）『竹取物語』は、琵琶(びわ)法師が語り伝えた。
オ（　）『平家物語』は、平家と源氏(げんじ)の争いをえがいている。

一 根拠となる資料にもとづいて考えを深め、自分の意見を書こう
世界遺産 白神山地からの提言 ～ 漢字の広場④ 漢字の成り立ち

時間20分 /100 合格80点

学習日 月 日
教科書 下7～33ページ
答え 23ページ

文章を読んで、答えましょう。　思考・判断・表現

白神山地の世界遺産地域は、「核心地域」と「緩衝地域」とよばれる、二つの地域に分けられています。

核心地域では、「人の手を加えず、自然の推移に委ねること」を基本とし、特別の場合をのぞいて、自然を変化させるおそれのあることは、いっさいしてはいけないことになっています。ここでは、人が入ることが規制されており、山に入るときは、「入山届出書」を出さなければなりません。

この方法は、自然を守るという点では適切です。しかし、人間と自然が、深く自由にふれ合うことがむずかしくなります。

一方、緩衝地域は規制がゆるく、自由に入ることが許され、人間がたやすく自然とふれ合うことができる場所になっています。ただし、大規模な観光施設はなく、遊歩道なども、できるだけ自然のすがたを変えないように造られています。もちろん、核心地域と同様に、樹木の伐採などは行えません。

緩衝地域は、この限られた条件の中で人間が自然とふれ合う活動を受け止め、核心地域にえいきょうがおよぶことを最小限にとどめています。それは、静かな港を守る「防波堤」のような役割を果たしているのです。

このように、世界遺産地域では、さまざまなきまりを作って、教育や観光のために人が入れる部分を設けています。これは、世界遺産が、自然をただ守るだけでなく、人々を直接、自然にふれ

よく出る

1 白神山地の「核心地域」について、答えましょう。

① 「核心地域」の基本となっているのは、どのようなことですか。書きぬきましょう。　10点

（　　　　）

② 「核心地域」において、してはならないとされているのは、どのようなことですか。書きぬきましょう。　10点

（　　　　）

③ 「核心地域」で行われている方法のよい点と、よくない点をそれぞれ書きましょう。　一つ10点（20点）

よい点（　　　　）

よくない点（　　　　）

できたらスゴイ！

2 白神山地の「緩衝地域」について、答えましょう。

① 「緩衝地域」は、どのような場所ですか。　10点

（　　　　）

させることによって、人の手の加わっていない自然のすばらしさや大切さを体験してもらい、自然保護の気運を高める役割もになっている、という考えにもとづいているからです。

牧田肇「白神山地の自然保護――『緩衝地域』の役割」より

② 「緩衝地域」の中に、観光施設が造られていないのは、なぜですか。理由を書きましょう。 10点

（　　　　　　　　）

③ 「『防波堤』のような役割」とは、何をすることをたとえた言葉ですか。（　）にあてはまる言葉を書きぬきましょう。 二つできて10点

人間の活動による（　　　　）を（　　　　）にとどめること。

④ 「自然保護の気運を高める」ためには何が必要だと言っていますか。文章中の言葉を使って書きましょう。 10点

（　　　　　　　　）

3 白神山地の「核心地域」と「緩衝地域」の両方で、してはならないとされていることは何ですか。五字で書きぬきましょう。 5点

考えを書こう

4 「このように」から始まる段落に書かれている考え方について、あなたの立場を決め、自分自身の意見を簡潔に書きましょう。 15点

（　　　　　　　　）

根拠（きょ）となる資料にもとづいて考えを深め、自分の意見を書こう

世界遺産（い）　白神山地（しらかみさんち）からの提言
～漢字の広場④　漢字の成り立ち

時間 20分
／100
合格 80点

学習日
月　日
教科書
下7～33ページ
答え
24ページ

1 読みがなを書きましょう。

一つ2点(20点)

① こん虫 採集。（　　）
② 主張 を曲げない。（　　）
③ 解決法を 提案 する。（　　）
④ 兄は 漁師 になる。（　　）
⑤ 河原 におりる。（　　）
⑥ 試合に 興 奮（ふん）する。（　　）
⑦ 眼科 に通う。（　　）
⑧ ねこの 額 ほどの庭。（　　）
⑨ 休み時間を 設 ける。（　　）
⑩ 武者 ぶるいする。（　　）

2 □に漢字を、〔　〕に漢字と送りがなを書きましょう。

一つ2点(20点)

① 参加する□□（じょうけん）。
② しめ切りの□□（きげん）。
③ ミュージカルの□□（こうえん）。
④ □□（せいじ）のニュース。
⑤ 台風が□□（せっきん）する。
⑥ □□（せいき）末の物語。
⑦ 梅の□（えだ）に結ぶ。
⑧ ビルを□□（けんちく）する。
⑨ □□（げんいん）を調べる。
⑩ 健康を〔　　〕（たもつ）。

3 ――線の言葉の意味を[　]から選んで、記号を書きましょう。　一つ2点(16点)

① よろづのことに使ひけり（　　）
② もと光る竹なむ一筋ありける（　　）
③ あやしがりて寄りて見るに（　　）
④ いとうつくしうてゐたり（　　）
⑤ うつくしうてゐたり（　　）
⑥ おごれる人も久しからず（　　）
⑦ 春の夜の夢のごとし（　　）
⑧ ひとへに風の前のちりに同じ（　　）

ア とても　イ ～のようだ　ウ さまざまなこと
エ 全く　オ 根もと　カ 長くは続かない
キ 不思議に思って　ク すわっていた

4 正しいかなづかいを選んで、記号に〇をつけましょう。　一つ2点(10点)

① 暑いので{ア（　）こおり／イ（　）こうり}を食べる。
② 父がいつも{ア（　）ゆう／イ（　）いう}言葉。
③ 早口言葉は、とても言い{ア（　）ずらい／イ（　）づらい}。
④ 「{ア（　）こんばんは／イ（　）こんばんわ}。今日は寒い一日でしたね。」
⑤ 幸せは{ア（　）みじか／イ（　）みぢか}(身近)なところにある。

5 次の漢字の成り立ちについて、次の問いに答えましょう。

(1) 次の漢字と同じ成り立ちの漢字を[　]から選んで、記号を書きましょう。　一つ3点(12点)

① 手（　）　② 位（　）
③ 週（　）　④ 末（　）

ア 飼　イ 矢　ウ 上　エ 間

(2) 次の漢字を、意味を表す部分と、音を表す部分に分けましょう。　二つできて8点

額　意味（　　）　音（　　）

6 『平家物語』の中の次の部分に書かれていることについて、あなたの意見を考えて書きましょう。　14点

たけき者もつひにはほろびぬ、ひとへに風の前のちりに同じ。
たけき者…力の強い者。

ぴったり1 準備

二 表現の効果について、考えを広げよう

雪わたり
読書の広場③ 「図書すいせん会」をしよう
言葉の広場⑤ 言葉で伝える、心を伝える

宮沢（みやざわ）賢治（けんじ）

めあて
★文章の内容と表現のくふうをとらえよう。
★印象に残った本の良さを伝え合う方法を考えよう。
★相手の立場を意識して会話しよう。

学習日 月 日
教科書 下35〜73ページ
答え 24ページ

かきトリ 新しい漢字

教科書36ページ	41ページ	42ページ
燃 ネン もえる・もやす・もす 16画	粉 フン こ・こな 10画	断 ダン ことわる 11画

53ページ	60ページ	64ページ
寄 キ よる・よせる 11画	判 ハン・バン 7画	往 オウ 8画

1 （　）に読みがなを書きましょう。

① 物体が 燃焼 する。（　　）
② 断面図 をかく。（　　）
③ 往来 の多い道。（　　）
④ 小麦粉 を買う。（　　）
⑤ 寄 り道する。（　　）
⑥ 小判 のレプリカ。（　　）

2 □に漢字を、（　）に漢字と送りがなを書きましょう。

① 身を □（こ） にして働く。
② 博物館に □□（きふ） する。
③ □□（ゆだん） してはいけない。
④ □□（かふん） が飛ぶ時期。
⑤ 誘いを（　　）（ことわる）。
⑥ たきぎが（　　）（もえる）。

雪わたり

3 正しい意味に○をつけましょう。

① 無実の罪に問われる。
ア（　）事実ではないこと。
イ（　）わすれてしまったこと。

② おくびょうなうさぎ。
ア（　）落ちつきがなく、あわてやすいこと。
イ（　）気が小さくて、こわがりやすいこと。

③ だんごに目がくらむ。
ア（　）心がうばわれること。
イ（　）まんまとだまされること。

4 ①〜②の問いに答えましょう。

① 本をすいせんするためにポップや帯紙を作るとき、気をつけることとして正しいものを一つ選びましょう。

ア（　）自分の好みや感想を強くおしつける。
イ（　）本の内容とは関係なくても、手に取りたくなるような言葉をならべる。
ウ（　）本の内容を、読んでみたくなるような短い言葉にまとめて書く。

② 本をすいせんするために作った新聞や、ポスターやポップを図書館で置く場所として最もよいものを一つ選びましょう。

ア（　）本を借りるためのカウンター
イ（　）本を調べるためにあるつくえの上
ウ（　）取り上げた作者の本が置いてある本だなのそば

5 次のような約束をしたかなさんとさえこさんは、会うことができませんでした。会えなかった理由に〇をつけましょう。

かな　あした、いっしょに遊びに行こうよ。
さえこ　うん、いいよ。どこで待ち合わせる？
かな　十時に〇〇駅にしよう。大きな駅だよ、わかるよね。
さえこ　わかるよ、十時に〇〇駅だね。

ア（　）遊びに行く場所を、正確に決めなかったから。
イ（　）着ていく洋服を、おたがいに伝えなかったから。
ウ（　）〇〇駅のどの場所か、正確に決めなかったから。
エ（　）〇〇駅の場所を、正確に伝えなかったから。

3分でワンポイント

雪わたりのあらすじをまとめよう。

★だれ（主な人物）　登場する人の名前を書きましょう。

（　　　）…男の子。（兄）
（　　　）…女の子。（妹）
（　　　）…きつねの子。

★何（起こったこと）　（　）にあてはまる言葉を［　］から選びましょう。

雪がこおった日、兄と妹が、（　）の近くできつねの子に出会う。きつねの子は二人を（　）にさそう。

兄と妹は晴れた夜に出かけ、きつねの学校生徒といっしょに、二枚(まい)の（　）と一枚の絵を見る。

兄と妹はきつねたちから（　）をもらい、食べるように言われる。二人が食べると、きつねたちはおどり上がって喜ぶ。

［ア きびだんご　イ 森　ウ 写真　エ 幻灯(げん)会］

雪わたり

学習日 月 日
教科書 下35〜65ページ
答え 25ページ

文章を読んで、答えましょう。

雪がすっかりこおって大理石よりもかたくなり、空も冷たいなめらかな青い石の板でできているらしいのです。

「かた雪かんこ、しみ雪しんこ。」

お日様が、真っ白に燃えてゆりのにおいをまき散らし、また雪をぎらぎら照らしました。

木なんか、みんなザラメをかけたようにしもでぴかぴかしています。

「かた雪かんこ、しみ雪しんこ。」

四郎(しろう)とかん子とは、小さな雪ぐつをはいてキックキックキック、野原に出ました。

こんなおもしろい日が、またとあるでしょうか。いつもは歩けないきびの畑の中でも、すすきでいっぱいだった野原の上でも、好きな方へどこまででも行けるのです。平らなことは、まるで一枚(まい)の板です。そしてそれが、たくさんの小さな小さな鏡のようにキラキラキラキラ光るのです。

「かた雪かんこ、しみ雪しんこ。」

二人は、森の近くまで来ました。大きなかしわの木は、枝もうずまるくらい立派(ぱ)なすきとおったつららを下げて、重そうに体を曲げておりました。

「かた雪かんこ、しみ雪しんこ。きつねの子ぁ、よめぃほしい、ほしい。」

1 「こおった雪」「空」「木におりたしも」「野原の上」をたとえた言葉を、それぞれ□の字数で書きぬきましょう。

こおった雪 □□□よりもかたい。

空 □□□□□

木におりたしも □□□

野原の上 □□□□

2 「こんなおもしろい日」と言っているのは、なぜですか。次の□にあてはまる言葉を書きぬきましょう。

□□□□も、□□もどこまででも行けるうえに、ずっと□□で、よく□□のが見えるから。

3 「大きなかしわの木」は、どのような様子でしたか。二十六字でさがして、初めと終わりの五字を書きぬきましょう。

□□□□□〜□□□□□いた。

ヒント 直後に書かれていることに注目しよう。

と、二人は森へ向いて高くさけびました。

　しばらくしいんとしましたので、二人はも一度さけぼうとして息をのみこんだ時、森の中から、

「しみ雪しんしん、かた雪かんかん。」

と言いながら、キシリキシリ雪をふんで、白いきつねの子が出てきました。

　四郎は、少しぎょっとしてかん子を後ろにかばって、しっかり足をふんばってさけびました。

「きつねこんこん白ぎつね、およめほしけりゃ、とってやろよ。」

　するときつねが、まだまるで小さいくせに、銀のはりのようなおひげをピンと一つひねって言いました。

「四郎はしんこ、かん子はかんこ、おらはおよめはいらないよ。」

　四郎が笑って言いました。

「きつねこんこん、きつねの子、およめがいらなきゃもちやろか。」

　するときつねの子も、頭を二つ三つふって、おもしろそうに言いました。

「四郎はしんこ、かん子はかんこ、きびのだんごをおれやろか。」

　かん子も、あんまりおもしろいので、四郎の後ろにかくれたまま、そっと歌いました。


宮沢賢治（みやざわけんじ）「雪わたり」より

4 「しいんとしました」とは、どのような様子を表していますか。一つに○をつけましょう。

ア（　）二人の周囲がとてもしずまりかえっている様子。

イ（　）二人が急に悲しい気持ちになってしまった様子。

ウ（　）二人の声が森の中に少しずつ消えていった様子。

5 「少しぎょっとして」とありますが、四郎がおどろいたのは、なぜですか。理由を書きましょう。

（　　　　）

6 「足をふんばって」とは、どのような様子を表していますか。一つに○をつけましょう。

ア（　）こわがっていることをかくそうとしている様子。

イ（　）すぐにでもにげ出せるように準備している様子。

ウ（　）相手に負けないように、力をこめている様子。

7 「銀のはりのようなおひげをピンと一つひねって」とは、どのような様子を表していますか。一つに○をつけましょう。

ア（　）いばりちらしている様子。

イ（　）大人ぶって見せている様子。

ウ（　）相手を見下している様子。

ヒント　直前の「まるで小さいくせに」に注目しよう。

8 かん子が楽しんでいる様子がわかる文をさがして、初めの五字を書きぬきましょう。（句読点をふくみます。）

雪わたり

文章を読んで、答えましょう。

見ると、もうきつねの学校生徒が、たくさん集まって、くりの皮をぶっつけ合ったりすもうをとったり、ことにおかしいのは、小さな小さなねずみぐらいのきつねの子が、大きな子どものきつねのかたぐるまに乗って、お星様を取ろうとしているのです。

みんなの前の木の枝に、白い一枚のしきふが下がっていました。

不意に後ろで、

「こんばんは、よくおいででした。先日は失礼いたしました。」

と言う声がしますので、四郎とかん子とは、びっくりしてふり向いて見ると、紺三郎です。

紺三郎なんか、まるで立派なえんび服を着て、すいせんの花をむねにつけて、真っ白なハンケチでしきりにそのとがったお口をふいているのです。

四郎は、ちょっとおじぎをして言いました。

「このあいだは失敬。それから今晩はありがとう。このおもちをみなさんであがってください。」

きつねの学校生徒は、みんなこっちを見ています。

紺三郎は、むねをいっぱいに張って、すましてもちを受け取りました。

「これはどうもおみやげをいただいてすみません。どうかごゆるりとなすってください。もうすぐ幻灯も始まります。わたしはちょっと失礼いたします。」

1 「きつねの学校生徒」は何をしていましたか。三つ書きましょう。

（　　　　　）

（　　　　　）

（　　　　　）

2 紺三郎は、現れた時どのような様子でしたか。次にあてはまる言葉を書きぬきましょう。

□□□□□□□を着て、

□□□□□□をむねにつけて、

□□□□□□□で口をふいていた。

3 四郎たちはきつねたちのところに何を持ってきましたか。三字で書きぬきましょう。

□□□

紺三郎は、おもちを持って、向こうへ行きました。

きつねの学校生徒は、声をそろえてさけびました。

「かた雪かんこ、しみ雪しんこ、かたいおもちはかったらこ、白いおもちはべったらこ。」

まくの横に、

「寄贈(ぞう)、おもちたくさん、人の四郎氏、人のかん子氏」と、大きな札が出ました。きつねの生徒は、喜んで、手をパチパチたたきました。

その時、ピーと笛が鳴りました。

紺三郎が、エヘンエヘンとせきばらいをしながらまくの横から出てきて、ていねいにおじぎをしました。みんなはしんとなりました。

「今夜は美しい天気です。お月様は、まるで真珠(じゅ)のお皿です。お星様は、野原のつゆがキラキラ固まったようです。さて、ただ今から幻灯会をやります。みなさんは、またたきやくしゃみをしないで、目をまんまろに開いて見ていてください。それから、今夜は大切な二人のお客様がありますから、どなたも静かにしないといけません。決して、そっちの方へくりの皮を投げたりしてはなりません。開会の辞です。」

みんな喜んで、パチパチ手をたたきました。そして四郎が、かん子にそっと言いました。

「紺三郎さんはうまいんだね。」

宮沢賢治(みやざわけんじ)「雪わたり」より

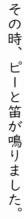

4 「むねをいっぱいに張って、すましてもちを受け取りました。」とありますが、これは紺三郎のどのような様子を表していますか。一つに〇をつけましょう。

ア(　)うれしい気持ちをさとられまいとする様子。

イ(　)自分の方が強いことを教えようとする様子。

ウ(　)みんなの前で立派にふるまおうとする様子。

5 「声をそろえてさけびました。」とありますが、これはきつねの学校生徒のどのような気持ちを表していますか。一つに〇をつけましょう。

ヒント　紺三郎の着ている服やみんなが見ていることに注目しよう。

ア(　)幻灯を待ちわびて、おこっている気持ち。

イ(　)おみやげをもらって喜んでいる気持ち。

ウ(　)紺三郎の様子をからかっている気持ち。

6 紺三郎がみんなの前で話したことはどのようなことですか。一つに〇をつけましょう。

ヒント　大きな札が出た後の様子にも気持ちが表れているよ。

ア(　)幻灯会を見ている間の注意点。

イ(　)これから始まる幻灯会のだいたいのところ。

ウ(　)みんなへの、四郎とかん子のしょうかい。

7 「手をたたきました。」とありますが、きつねの学校生徒のどのような気持ちを表していますか。一つに〇をつけましょう。

ア(　)紺三郎の話がおもしろいので、はやそうとする気持ち。

イ(　)四郎とかん子からおもちをもらって、うれしい気持ち。

ウ(　)いよいよ幻灯会が始まることに、わくわくする気持ち。

雪わたり ～言葉の広場⑤ 言葉で伝える、心を伝える

時間 20分　／100　合格 80点
学習日　月　日
教科書 下35～73ページ
答え 26ページ

文章を読んで、答えましょう。　思考・判断・表現

笛がピーと鳴りました。

『わなをけいべつすべからず』と、大きな字がうつり、それが消えて、絵がうつりました。きつねのこん兵衛（べえ）が、わなに左足をとられた景色です。

「きつねこんこんきつねの子、
去年きつねのこん兵衛が
左の足をわなに入れ
こんこんばたばた
　こんこんこん。」

と、みんなが歌いました。

四郎（しろう）が、そっとかん子に言いました。

「ぼくの作った歌だねい。」

絵が消えて、『火をけいべつすべからず』という字が現れました。

それも消えて、絵がうつりました。きつねのこん助（すけ）が焼いたお魚を取ろうとして、しっぽに火がついたところです。

きつねの生徒が、みなさけびました。

「きつねこんこんきつねの子、
去年きつねのこん助が
焼いた魚を取ろうとして
おしりに火がつき
　きゃんきゃんきゃん。」

1 きつねのこん兵衛は去年、どのような目にあいましたか。文中から十字で書きぬきましょう。　6点
（　　）

2 「みんなが歌いました。」とありますが、みんなが歌っている歌はだれがつくった歌ですか。名前を書きましょう。　6点
（　　）

3 「火をけいべつすべからず」とは、どのような意味を表していますか。一つに○をつけましょう。　6点
ア（　）火は大切なものだということ。

イ（　）火にはよく注意しろということ。

ウ（　）火は正しく使えということ。

4 きつねのこん助は去年、どのような目にあいましたか。　6点
（　　）

5 幻灯会の様子にあてはまらないもの一つに○をつけましょう。　6点
ア（　）幻灯を見て、きつねたちは声をたてて歌っていた。

イ（　）幻灯には、笛の音のおはやしがついていた。

ウ（　）幻灯会が終わると紺三郎は四郎とかん子にお礼を言った。

笛がピーと鳴り、まくは明るくなって、紺三郎がまた出てきて言いました。

「みなさん。今晩の幻灯はこれでおしまいです。今夜みなさんは、深く心にとめなければならないことがあります。それは、きつねのこしらえたものを、かしこい少しもよわない人間のお子さんが食べてくだすったということです。そこでみなさんは、これからも、大人になっても、うそをつかず、人をそねまず、わたしどもきつねの今までの悪い評判をすっかりなくしてしまうだろうと思います。閉会の辞です。」

きつねの生徒は、みんな感動して、両手を上げ、ワーッと立ち上がりました。そして、キラキラなみだをこぼしたのです。

紺三郎が、二人の前に来て、ていねいにおじぎをして言いました。

「それでは。さようなら。今夜のごおんは決してわすれません。」

二人も、おじぎをして、うちの方へ帰りました。きつねの生徒たちが、追いかけてきて、二人のふところやかくしに、どんぐりだのくりだの青光りの石だのを入れて、

「そら、あげますよ。」

「そら、取ってください。」

なんて言って、風のようににげ帰っていきます。

紺三郎は笑って見ていました。

宮沢賢治「雪わたり」より

よく出る

6 「深く心にとめなければならないこと」とは、どのようなことですか。文中の言葉を使って書きましょう。 15点

7 紺三郎は、きつねの生徒にどのようにしてほしいと言っていますか。文中の言葉を使って書きましょう。 15点

8 紺三郎の言葉を聞いて、きつねの生徒はどのようになりましたか。文中の言葉を使って書きましょう。 10点

できたらスゴイ！

9 きつねの生徒は二人に何をくれましたか。三つ書きぬきましょう。 一つ5点(15点)

考えを書こう

10 「紺三郎は笑って見ていました。」の場面で、紺三郎はどのような気持ちだったでしょうか。考えて書きましょう。 15点

雪わたり ～ 言葉の広場⑤ 言葉で伝える、心を伝える

時間 20分
／100
合格 80点

学習日
月　日
教科書 下35～73ページ
答え 27ページ

1 読みがなを書きましょう。
一つ2点(8点)

① 粉薬（　　）を飲む。

② 燃（　　）えるような山のもみじ。

③ 評判（　　）のよい店。

④ 断（　　）りの電話を入れる。

2 □に漢字を、（　）に送りがなを書きましょう。
一つ2点(8点)

① □□□□（うおうさおう）する。

② 自分で□□（はんだん）する。

③ □□（ふんまつ）のジュース。

④ 虫に（　　）（ちかよる）。

3 次の文章を読んで、季節が分かる言葉を一文からそれぞれ三つずつ書きぬきましょう。また、書かれている季節を答えましょう。
一つ4点(32点)

① 朝起きて、外にでると、あたり一面にしもが広がっていた。街は、つららを下げた木であふれていた。こたつに入っていると温かくて、ねむくなってしまう。

季節がわかる言葉（　　）（　　）（　　）

季節（　　）

② 今日は天気がいいため、海水浴に出かける。家に帰るとすぐ、せん風機の前にすわりこんだ。夕立にふられ、ずぶぬれになる。

季節がわかる言葉（　　）（　　）（　　）

季節（　　）

4 （　）にあてはまる言葉を［　］から選んで、書きましょう。 一つ3点(15点)

① ほしいものを見せられて（　　）がくらむ。
② 気に入らずに（　　）をとがらせる。
③ しかたがなくて（　　）をすくめる。
④ 得意になって（　　）を張る。
⑤ とてもおいしくて（　　）が落ちそうだ。

［かた　ほっぺた　目　むね　口］

5 （　）にあてはまる言葉を［　］から選んで、記号を書きましょう。 一つ3点(15点)

① 青い石の板でできているような（　）。
② しもでザラメをかけたようにぴかぴかの（　）。
③ 銀のはりのような（　）。
④ 野原のつゆがキラキラ固まったような（　）。
⑤ 青いぼうを何本もななめに投げこんだようにさす（　）。

［ア ひげ　イ お星様　ウ 空　エ 月の光　オ 木］

この本の終わりにある「冬のチャレンジテスト」をやってみよう！

6 「図書すいせん会」を行うときに注意することとして、正しいものには○を、正しくないものには×を書きましょう。 一つ2点(8点)

ア（　）本のとくちょうをとらえてすいせんするとよい。
イ（　）同じ作者の本であっても別の本は関係がないので、言わないようにする。
ウ（　）すいせんするポスターを作って、本の後ろに置くとよい。
エ（　）ポップにはなるべく本の一部をのせないようにする。

7 思考・判断・表現

次のたかしさんとけんとさんの会話を読んで、二人は、はじめにどのように伝え合えばよかったのか、会話文で書き直しましょう。 一つ7点(14点)

たかし　教室そうじはすんだから、次は外のそうじをしよう。
けんと　じゃあ、別のそうじ道具を持ってくるよ。
……
たかし　竹ぼうきじゃ、ろうかのふきそうじには向かないよ。
けんと　外って、ろうかのことか。先に言ってほしかったな。

たかしさん（　　　　）

けんとさん（　　　　）

ふりかえり　7が分からないときは、73ページの5にもどって確にんしてみよう。

雪
はたはたのうた

めあて
★詩のリズムやイメージをつかもう。

学習日
月　日
教科書
下74〜75ページ
答え
27ページ

1 詩を読んで、答えましょう。

【A】

雪

三好達治

太郎を眠らせ、太郎の屋根に雪ふりつむ。
次郎を眠らせ、次郎の屋根に雪ふりつむ。

(1)【A】の詩について
この詩はどのような日のことをえがいていますか。

（　　　　　　　　）日。

(2) この詩から感じられるもの一つに○をつけましょう。

ア（　）静けさ
イ（　）楽しさ
ウ（　）貧しさ

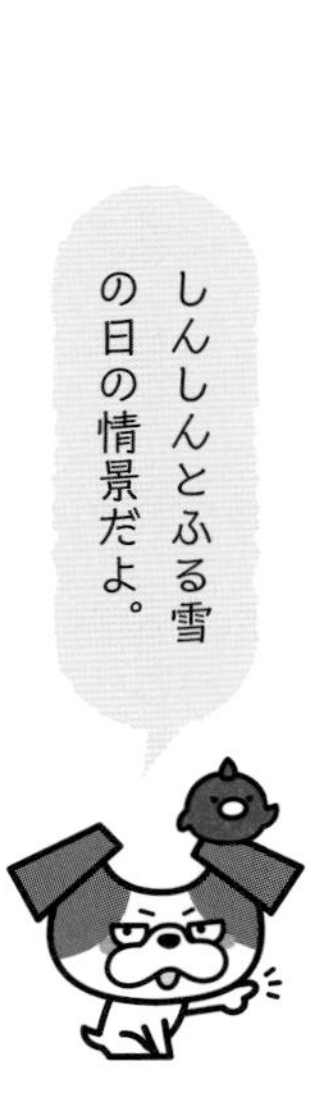

【B】の詩について

(3) この詩では「はたはた」という言葉のくり返しの中で、「さかな」以外のものをさしたものがあります。それは何ですか。一字で書きぬきましょう。

□

(4) (3)のように言葉がくり返されることで、どのような効果がありますか。一つに○をつけましょう。

ア（　）はたはたがとれる北国の寒さが強調される。
イ（　）はたはたが強調され、リズムが生まれる。
ウ（　）はたはたの音から「はは（母）」が思いおこされる。

【B】

はたはたのうた　室生(むろう)犀星(さいせい)

はたはたといふ(ウ)さかな、
うすべにいろのはたはた、
はたはたがとれる日は
はたはた雲といふ(ウ)雲があらはれ(ワ)る。
はたはたやいてたべるのは
北国のこどものごちそうなり。
はたはたみれば
母をおもふ(ウ)も
冬のならひ(イ)なり。

(5) 「はたはたといふさかな」は何色だと言っていますか。六字で書きぬきましょう。

(6) 「はたはたがとれる日」には、何が見られると言っていますか。九字で書きぬきましょう。

(7) 「北国のこどものごちそう」とは、何ですか。

（　　　　）

(8) 「母をおもふ」ときの気持ちにあてはまるもの一つに○をつけましょう。

ア（　）小さかったころのことを思い出し、なつかしむ気持ち。
イ（　）母のことをさがしまわりながら、不安に思っている気持ち。
ウ（　）母とともにいることを喜び、幸せを感じている気持ち。

(9) 「冬のならひなり」とは、どのような意味ですか。わかりやすく書きましょう。

（　　　　）

(10) この詩の内容にあてはまるもの一つに○をつけましょう。

ア（　）おさなく、あどけない思いをうたい上げている。
イ（　）悲しく、うれいに満ちた思いを表現している。
ウ（　）そぼくで、けがれのない思いをうたっている。

ぴったり1 準備

三 事実と意見を結びつけて書こう

生活をよりよくする提案

言葉の広場⑥ 和語・漢語・外来語

3分でまとめ

めあて
★提案文を書くときのくふうについて考えよう。
★和語・漢語・外来語について知ろう。

学習日
月　日

教科書 下76〜85ページ
答え 28ページ

がきトリ 新しい漢字

衛	エイ	16画	教科書77ページ
過	カ・すぎる・すごす	12画	79ページ
潔	ケツ	15画	80ページ
境	キョウ・さかい	14画	82ページ
査	サ	9画	82ページ
航	コウ	10画	82ページ
停	テイ	11画	82ページ
貿	ボウ	12画	83ページ
易	エキ・イ・やさしい	8画	83ページ
婦	フ	11画	83ページ
酸	サン	14画	83ページ
講	コウ	17画	83ページ

1 （　）に読みがなを書きましょう。

① 老婦人と話す。（　）
② 航海の記録。（　）
③ 国境の町。（　）
④ 大学の講義。（　）
⑤ 不衛生にしない。（　）
⑥ 過去の記録。（　）

2 □に漢字を、（　）に漢字と送りがなを書きましょう。

① バス□（てい）に行く。
② □□（けんざかい）の橋。
③ 地質の□□（ちょうさ）。
④ □□（せいけつ）なガーゼ。
⑤ 家で休日を（すごす）。
⑥ （やさしい）問題。

3 **正しい意味に○をつけましょう。**

① 意見を簡潔に述べる

ア（　）簡単で、よくまとまっているさま。

イ（　）内容がいっぱいつまっているさま。

② 意見を提示する。

ア（　）情報をへんこうすること。

イ（　）情報を伝えること。

4 **提案文を書くときに大切なことについて、（　）にあてはまる言葉を［　］から選んで、記号を書きましょう。**

① 提案したいことを（　）に示す。

② 提案した理由や（　）を書く。

③ 提案を（　）した場合の、期待できる効果を書く。

ア きっかけ　イ 実行　ウ 必要　エ 簡潔

5 **次の①〜⑥は、なんの特徴（ちょう）を説明したものですか。あとのア〜ウから選びましょう。**

①（　）古い時代に中国から日本に入ってきた言葉。

②（　）漢字で書いたときに訓で読む。

③（　）およそ四百五十年くらい前に、ポルトガル語から入ってきたものもある。

④（　）もともと日本語にあった言葉。

⑤（　）漢字で書いたときに音（おん）で読む。

⑥（　）漢語以外の、外国から入ってきた言葉。

ア 和語　イ 漢語　ウ 外来語

6 **①・②・③の言葉を、和語・漢語・外来語に分けて表に書き入れましょう。**

① 果実　フルーツ　果物

② スタートする　開始する　始める

③ 調べる　リサーチする　調査する

	①	②	③
和語			
漢語			
外来語			

三 事実と意見を結びつけて書こう

漢字の広場⑤ 同じ音の漢字

めあて
★同じ音の漢字の使い分けについて学ぼう。

学習日 月 日
教科書 下86～87ページ
答え 28ページ

かきトリ 新しい漢字

教科書ページ	漢字	読み	画数
86ページ	再	サイ・サ ふたたび	6画
86ページ	旧	キュウ	5画
86ページ	績	セキ	17画
86ページ	均	キン	7画
87ページ	志	シ こころざす こころざし	7画
87ページ	測	ソク はかる	12画
87ページ	暴	ボウ あばれる	15画
87ページ	検	ケン	12画
87ページ	製	セイ	14画
87ページ	復	フク	12画
87ページ	授	ジュ	11画

「績」と「積」は右側が同じ形だね。

1 （ ）に読みがなを書きましょう。

① 再会を約束する。（ ）
② 新製品を試す。（ ）
③ 算数の復習をする。（ ）
④ 旧市街に行く。（ ）
⑤ 検定試験を受ける。（ ）
⑥ 会社の業績。（ ）
⑦ 志が高い。（ ）
⑧ 異常を観測する。（ ）
⑨ テストの平均点。（ ）
⑩ 暴風けいほう（ ）
⑪ 国語の授業。（ ）
⑫ 健康になる。（ ）

2 □に漢字を、〔　〕に漢字と送りがなを書きましょう。

① □□（きゅうしき）のテレビ。

② □□（せいせき）表をもらう。

③ 大学の□□（きょうじゅ）。

④ 百円□□（きんいつ）の店。

⑤ 入学を□□（しがん）する。

⑥ 品質を□□（けんさ）する。

⑦ □□□（にほんせい）の服。

⑧ 家と学校を□□（おうふく）する。

⑨ □□□（さらいねん）の予定。

⑩ 〔　　〕（ふたたび）優勝する。

⑪ 子犬が〔　　〕（あばれる）。

⑫ 身長を〔　　〕（はかる）。

⑬ 入学を〔　　〕（いわう）。

3 正しい使い方をしているものに○をつけましょう。

① おもちゃの｛ア（　）対象　イ（　）対照｝年れいを調べる。

② ｛ア（　）自身　イ（　）自信｝を持って発表する。

③ 演奏会が｛ア（　）会場　イ（　）開場｝する。

④ 真理を｛ア（　）追求　イ（　）追究｝する。

4 □にあてはまる漢字をそれぞれ書きましょう。

① 食べ物を消□（か）する。
　 たき火を消□（か）する。

② 動物園の□（ぞう）。
　 動物園の映□（ぞう）。

生活をよりよくする提案 ～ 漢字の広場⑤ 同じ音の漢字

時間 20分 ／100 合格 80点

学習日 月 日
教科書 下76～81ページ
答え 29ページ

文章を読んで、答えましょう。　思考・判断・表現

読み終わった本は、必ずもとの場所へもどそう

中西　健

ぼくが学校の中で好きな場所は、図書館です。もともと、物語を読むのが好きということもありますが、本を使って何かを調べることも好きだからです。そんな図書館の使い方について、ぼくからみなさんに提案があります。それは、「読み終わった本は、必ずもとの場所へもどす。」ということです。

先日、ぼくは読みたい本を図書館に借りに行きました。たなをさがしたのですが、見つかりません。だれかが借りているのかなと思い、司書の先生にきいてみたら、だれも借りてはいないとのことでした。おかしいな、と思って、いろいろなたなをさがしたところ、全くちがうたなにあるのを見つけました。その時ぼくは、本が正しい場所にもどされていれば、こんなにこまらなかったのに、と残念に思いました。ぼくは、ほかにもちがう場所にある本がないか、さがしてみました。すると、そういった本が、ほかにも何冊かあるのを発見したのです。

1 中西さんは何について提案しようとしていますか。七字で書きぬきましょう。　15点

2 中西さんの具体的な提案内容はどのようなことですか。二十字で書きぬきましょう。　15点

よく出る

3 中西さんの提案のきっかけはどのようなできごとですか。□にあてはまる言葉を七字で書きぬきましょう。　15点

図書館で本をさがしたら、読みたい本が［　　　　　　　］にあったこと。

4 中西さんは、自分が経験したできごとをどのように感じましたか。一つに○をつけましょう。　10点

ア（　）残念に思った。
イ（　）うれしく思った。
ウ（　）はらが立った。

図書館の本は、使う人が本を見つけやすいように、分類・整理されています。しかし、全くちがうところに置かれてしまっては、すぐに見つけることができません。次に読む人のことを考えて、もとの場所にきちんともどすべきではないでしょうか。

ぼくが提案したい「読み終わった本は、必ずもとの場所へもどす。」ということは、本来ならあたりまえのことです。あたりまえに思えることを積み重ねていくことで、ぼくたちの学校は、今よりも過ごしやすいところになると思います。

「生活をよりよくする提案」より

5 図書館の本はどのように置かれていますか。□にあてはまる言葉を書きぬきましょう。　三つできて15点

使う人が［　　　　　　］ように、

［　　］・［　　］されて置かれている。

6 中西さんの提案からつながる今後の願いはどのようなことですか。□にあてはまる言葉を十一字と九字で書きぬきましょう。　二つできて15点

［　　　　　　　　　　　］を

［　　　　　　　　　］で、

学校が今より過ごしやすくなること。

できたらスゴイ！

7 中西さんの提案文について、あてはまるものに○を、あてはまらないものには×をつけましょう。　15点

ア（　）実際にあったできごとが書かれているので、どうして提案したいのかがよくわかる。

イ（　）中西さんの提案は実行するのがかなりむずかしい内容である。

ウ（　）提案するときに「もとの場所にきちんともどすべきではないでしょうか」という問いかけの表現を使用している。

エ（　）最後にもう一度提案したいことが書かれているので、中西さんの思いが強く伝わってくる。

時間 20分 ／100 合格 80点

学習日 月 日

教科書 下76～87ページ

答え 29ページ

1 読みがなを書きましょう。 一つ3点(30点)

① 平均点を出す。（　）
② 町で旧友に会う。（　）
③ 太平洋を航海する。（　）
④ 提案を簡(かん)潔に示す。（　）
⑤ 学校の講堂に集まる。（　）
⑥ 酸味が強い食べ物。（　）
⑦ 易しい問題。（　）
⑧ 川を調査する。（　）
⑨ 面積を測る。（　）
⑩ 車が通り過ぎる。（　）

2 □に漢字を、〔　〕に漢字と送りがなを書きましょう。 一つ3点(30点)

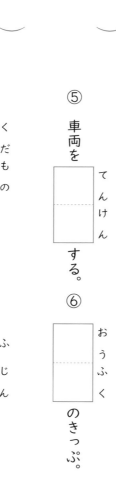

① アメリカとの□□(ぼうえき)。
② 人工□□(えいせい)を見る。
③ □□(いし)をつらぬく。
④ 星ざの□□(かんそく)。
⑤ 車両を□□(てんけん)する。
⑥ □□(おうふく)のきっぷ。
⑦ □□(くだもの)を食べる。
⑧ □□(ふじん)服売り場。
⑨ 馬が〔　　〕(あばれる)。
⑩ 〔　　〕(ふたたび)会う。

3 提案文の構成について、答えましょう。

一つ3点(18点)

構成	書く内容	段落	書くこと
始め	①（　　）	1	④（　　）
中	②（　　）	2	⑤（　　）
中	③（　　）	3	⑥（　　）
終わり	今後の願い	4	ルールを守るというあたりまえのことを積み重ねていけば、今よりも学校生活がよりよくなると思う。

(1) 「書く内容」の①～③の（　）に入るものを［　］から選んで、記号を書きましょう。

ア 提案のきっかけや理由
イ 提案の内容とその理由
ウ 話題の提示

(2) 「書くこと」の④～⑥の（　）に入るものを［　］から選んで、記号を書きましょう。

ア ろう下で、走ってきた人にぶつかって、転んだ。
イ ろう下を走らないようにしましょう。
ウ ろう下には、真ん中に印があって、右側と左側を歩くことができるようになっている。

4 次の――線の言葉があてはまるものを［　］から選んで、記号を書きましょう。

一つ2点(10点)

わたしたちは、オリンピックの競技種目について、インターネットを使って調べました。

① わたしたち（　　）　② オリンピック（　　）
③ 競技（　　）　④ インターネット（　　）
⑤ 調べました（　　）

ア 和語　イ 漢語　ウ 外来語

5 正しい言葉に○をつけましょう。

一つ2点(12点)

① 動物に｛ア（　）関心　イ（　）感心｝がある。
② 箱の｛ア（　）測面　イ（　）側面｝に絵をかく。
③ ｛ア（　）復雑　イ（　）複雑｝な問題を解く。
④ ｛ア（　）意外　イ（　）以外｝な事実におどろく。
⑤ 司会に｛ア（　）指名　イ（　）氏名｝された。
⑥ 国語の｛ア（　）成積　イ（　）成績｝がのびる。

ぴったり1 準備

四 筆者の説明について自分の考えをもとう

まんがの方法

石田(いしだ) 佐恵子(さえこ)

めあて
★筆者の説明をはあくして、それに対して自分の考えを持とう。

学習日 月 日

教科書 下89〜103ページ

答え 30ページ

かきトリ 新しい漢字

教科書	漢字	読み	画数
90ページ	刊	カン	5画
92ページ	個	コ	10画
92ページ	破	ハ・やぶる・やぶれる	10画
94ページ	素	ソ	10画
98ページ	独	ドク・ひとり	9画
102ページ	益	エキ	10画
102ページ	義	ギ	13画
102ページ	圧	アツ	5画
102ページ	居	キョ・いる	8画
102ページ	型	ケイ・かた	9画
102ページ	液	エキ	11画
102ページ	禁	キン	13画

1 （　）に読みがなを書きましょう。

① 服の色を統一する。（　）

② 個性を大切にする。（　）

③ 機械が大破する。（　）

④ 空気中の酸素。（　）

⑤ 独自の方法。（　）

⑥ 利益を計算する。（　）

2 □に漢字を書きましょう。

① □□（せいぎ）について考える。

② □□（あつりょく）がかかる。

③ □□（しんきょ）に住む。

④ 新しい□（かた）の車。

⑤ □□（えきたい）が固体になる。

⑥ 使用を□（きん）じる。

3 正しい意味に○をつけましょう。

① 所せましとならぶ。

ア（　）周りが多すぎると感じられる様子。

イ（　）周りがせまく感じられるほどいっぱいな様子。

② りくつに合わない話。

ア（　）ものごとのすじ道。

イ（　）当たり前のこと。

③ 特有の表現方法。

ア（　）そのものだけに備わっているさま。

イ（　）それだけが持つすぐれた部分。

④ おおよそ正しいと言える。

ア（　）全体として。

イ（　）大体において。

4 次の（　）にあてはまる言葉を□から選んで書きましょう。ただし、言葉は一回しか使えません。

① ひとまず「まんがの方法」とよぶ（　　　　）。

② これはだれが語っている（　　　　）。

③ 人気があるのは、おもしろい（　　　　）。

からでしょう　ことにします　のでしょう

3分でワンポイント

「まんがの方法」についてまとめよう。

★（　）にあてはまる言葉を□から選び答えましょう。

① 小さなコマの連続…物語の（　　　）が速まる。

大きなコマが入る…場面の（　　　）が強まる。

② 絵の中にえがかれる文字…人物の（　　　）や動作、音などを強調する。

③ 登場人物の（　　　）…受ける感じを大きく変える。

④ （　　　）…読者が想像して読むことができる。

⑤ 背景の線…人物の心の動きを伝える。

⑥ ナレーターの語り…独特のおもしろさをあたえる。

省略表現　心の動き　テンポ　表情　印象

まんがの方法

学習日　月　日
教科書 下89～103ページ
答え 30ページ

文章を読んで、答えましょう。

まんがには、「一コマまんが」や「四コマまんが」「ストーリーまんが」など、さまざまな種類があります。形はちがっていても、これらは全て、まんがの仲間とされています。まんがに特有の、共通した表現方法が見られるからです。これを「まんがの方法」とよぶことにしましょう。

ここでは、よく親しまれているストーリーまんがを例にとって、そのおもしろさを生み出す「まんがの方法」についてさぐってみることにします。

ストーリーまんがは、「コマ」とよばれる四角いわくの中にえがかれた絵を連続させて、表現されます。たいてい、一ページに五個から十個のコマがあり、どの順番で読んでいくのか、おおよそのきまりがあります。ふつうは、上から下へ、右から左へと読んでいきます。

コマは、物語の展開に重要な役割を果たします。細かいコマや小さなコマがくり返されると、物語のテンポが速まり、大きなコマや変わった形のコマが入ると、場面の印象が強まります。数種類のコマを組み合わせて、回想や想像、夢など、時間や心の動きを表現することもあります。前のページのまんがは、わく線を破ることで強いおどろきを表現しています。

また、コマと同じくらい重要なものに、登場人物たちの話すせりふ（言葉）があります。せりふは、ふつう、「フキダシ」とよ

1 まんがの種類を三つ書きぬきましょう。

（　　　　）（　　　　）（　　　　）

2 「ストーリーまんが」の「コマ」は、ふつう、どのように読んでいきますか。十一字で書きぬきましょう。

［　　　　　　　　　　　］読んでいく。

3 「コマは、物語の展開に重要な役割を果たします」とありますが、コマの役割について、答えましょう。

① 物語のテンポを速めるにはどのようにしますか。十一字で書きぬきましょう。

［　　　　　　　　　　　］をくり返す。

② 場面の印象を強めるにはどのようにしますか。十四字で書きぬきましょう。

［　　　　　　　　　　　　　　］を入れる。

ばれる円形のわくの中に、本などで使われる印刷用の文字で入っています。そのせりふがどの人物のものなのかは、人物とフキダシとの位置関係からわかります。

フキダシではなく、絵の中に直接、手で文字がえがかれていることもあります。これも「まんがの方法」の一つで、人物の心の動きや動作、音などを強調しています。例えば、右のまんがの「バ」「バンッ」「ダン」「バッ」「ビクッ」などは、印刷用の文字では表せないはくりょくを、画面にあたえていることがわかります。

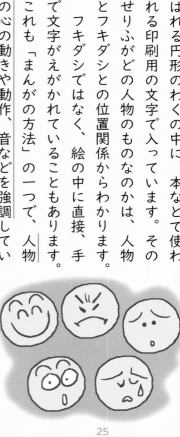

※「前のページのまんが」「右のまんが」は省略します。

石田佐恵子（いしたさえこ）「まんがの方法」より

③ 数種類のコマを組み合わせて何を表現すると言っていますか。七字で書きぬきましょう。

□□□□□□□

ヒント 「コマは、……」の段落（だん）を注意して読もう。

4 「せりふ（言葉）」はどのようにして表されますか。□にあてはまる言葉を、七字と六字で書きぬきましょう。

「フキダシ」という□□□□□□□に、□□□□□□で入れて表す。

5 「人物の心の動きや動作、音などを強調」するには、どのようにしますか。十一字で書きぬきましょう。

□□□□□□□□□□□をえがく。

6 「印刷用の文字では表せないはくりょく」とは、どのようなものだと思われますか。一つに○をつけましょう。

ア（　）その言葉の意味によって伝わるはくりょく。

イ（　）言葉のえがかれ方から生まれるはくりょく。

ウ（　）言葉の数によって決められるはくりょく。

ヒント 前の段落の、「印刷用の文字」ではない「文字」に注目しよう。

まんがの方法

文章を読んで、答えましょう。　思考・判断・表現

「まんがの方法」は、ほかにもあります。

例えば、背景にななめの線や丸、点々だけがえがかれていることがあります。はげしい動きやその場のふんいき、人物の心の動きなどを、効果的に表現するためです。左のまんがでは、背景にえがかれたさまざまな線が、人物の心の動きを、はっきりと伝えています。

また、背景に、せりふでも効果のためでもない言葉が表されていることもあります。左のまんがの三コマめには、「それは『成長』という名の自然現象である」という言葉がありますが、これはだれが語っているのでしょうか。この言葉は、まんがの画面には登場しない「ナレーター」によって語られているのです。テレビドラマや映画では、なじみ深い方法ですが、物語を進行させたり、人物の気持ちを説明したりするのに役立ちます。このまんがでは、ナレーターの語りが、作品に独特のおもしろさをあたえています。

「まんがの方法」を使ってえがかれた日本のまんがは、広く海外の人々にも親しまれています。左のまんがは、インドネシアで発行されているものです。絵がらや物語は日本のものですが、文字の部分がインドネシア語に差しかえられています。まんがは、言葉のことなる国でも十分楽しめるということがわかるでしょう。

ストーリーまんがを例に、いろいろな「まんがの方法」をしょ

1 背景にえがかれている「ななめの線や丸、点々」は、何を表現するものですか。二十五字でさがして、初めと終わりの五字を書きぬきましょう。　10点

〜

2 「ナレーター」について、答えましょう。　一つ10点(30点)

① ナレーターが語る言葉は、どのような言葉ですか。十六字で書きぬきましょう。

② ナレーターの語りは何の役に立ちますか。簡潔に書きましょう。

よく出る

③ ナレーターの語りは、このまんがに何をあたえていますか。八字で書きぬきましょう。

（　　　　）

3 「『まんがの方法』を使ってえがかれた日本のまんが」について、答えましょう。　一つ10点(20点)

① 日本のまんがは、海外でどのような形で発行されて楽しまれていますか。あてはまる言葉を書きましょう。

うかいしてきましたが、これらは、ほんの一部にすぎません。「まんがの方法」は、常に新しいものが生み出されていて、その新しさが、まんがをよりおもしろくしているのです。みなさんも、自分の好きなまんがから、いろいろな「まんがの方法」を見つけてみましょう。そうすれば、今までよりもっとまんがを楽しむことができるはずです。

※「左のまんが」は省略します。
石田佐恵子「まんがの方法」より

（　　　　　　　　　　）楽しまれている。

② ①からどのようなことがわかりますか。文中から二十六字でさがして始めと終わりの五字を書きぬきましょう。

□□□□□ ～ □□□□□

できたらスゴイ！

4 「いろいろな『まんがの方法』」とありますが、この文章で述べられている「まんがの方法」を二つ書きましょう。　一つ10点（20点）

（　　　　　　　　　　）

（　　　　　　　　　　）

考えを書こう

5 あなたが好きなまんがについて、具体的にどのような点がおもしろいと思われるかを書きましょう。　20点

（　　　　　　　　　　）

ぴったり3 確かめのテスト②

四 筆者の説明について自分の考えをもとう

まんがの方法

時間 20分

／100

合格 80点

学習日 月 日

教科書 下90〜103ページ

答え 32ページ

1 読みがなを書きましょう。 一つ3点（30点）

① 週刊（　　）の雑誌。

② 個人（　　）の自由。

③ 低気圧（　　）が近づく。

④ 転居（　　）とどけを出す。

⑤ 経営が破（　　）たんする。

⑥ 着物の型（　　）くずれを直す。

⑦ 素材（　　）をいかす。

⑧ 独特（　　）な口調。

⑨ 液化（　　）天然ガス

⑩ 持ち出し禁止（　　）。

2 □に漢字を、（　）に漢字と送りがなを書きましょう。 一つ3点（18点）

① □□（じゅうあつ）を感じる。

② □□（いま）に集まる。

③ 会社から□□（どくりつ）する。

④ も□（けい）を作る。

⑤ 服の□□（そざい）。

⑥ 紙を（　　）（やぶる）。

3 つぎの言葉の意味として正しいものをア〜ウの中から一つずつ選びましょう。 一つ4点（8点）

① 所せましと（　）

② 回想（　）

ア 他のものと入れかえたり、取りかえて別のものを差したりすること。

イ あたりがせまく感じられるほど物が空間をしめているようす。

ウ すぎ去ったことをふりかえり、思いをめぐらすこと。

4 次の文を目的に合わせて正しい形に直したものを［　］から一つずつ選びましょう。

一つ4点（12点）

まんがは、そのおもしろさをこのような方法で表している。

目的①（　　）
この文を、まんがのおもしろさを表している方法について問いかける文にし、読者に関心をもたらしたい。

目的②（　　）
この文を、まんがのおもしろさを表している方法について仮定する文にし、これから何についてくわしく説明するかを明らかにしてすじ道を立てたい。

目的③（　　）
この文を、まんがのおもしろさを表している方法について、伝えたい自分の強い意見であることを表す文にし、言い切りの形で説得力をもたせたい。

ア　まんがは、そのおもしろさをこのような方法で表しているとします。
イ　まんがは、そのおもしろさをこのような方法で表しているのです。
ウ　まんがは、そのおもしろさをどのような方法で表しているのでしょうか。

5 ――線部の言葉が正しく使われているものには○を、正しく使われていないものには×を書きましょう。

一つ4点（32点）

①（　）この文字を強く表示すると、読者にねらいが伝わって公益性だ。
②（　）友人には、思いやりと、基本的がある。
③（　）この表現方法は、登場人物の心の動きを伝えるのに合っている。
④（　）このしくみは、社会の効果的をたもつためにある。
⑤（　）正義感なこともできていないのに、むずかしいことにちょうせんするのは無理がある。
⑥（　）友人のスピーチはだれよりも統一性によかった。
⑦（　）この部屋は整理されていて、圧倒的に満ちている。
⑧（　）書類に居住地を書く。

五 資料を使って効果的に発表しよう

ひみつを調べて発表しよう
言葉の広場⑥ 送りがなのきまり

めあて
★効果的な発表のくふうについて考えよう。
★送りがなの決まりを学ぼう。

学習日 月 日

教科書 下104〜111ページ

答え 32ページ

がきトリ 新しい漢字

漢字	読み	画数	教科書
賛	サン	15画	教科書105ページ
絶	ゼツ　たえる・たやす　たつ	12画	105ページ
告	コク　つげる	7画	109ページ
総	ソウ	14画	109ページ
桜	さくら	10画	111ページ
仏	ブツ　ほとけ	4画	111ページ
妻	サイ　つま	8画	111ページ
舎	シャ	8画	111ページ
鉱	コウ	13画	111ページ
銅	ドウ	14画	111ページ
脈	ミャク	10画	111ページ
輸	ユ	16画	111ページ
則	ソク	9画	111ページ
肥	ヒ　こえる・こえ　こやす・こやし	8画	111ページ

1 （　）に読みがなを書きましょう。

① 夫と 妻。（　）
② 校舎 の中に入る。（　）
③ 銅像（　）
④ 奈良の 大仏。（　）
⑤ 医者が 脈 を取る。（　）
⑥ 商品を 輸出 する。（　）

2 □に漢字を、（　）に漢字と送りがなを書きましょう。

① 結果を □□（ほうこく） する。
② 鉄がとれる □□（こうざん）。
③ □□（きそく） を守る。
④ □（さくら） の花。
⑤ 名前を（　つげる　）。
⑥ 土地が（　こえる　）。

3 正しい意味に○をつけましょう。

① 絶滅(めつ)したきょうりゅうたち。
ア（　）力が弱まって、数が急に減ること。
イ（　）ほろびて、いなくなること。

② 資料を一覧(らん)にして示す。
ア（　）一つずつ順を追って説明したもの。
イ（　）全体が一目でわかるようにしたもの。

③ 三つの柱を立てて話す。
ア（　）話の中心となって全体を支えるもの。
イ（　）家を支えるもの。

④ 効果音が映画(えい)をもり上げる。
ア（　）劇(げき)などのはじめや終わりに流れる曲。
イ（　）劇などの進行を助けるための音。

⑤ 考えをうらづける情報。
ア（　）確かなものにすること。
イ（　）ちがった面がわかること。

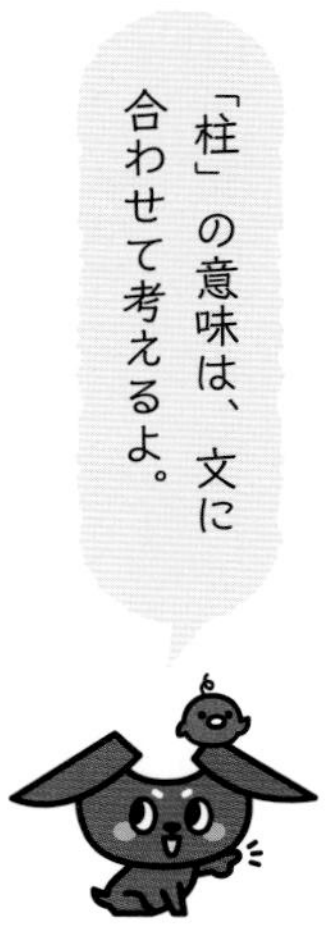

4 発表までの進め方について、正しい順になるように数字を書きましょう。

ア（　）発表の練習を行い、内容を見直す。
イ（　）発表の内容を考える。
ウ（　）テーマから、伝えたいことの中心を考える。
エ（　）資料を集めて選ぶ。
オ（　）発表の仕方のくふうについて考える。

5 次の文の――部を、漢字と送りがなで書きましょう。

① 態度をあらためる。（　　）
② みじかいひも。（　　）
③ 国同士のあらそい。（　　）

6 送りがなの正しいものに○をつけましょう。

① ア（　）現われる　イ（　）現れる
② ア（　）苦しむ　イ（　）苦む
③ ア（　）温かい　イ（　）温たかい
④ ア（　）快よい　イ（　）快い

ぴったり3 確かめのテスト

五 資料を使って効果的に発表しよう

ひみつを調べて発表しよう ～ 言葉の広場⑥ 送りがなのきまり

時間 20分

／100

合格 80点

学習日 月 日

教科書 下104～111ページ

答え 33ページ

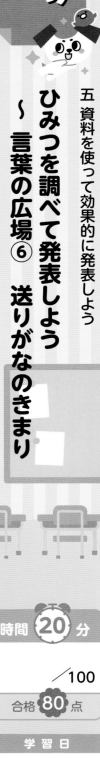

1 読みがなを書きましょう。

一つ3点(30点)

① 意見に 賛同 する。（　　）

② 生き物が 絶滅 する。（　　）

③ 大仏 を見に行く。（　　）

④ 大きな 山脈 だ。（　　）

⑤ あの 鉱山 には鉄がある。（　　）

⑥ 宿舎 に戻る。（　　）

⑦ 植物に 肥料 を与える。（　　）

⑧ 動画に 広告 をつける。（　　）

⑨ 商品を 輸入 する。（　　）

⑩ 夫妻 がともに暮らす。（　　）

2 □に漢字を、〔　〕に漢字と送りがなを書きましょう。

一つ3点(30点)

① □（さくら）がきれいだ。

② □□（きそく）はきちんと守ろう。

③ □（どう）メダルをもらう。

④ □□（そうり）の演説。

⑤ この人が □（つま）です。

⑥ □□（ほとけさま）の絵。

⑦ 会議の □□（しりょう）。

⑧ 真実を〔　　〕（つげる）。

⑨ 子孫が〔　　〕（たえる）。

⑩ 〔　　〕（こえた）土地。

3 （　）にあてはまる漢字を［　］から選んで書きましょう。

一つ2点（10点）

① 効果（　）
② 可能（　）
③ 国有（　）
④ 親近（　）
⑤ 基本（　）

［化　的　感　性］

4 次の言葉を（　）の読みになるように、正しく書き直しましょう。

一つ2点（12点）

① 等い（ひとしい）（　　　）
② 確る（たしかめる）（　　　）
③ 細だ（こまやかだ）（　　　）
④ 教る（おそわる）（　　　）
⑤ 勇しい（いさましい）（　　　）
⑥ 夕立ち（ゆうだち）（　　　）

5 テーマを決め、それについて調べて発表するまでの進め方について答えましょう。

① 資料を集めて使うとき、どのようにすればいいですか。一つに○をつけましょう。　2点

ア（　）集めた資料をすべて使う。
イ（　）必要なものを選ぶ。
ウ（　）気に入った資料を選ぶ。

② 発表の内容を考えるときに、注意することをまとめました。（　）にあてはまる言葉を［　］から選んで書きましょう。　一つ2点（8点）

中心となる（　　　）を決め、内容にそったわかりやすい（　　　）を作り、（　　　）を考える。
（　　　）の配分も考える。

［資料　事実　構成　柱　時間］

③ 発表のくふうについて、適切なものに○を、適切ではないものに×をつけましょう。　一つ2点（8点）

ア（　）最初に資料を全て示す。
イ（　）何を伝えるのかをはっきりさせる。
ウ（　）伝わりやすい言葉を選ぶようにする。
エ（　）事実を単調に伝えるようにする。

ぴったり1 準備

六 ノンフィクションを読み、筆者についての考えを交流しよう

みすゞ(ず)さがしの旅 ——みんなちがって、みんないい

矢崎(やざき) 節夫(せつお)

めあて
★ノンフィクションを読み、筆者の考えをとらえよう。

学習日 月 日
教科書 下113〜133ページ
答え 33ページ

かきトリ 新しい漢字

教科書117ページ	117ページ	118ページ	121ページ	122ページ	122ページ
版 ハン 8画	留 リュウ・ル とめる・とまる 10画	墓 ボ はか 13画	幹 カン みき 13画	団 ダン 6画	務 ム つとめる つとまる 11画

125ページ	128ページ	132ページ	132ページ	132ページ	132ページ
祖 ソ 9画	在 ザイ ある 6画	費 ヒ 12画	余 ヨ あまる・あます 7画	招 ショウ まねく 8画	格 カク 10画

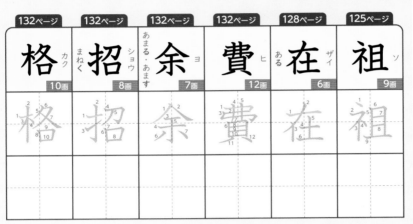

1 ◯に読みがなを書きましょう。

① 版画 をかざる。
② お金が 余 る。
③ 留守番 電話
④ やさしい 性格 の兄。
⑤ 市内に 在 る学校。
⑥ 招待 状をもらう。

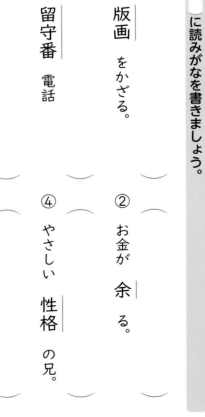

2 □に漢字を書きましょう。

① 修理にかかる □(ひよう)。
② アメリカに □(りゅうがく) する。
③ □(しゅっぱんしゃ) で働く。
④ □(じむ) の仕事をする。
⑤ □(しんかんせん) に乗る。
⑥ □(だんたいせん) で勝利する。

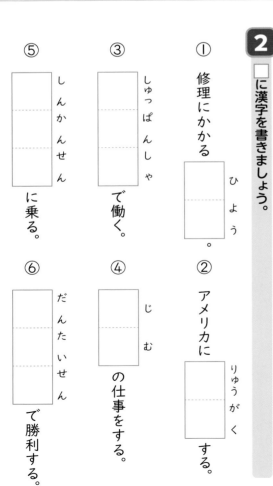

3 正しい意味に○をつけましょう。

① 町がにぎわう。
ア（　）多くの人や物でにぎやかになること。
イ（　）多くの事件が起きて落ち着かないこと。

② 作品を絶賛する。
ア（　）この上なくほめること。
イ（　）ほめることを止めること。

③ 事件の捜査の進展に注目する。
ア（　）物事が進行して、新しい段階に進むこと。
イ（　）大きな力をつけて、勢力などを広げること。

④ 話の合間にあいづちをうつ。
ア（　）相手の言うことをみとめること。
イ（　）相手の話に合わせて受け答えすること。

⑤ 五十年もたち、家がいたむ。
ア（　）きずついたりくさったりすること。
イ（　）いたみを感じるように思うこと。

⑥ 温かいまなざしを向ける。
ア（　）物を見るときの目つき。
イ（　）深く気づかう心。

3分でワンポイント

「みすゞさがしの旅」の内容をまとめよう。

★（　）にあてはまる言葉を□から選んで記号で答えましょう。

1 「（　）」という詩を読み、金子みすゞの名前や作品がのっている本をさがしたが、出会えなかった。

2 詩人の佐藤義美さんから金子みすゞについての話を聞き、（　）があることを知った。

3 童謡集の「（　）」を見つけたり、詩人の西條八十が書いたものを見つけたりしたが、その後進展はなかった。

4 金子みすゞが働いていた（　）を知っている花井正さんから、弟の上山雅輔をしょうかいされる。

5 上山さんから金子みすゞについてくわしく教えられる。やさしい少女で、そのときに自分にぴったりの（　）を使うのが好きだったとわかる。

6 全部で五一二の作品を手に入れて、金子みすゞの全集を世に出すことができた。金子みすゞは、全てのものに深いやさしい（　）を投げかけた詩を作ったことを知った。

ア 商品館　イ 繭と墓　ウ 言葉
エ まなざし　オ 大漁　カ 三冊の手帳

ぴったり2 練習

六 ノンフィクションを読み、筆者についての考えを交流しよう

みすゞ(ず)さがしの旅 ――みんなちがって、みんないい

学習日 月 日

教科書 下113～133ページ

答え 34ページ

文章を読んで、答えましょう。

――金子みすゞは知らなくても、商品館なら覚えている人がいるかもしれない。みすゞの名前からではなくて、商品館からさがしてみよう。

わたしはすぐに、下関の友人にたのみました。

「古くからある本屋をさがして、商品館に店を出していたかどうかたずねてほしい。もし出していたら、金子みすゞという人を知っているかどうかきいてほしい。」

それから二、三日後、下関の友人から電話が入りました。

「商品館を知っている人が見つかった。今も本屋を営んでいる花井正という人で、みすゞのいとこにあたる人だ。」

というのです。昭和五十七年六月四日のことでした。

その夜、わたしは下関の花井さんに電話をかけました。

商品館というのは、小さな店が何けんも入っている平屋の長い建物で、そこに上山文英堂という本屋の支店が入っていたこと、みすゞがそこで働きながら童謡を書いていたことなどがわかりました。

もっとくわしくみすゞについて知りたいので、明日一番の新幹線で下関のご自宅にうかがいたいと言うと、花井さんは思いもかけないことを言われました。

「東京に、上山雅輔というペンネームで仕事をしている実の弟がいます。児童劇団をつくり、今もそこで教えています。そちら

1 「商品館からさがしてみよう。」とは、どのようなことを表していますか。□にあてはまる言葉を書きぬきましょう。

商品館に入っていた □□ をさがすことから始めて、□□□□□ についてもっと調べようということ。

2 「商品館を知っている人」とは、どのような人でしたか。三十一字でさがし、初めと終わりの五字を書きぬきましょう。

□□□□□ ～ □□□□□

3 「商品館」とはどのような建物で、その中には金子みすゞに関係する何が入っていましたか。それぞれ書きぬきましょう。

建物 （　　　　）

入っていたもの （　　　　）

4 金子みすゞは商品館で働きながら、何をしていましたか。八字で書きぬきましょう。

□□□□□□□□

5 「下関のご自宅にうかがいたい」とありますが、そう思うのは、

できかれたほうが、もっとくわしくわかると思います。」

次の日、劇団の電話番号を調べ、さっそく電話をかけました。上山さんは八日の午前九時に劇団に来るので、その時、電話をすれば話ができると、事務の人が教えてくれました。

その日、その時刻に、改めて電話をかけました。上山さんは、すぐに出られました。

わたしは名前を名のり、上山さんのことは下関の花井さんからうかがったことを話しました。そして、金子みすゞの作品が好きで、みすゞのことならどんなことでも知りたいと、少し早口で言いました。

上山さんは、「はい、はい、ほほう。」とあいづちをうちながら聞いていましたが、話が終わると、ひとこきゅうおいてから言いました。

「みすゞはわたしの姉です。姉の名前を聞くのは何十年ぶりかで、とてもうれしいです。姉の書いたものが何か残っているはずです。それに写真も。さがしてみますので、一週間ほど時間をください。今度は、こちらかられんらくします。」

一週間も待たずに、れんらくが入りました。

「姉の原稿と写真が見つかったので、六月二十日午後二時に、劇団まで来てください。」

矢崎節夫「みすゞさがしの旅――みんなちがって、みんないい」より

なぜですか。十八字で書きぬきましょう。

[　　　　　　　　　　　　　　　　　　]から。

ヒント 直前に書かれていることに注目しよう。

6 「思いもかけないこと」とは、どのようなことでしたか。□にあてはまる言葉を書きぬきましょう。

[　　]に、金子みすゞの[　　　]がいること。

7 「さっそく電話をかけました。」について、答えましょう。

① 作者のどのような気持ちを表していますか。一つに○をつけましょう。

ア（　）急いだ方がよいのではと、不安になっている気持ち。

イ（　）あやふやな話かもしれないと、とまどっている気持ち。

ウ（　）少しでも早く話を聞きたいと、強く願っている気持ち。

② ①と同じ作者の気持ちをよく表している一文をさがし、初めの五字を書きぬきましょう。

[　　　　　]

8 上山さんが「わたし」にしてくれたことは何ですか。文中の言葉を使って書きましょう。

金子みすゞの[　　]と[　　]を見つけてれんらくをくれた。

ヒント 上山さんから入ったれんらくの内容に注目しよう。

六 ノンフィクションを読み、筆者についての考えを交流しよう

みすゞ（ず）さがしの旅 ——みんなちがって、みんないい

文章を読んで、答えましょう。　思考・判断・表現

三冊の手帳には、それぞれとびらに、『美しい町』『空のかあさま』『さみしい王女』と題が書かれ、全部で五一二編もの作品が書かれてありました。これまでわたしが読むことのできた三十編の、なんと十七倍もの数でした。

みすゞは、これだけの作品を、二十さいから二十五さいまでの、わずか五年間に書いたのでした。

『大漁』に出会ってから十六年、みすゞさがしの旅は、多くの人の協力と、姉を思う弟、上山雅輔さんのおかげで、みすゞの全作品と生涯にたどり着くことができました。

そして、わたしは、二年後の昭和五十九年二月、三冊の手帳をもとにして、『金子みすゞ全集　全三巻』を世に出すことができたのです。

金子みすゞの作品は、小さなもの、力の弱いもの、そこにあるのに気がつかれないもの、本当は大切なものなのにわすれてしまわれがちなもの——この地球という星に存在する全てのものに対し、深いやさしいまなざしを投げかけたものばかりです。

みすゞは、この世に存在する全てのものが、それぞれちがうからこそすばらしく、一人一人がちがうからこそ大切で、すてきなのだということを、こんなふうにうたってくれています。

1 みすゞの「三冊の手帳」のとびらに書かれていた題名はどのようなものですか。三つ書きぬきましょう。　一つ6点（18点）

（　　　　）（　　　　）（　　　　）

2 「これだけの作品」について、□にあてはまる言葉を書きぬきましょう。　一つ6点（12点）

金子みすゞが□年間のうちに書いた□□□編の作品。

できたらスゴイ！

3 「みすゞさがしの旅」は、どのような結果にたどり着きましたか。二つ書きましょう。　一つ10点（20点）

（　　　　）（　　　　）

わたしと小鳥とすずと

わたしが両手をひろげても、
お空はちっともとべないが、
とべる小鳥はわたしのように、
地面（じべた）をはやくは走れない。

わたしがからだをゆすっても、
きれいな音はでないけど、
あの鳴るすずはわたしのように
たくさんなうたは知らないよ。

すずと、小鳥と、それからわたし、
みんなちがって、みんないい。

矢崎（やざき）節夫（せつお）「みすゞさがしの旅――みんなちがって、みんないい」より

4 「金子みすゞの作品」は、①どのようなものに、②何を投げかけていると言っていますか。 一つ5点(10点)

① 五十四字でさがし、初めと終わりの五字を書きぬきましょう。

　～

② 十字で書きぬきましょう。

よく出る

5 「わたし」と「小鳥」は、何がちがうと言っていますか。 12点

よく出る

6 「わたし」と「すず」は、何がちがうと言っていますか。 12点

考えを書こう

7 「わたしが……知らないよ。」の部分と同じ形で、あなた自身とちがうものを考えて、それについて説明しましょう。 16点

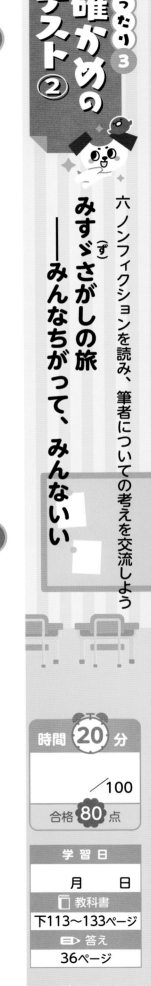

ぴったり3 確かめのテスト②

六 ノンフィクションを読み、筆者についての考えを交流しよう

みすゞ（ず）さがしの旅
――みんなちがって、みんないい

時間 20分
／100
合格 80点
学習日
月　日
教科書 下113～133ページ
答え 36ページ

1 読みがなを書きましょう。　一つ2点（20点）

① 消防団（　　）に入る。
② 大木の太い幹（　　）。
③ 議長を務（　　）める。
④ 祖母（　　）の家へ行く。
⑤ 版画（　　）を作る。
⑥ パーティに招待（　　）する。
⑦ すぐれた人格（　　）者。
⑧ 余分（　　）な情報をはぶく。
⑨ 在校生（　　）の言葉。
⑩ 判断を保留（　　）する。

2 □に漢字を、〔　〕に漢字と送りがなを書きましょう。　一つ2点（20点）

① 地球に□□（そんざい）する。
② お□（はか）をそうじする。
③ □□（しゅっぴ）が増える。
④ 美しい□□（かいが）。
⑤ □□（だんち）に住む。
⑥ □□（そせん）を調べる。
⑦ 家を□□（るす）にする。
⑧ 太い木の□（みき）。
⑨ 家へ〔　　〕（まねく）。
⑩ 料理が〔　　〕（あまる）。

3 次の文章の（　）にあてはまることばをア〜オから選んで、書きましょう。

一つ3点（15点）

（①　　）とは、ある人物の（②　　）や（③　　）の個人的な体験、（④　　）などを、（⑤　　）をもとにしてえがく作品です。テーマとなる（⑤）に対する（③）の考え方や見方がよくわかる作品になっています。

ア　筆者　　イ　ノンフィクション　　ウ　事実やできごと
エ　しょうかい　　オ　社会的な事件

4 次の――線の言葉は、どのような気持ちを表していますか。記号の中から選んで答えましょう。

一つ5点（15点）

①（　）さっそく、新しく買ったゲームを始める。
②（　）ようやく、チケットを手に入れることができた。
③（　）なんと、来場者数が去年の十倍に増えた。

ア　おどろきの気持ち。
イ　待ち望んで楽しみに思う気持ち。
ウ　期待が先走っている気持ち。
エ　ずっと望みをかなえたいと思っていた気持ち。

5 正しい意味に○をつけましょう。

一つ5点（15点）

① とむらい
ア（　）死んだ人を思いだすこと。
イ（　）そうしきをおこなうこと。

② 選者
ア（　）自分の作品が選ばれるすぐれた人。
イ（　）多くの作品からすぐれたものを選ぶ人。

③ ノンフィクション
ア（　）創作のまじっていない読み物。
イ（　）自分の空想について書いた読み物。

6 次の言葉と同じような意味を表す言葉を、［　］の中から選びましょう。

一つ3点（15点）

① 料金（　　）
② 道路（　　）
③ 感覚（　　）
④ 思い（　　）
⑤ 性格（　　）

ア　人格　　イ　感性　　ウ　感情
エ　通路　　オ　費用

ぴったり3 確かめのテスト

これまで　これから

時間 20分　／100　合格 80点

学習日　月　日

教科書 下134ページ
答え 36ページ

1 正しい意味に○をつけましょう。　一つ8点(40点)

① 魔(ま)がさす
ア(　)ついよくない考えや行動を起こすこと。
イ(　)いやな気持ちになること。

② 場数をふむ
ア(　)年を重ねる。
イ(　)経験をつむ。

③ 韻(いん)をふむ
ア(　)ひびきがきれいな音でまとめる手法。
イ(　)同じ音を持つ字や言葉をくりかえす手法。

④ ごまをする
ア(　)人に気に入られるようにふるまうこと。
イ(　)周りを気にせず自分中心にふるまうこと。

⑤ 手にする
ア(　)手に取る、または自分のものにすること。
イ(　)手をあげる、または自分が作り上げること。

2 ――の言葉が正しく使われている文に○をつけましょう。　一つ10点(30点)

① ア(　)世間にかさをさされる。
　 イ(　)世間に指をさされる。

② ア(　)少年が馬に乗って時間をかける。
　 イ(　)少年が馬に乗って野をかける。

③ ア(　)通りがかりの人に道順をたずねる。
　 イ(　)通りがかりの人に町をたずねる。

3 ――の言葉は、どのようなときに使う言葉ですか。［　］から選んで記号を書きましょう。　一つ10点(30点)

① 明日の夕飯はカレーにしてほしい。(　　)
② 妹はいちごのケーキしか食べない。(　　)
③ ごみひろいはみんなですべきではないか。(　　)

ア 自分の意見を述べるとき。
イ 聞いたことを述べるとき。
ウ たのむとき。
エ 限定を表すとき。

（切り取り線）

夏のチャレンジテスト

教科書 上10～81ページ

名前

月　日

時間 40分

思考・判断・表現 ／50

合格80点 ／100

答え 37ページ

1 読みがなを書きましょう。 一つ1点（7点）

① 寒さに慣れる。

② 特技がある。

③ 常識に欠ける。

④ 道に迷う。

⑤ 品質の良い衣類。

⑥ 量が減る。

⑦ ペットを飼う。

2 漢字を書きましょう。 一つ2点（14点）

こくさいか

たしかめる

(2) 二つの言葉が組み合わさってできる言葉を、すべてひらがなで書きましょう。 一つ2点（6点）

① 聞く＋苦しい

② 歩く＋回る

③ ねばる＋強い

4 次の敬語の問いに答えましょう。 一つ3点（9点）

① 次の――部を尊敬語にして、全文を書き直しましょう。

ケーキは、今日中に食べてください。

② 次の――部を謙譲語にして、全文を書き直しましょう。

順番にお席に案内する。

① [　　]が進む。　② 真実を[　　]。

③ 未来を[そうぞう]する。　④ 席を[うつる]。

⑤ [せいしん]を集中する。

⑥ 交通[じこ]が起きる。

⑦ 問題を[かいけつ]する。

3 次の問題に答えましょう。

(1) 次の複合語を二つの言葉に分けましょう。　完答一つ2点(4点)

① 上り坂　(　　)＋(　　)

② おし出す　(　　)＋(　　)

(切り取り線)

③ 次の文を丁寧(ていねい)語で書き直しましょう。

みんなで食べるご飯は、とてもおいしいと感じた。

(　　　　)

5 ポスターを作るときに注意する点をまとめました。①～⑤に入る言葉を[　]から選んで、記号を書きましょう。　一つ2点(10点)

・(①　)や写真ののせ方、記事の(②　)をくふうする。

・相手や内容に応じて、伝わりやすい構成を考える。

・(③　)や注意をひく言葉、(④　)には、文字の(⑤　)や色をかえ、囲みなどをつけるとよい。

・伝わりやすい表現を用いるようにする。

ア 見出し	イ 大きさ	ウ 図表
エ キャッチコピー	オ わりつけ	

うらにも問題があります。

練習① 6〜7ページ

いつか、大切なところ

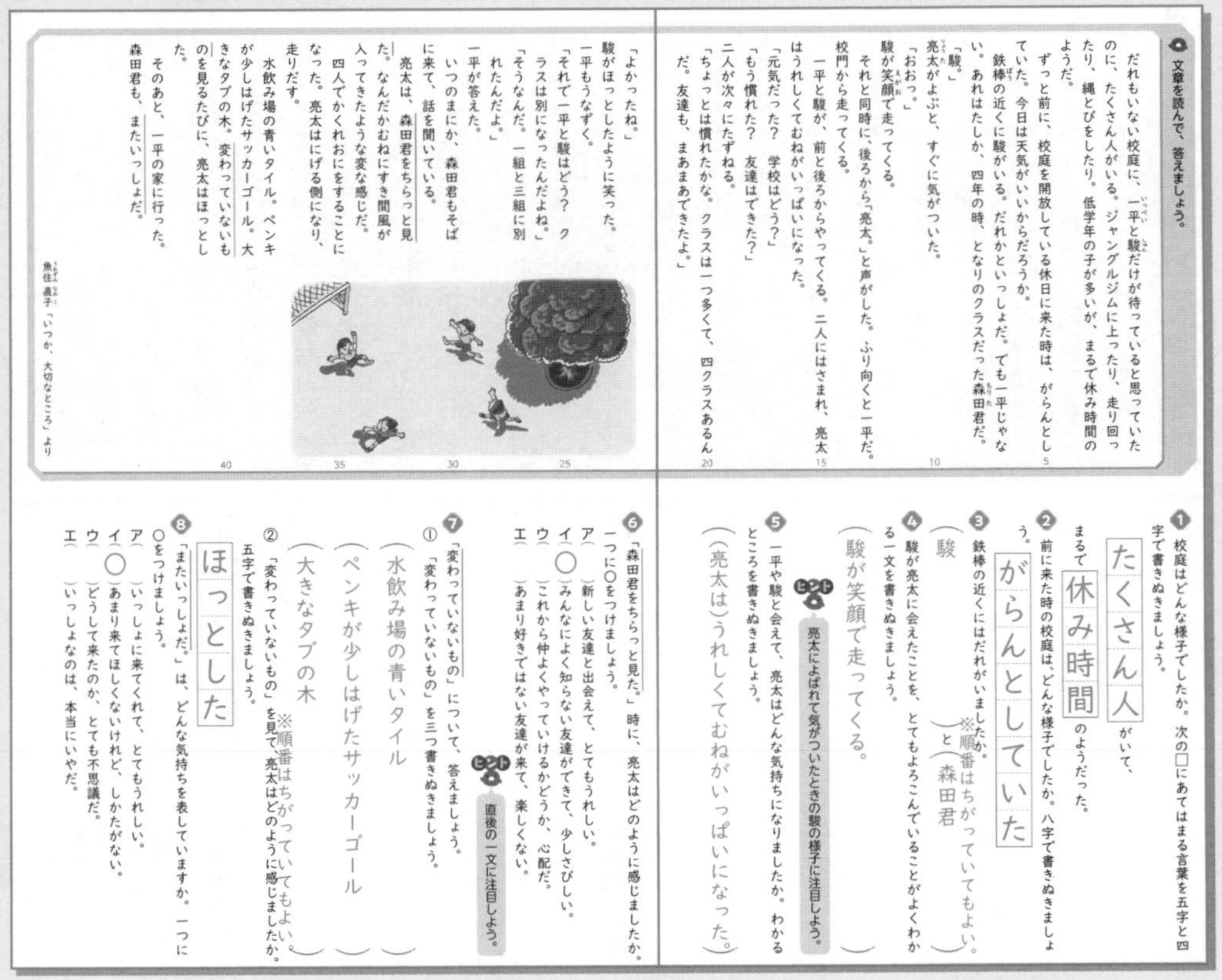

❶ 2〜4行めの表現に注目しましょう。

❷ 5〜6行めの表現に注目して書きぬきましょう。

❸ 登場人物の名前を確かめましょう。

❹ 16行めに、亮太は二人にはさまれて「うれしくてむねがいっぱいになった」とあります。

❺ 駿も亮太に会えてとてもよろこんでいることをとらえて、その様子がよくわかる一文を書きぬきましょう。

❻ すぐあとの「すき間風」は亮太の気持ちを表しています。「むねにすき間風が入る」とは、さびしい気持ちを表します。

❼ 亮太は、変わっていないものを見て、安心しています。それは、友達が前とは変わって見えて、心配だったからです。

❽ 森田君が来ることに対して、亮太は「またいっしょだ。」と思っていることに注目しましょう。

練習② 8〜9ページ

いつか、大切なところ

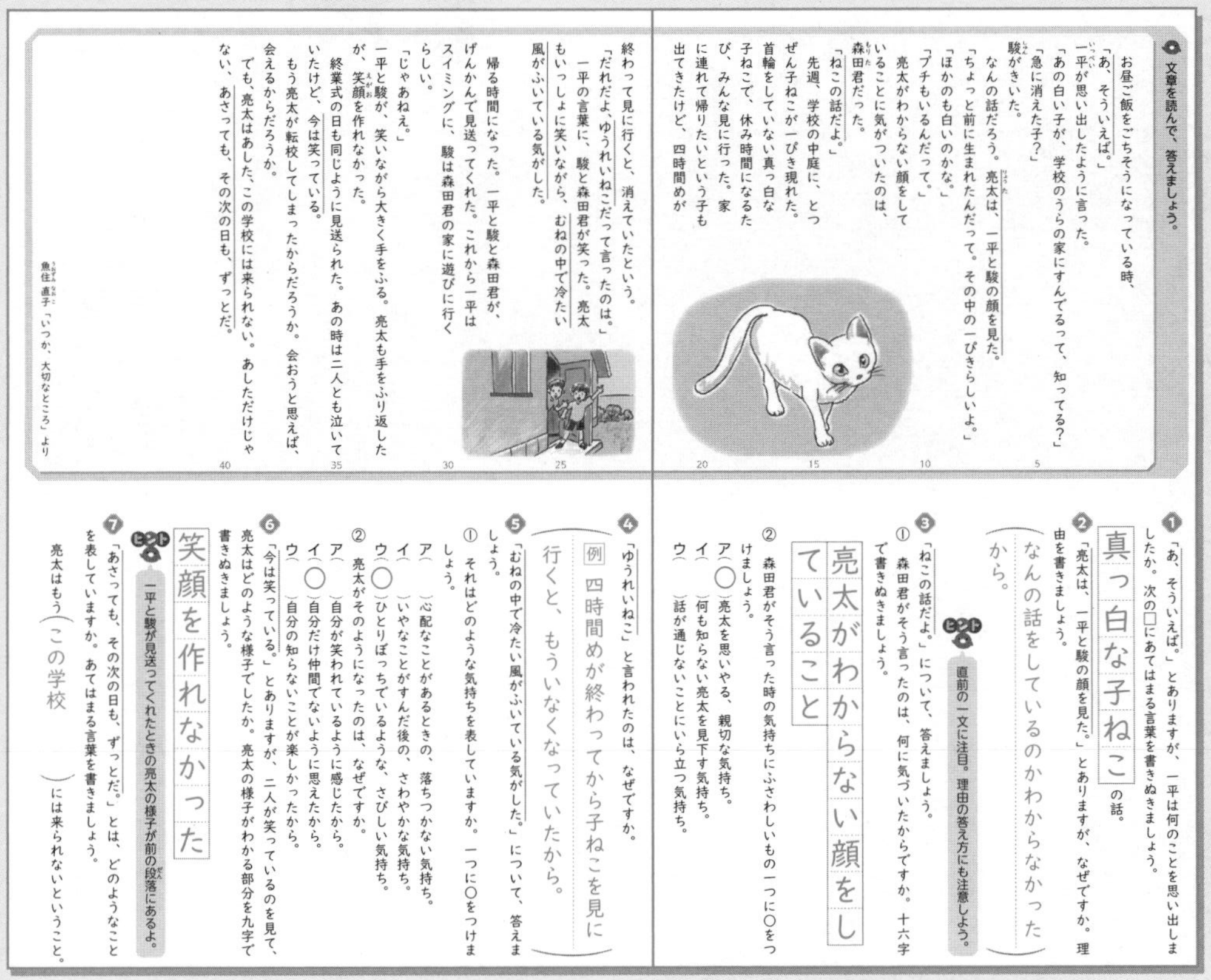

❶ 一平が思い出した話は、読み進めると「首輪をしていない真っ白な子ねこ」の話であることがわかります。字数に合わせて書きぬきましょう。

❷ 直前で「なんの話だろう。」と記されていることに注目しましょう。転校した亮太には「先週」現れた子ねこのことはわかりません。

❸ 直前に「亮太がわからない顔をしていることに気がついた」とあります。森田君は、亮太の様子を見て、親切心から言ってくれています。

❹ 22行め「見に行くと、消えていた」とあります。ここに注目してまとめましょう。

❺ この表現は、亮太のさびしい気持ちを表しています。一平たちが笑っていることが、亮太には同じようにおもしろく感じられませんでした。

❻ 終業式の日には泣いていた二人が、もう笑っている様子を見て、亮太は暗い気持ちになっています。それで「笑顔を作れなかった」のです。

❼ 直前に「でも、亮太はあした、この学校には来られない」とあります。亮太は、前に通っていた「この学校」に来られないさびしさをかみしめています。

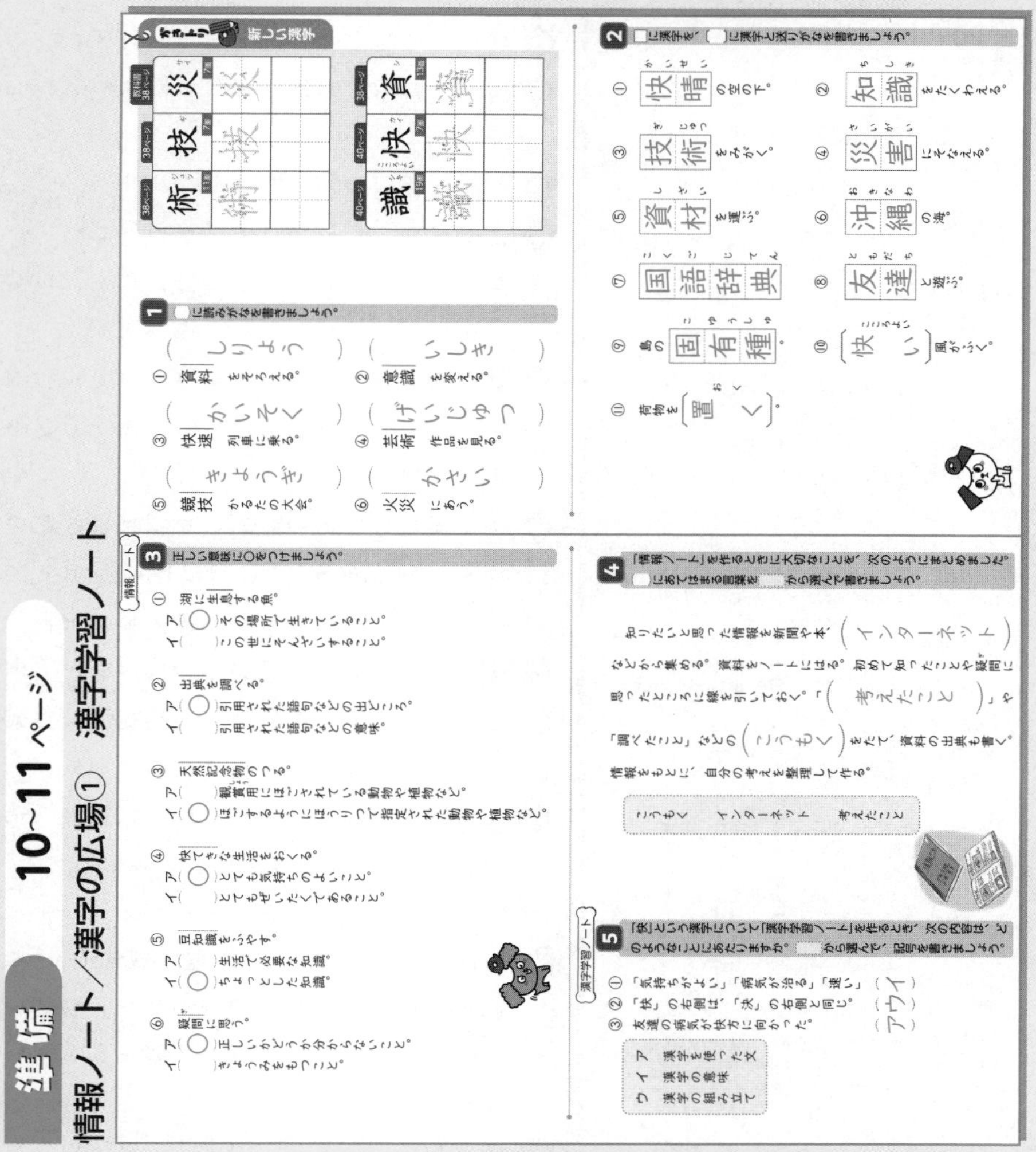

準備
10~11ページ
情報ノート／漢字の広場①　漢字学習ノート
新しい漢字
術　技　災　識　快　資
1 □に読みがなを書きましょう。
①資料をそろえる。（しりょう）
②意識を変える。（いしき）
③快速列車に乗る。（かいそく）
④芸術作品を見る。（げいじゅつ）
⑤競技かるたの大会。（きょうぎ）
⑥火災にあう。（かさい）
2 □に漢字を、□に漢字と送りがなを書きましょう。
①快晴の空の下。
②知識をたくわえる。
③技術をみがく。
④災害にそなえる。
⑤資材を運ぶ。
⑥沖縄の海。
⑦国語辞典
⑧友達と遊ぶ。
⑨島の固有種。
⑩快い風がふく。
⑪荷物を置く。
3 正しい意味に○をつけましょう。
4 「情報ノート」を作るときに大切なことを、次のようにまとめました。
こうもく　インターネット　考えたこと
5 「快」という漢字について「漢字学習ノート」を作るとき、次の内容は、どのようなことにあたりますか。
ア 漢字を使った文
イ 漢字の意味
ウ 漢字の組み立て

1 ①「資料」とは、研きゅうや調さのもととなる材料のことです。

②「意識」とは、ものごとや自分の状態をわかっているこころの動きのことです。

③「快速」とは気持ちがいいほど早いという意味です。そこから「快速列車」とはとまる駅を少なくして速く移動する列車の事を指します。

2 ③「技術」とは、ものごとを作ったり、とりあつかったりする方法やわざという意味です。「技術をみがく」とは、技術を高めることです。

⑤「資材」とはものを作る材料のことです。

⑩「快い」とは、気持ちがよく感じられるという意味です。送りがなに注意しましょう。

4 現代社会では、情報はインターネットからも集めることができます。教科書の38ページから39ページを確かめましょう。

確かめのテスト①　12～13ページ

いつか、大切なところ
～漢字の広場①　漢字学習ノート

おうちのかたへ

物語を読むときは、まず登場人物を確かめ、中心人物を確認します。そして、人物の関係をおさえ、場面ごとの主な出来事は何か、それによって何がどのように変化したのかをとらえることが大切です。

文章を読んで、答えましょう。　思考・判断・表現

「さっきまで、児童センターでたっきゅうしてたんだよ。」

「たっきゅう台があるんだ。」

「三つ。みんな、けっこう来てるよ。今度西村君も来たら。」

行きたい！　亮太はうれしくなった。今度行くよと言おうか。ありがとうと言ったほうがいいか。

女の子は亮太が返事をする前に、「じゃあね。」と、自転車をこぎだした。水色のパーカが風にひるがえり、どんどん小さくなっていく。

「亮太。」

ふり返ると、母さんだ。

「やっぱり、さっきの電車だったのね。お帰り。」

買い物をしてきたらしく、ふくろを両手にさげている。

「今、だれとしゃべってたの？」

「名前は知らない。」

母さんがびっくりした顔になる。

「えっ、知らない子としゃべってたの？」

「そうじゃなくて、同じ学校の人だよ。名前は知らないけど、そのうちわかる。」

言ってから、そのとおりだと思った。

今、知らなくても、そのうちにわかる。ここで知っていることが、どんどんふえていくのだ。

ふと、今度の学校の教室が目にうかんだ。転校した初日、にげ出したいくらいどきどきした教室だ。

でも、いつのまにかそんな気持ちはなくなっている。わからないことは、みんなすぐに教えてくれるし、休み時間に遊ぶときもさそってくれる。放課後、同じクラスの子の家に遊びにも行った。それに転校生がめずらしくない学校だからか、あまり注目されずにすむのもありがたい。

あれっと、亮太は思った。そうか、今度の学校も悪くない。まだちょっときんちょうしているけど、そのうちに慣れるだろう。

「一つ、持つよ。」

母さんのふくろを取り、先に歩きだした。

魚住直子「いつか、大切なところ」より

1 「女の子」は、亮太とどのような関係の子ですか。六字で書きぬきましょう。　10点

同じ学校の人

2 「水色のパーカが風にひるがえり」は、どんな様子を表していますか。一つに○をつけましょう。　5点

ア（　）元気で、力強そうな様子。
イ（○）明るくて、さわやかな様子。
ウ（　）弱々しくて、寒そうな様子。

3 母さんが「びっくりした顔」をしたのはなぜですか。考えて書きましょう。　11点

（例 亮太がしゃべっていた相手の名前を知らないと言ったから。）

よく出る

4 「そのとおりだと思った。」とありますが、それはどのようなことを表していますか。次の□にあてはまる言葉を、「ということ。」に続く形で書きぬきましょう。　10点

今、知らなくても、そのうちにわかるということ。

できたらスゴイ！

5 「今度の学校も悪くない。」について、答えましょう。

① 「今度の学校」で、亮太がほかの子たちとの関係について思い出していることを、四つ書きましょう。　一つ11点(44点)

（例 わからないことをみんなすぐに教えてくれること。）
（例 休み時間に遊ぶときさそってくれること。）
（例 放課後、同じクラスの子の家に遊びに行ったこと。）
（例 あまり注目されずにすんだこと。）
※順番はちがっていてもよい。

② 「悪くない」と思っている「今度の学校」は、初めはどのような場所でしたか。　10点

（にげ出したいくらいどきどきした場所。）

考えて解こう

6 『「一つ、持つよ。」……だした。』の場面が、亮太のどのような様子を表しているかを、考えて書きましょう。　10点

（例 明るい気持ちを取りもどして、元気になった様子。）

---

1 読み進めていくと、21行めで「同じ学校の人だよ。名前は知らないけど、……」と母さんに説明している部分があります。ここに注目しましょう。

2 水色はさわやかな色で、「風にひるがえる」とは軽やかな様子を表しています。

3 「名前は知らない。」と答えたので、母さんはびっくりしました。直後に「知らない子としゃべってたの？」とあることにも注目しましょう。

4 23行めの「その」は直前の「名前は知らないけど、そのうちわかる」をさしますが、直後でも具体的に説明しています。どちらも正解とします。

5 亮太は、前の学校のほうがいいと思いこんでいましたが、女の子と話したことをきっかけにして、今の学校のことを思い返しました。すると、転校した初日は「にげ出したいくらいどきどきした」けれど、転校してからこれまでみんながよくしてくれてきたことに気づき、ほっとしたのです。

6 亮太は前の学校のことを考えて暗い気持ちになっていましたが、今の学校のことを思い返して気持ちが変わりました。亮太が元気を取りもどした様子について、書くことができていれば正解です。

例2 新しい学校に行くことも楽しみになった様子。

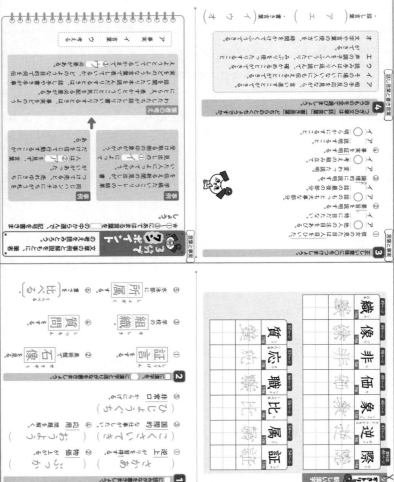

いつか、大切なところ ～ 漢字の広場① 漢字学習ノート

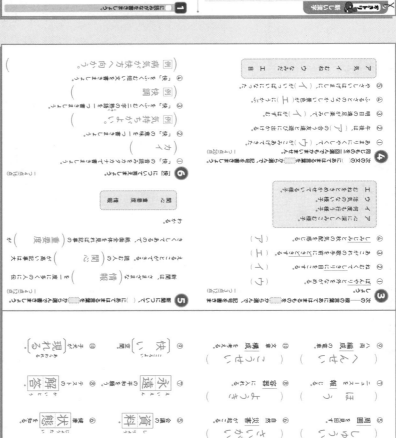

1 読みがなを書きましょう。（一つ2点〔20点〕）

① 表情がゆたかだ。（ひょうじょう）
② 意識ははっきりしている。（いしき）
③ 確実な方法。（かくじつ）
④ 特技を身につける。（とくぎ）
⑤ 周囲を見回す。（しゅうい）
⑥ 自然災害が起こる。（さいがい）
⑦ ニュースを報じる。（ほう）
⑧ 容器に入れる。（ようき）
⑨ 八両編成の電車。（へんせい）
⑩ 文章構成を考える。（こうせい）

2 □に漢字を、（ ）に漢字と送りがなを書きましょう。（一つ2点〔20点〕）

① 日常の会話。
② 男女混合チーム。
③ 新しい習慣。
④ 外科の手術。
⑤ 会議の資料。
⑥ 健康状態を知る。
⑦ 永遠の平和を願う。
⑧ テストの解答。
⑨ （快い）空間。
⑩ 子犬が（現れる）。

3 次の――線の言葉にあてはまるものを□から選んで、記号を書きましょう。（一つ3点〔12点〕）

① ぼんやりと外をながめる。（ウ）
② ねむくてしきりに目をこする。（イ）
③ あこがれの歌手を前にどきどきする。（エ）
④ しみじみと秋の気配を感じる。（ア）

ア 心に深くしみこむ様子。
イ 何度も行う様子。
ウ 活気のない様子。
エ むねをときめかせている様子。

4 次の文の（ ）にあてはまる言葉を□から選んで、記号を書きましょう。同じものを二回選んでもかまいません。（一つ4点〔20点〕）

① あまりにくやしくて、（ウ）がこみあげてきた。
② 午後は、（ア）の合う友達と遊びに出かける。
③ 明日の遠足が楽しみで、（イ）がはずむ。
④ ふるさとのなつかしい景色が（エ）にうかぶ。
⑤ やさしいはげましに、（イ）がいっぱいになった。

ア 気　イ むね　ウ なみだ　エ 目

5 新聞について、（ ）にあてはまる言葉を□から選んで書きましょう。（一つ4点〔12点〕）

新聞は、さまざまな（情報）を一度に多くの人に伝えることができる。読む人の（関心）が高い記事は大きくしてあるので、紙面全体を見れば記事の（重要度）がわかる。

関心　重要度　情報

6 「快」について答えましょう。（一つ4点〔16点〕）

① 「快」の音読みをカタカナで書きましょう。（カイ）
② 「快」の意味を一つ書きましょう。（例 気持ちがよい。）
③ 「快」をふくむ二字の熟語を一つ書きましょう。（例 快調）
④ 「快」をふくむ短い文を書きましょう。（例 病気が快方へ向かう。）

ことなる見方／言葉と事実／言葉の広場① 話し言葉と書き言葉

かきトリ 新しい漢字

際 逆 象 価 非 像 織
証 属 比 職 応 質

1 □に読みがなを書きましょう。

① 逆上がりを習得する。（さかあ）
② 物価が上がる。（ぶっか）
③ 国際的な仕事がしたい。（こくさいてき）
④ 応用問題を解く。（おうよう）
⑤ 非常口からにげる。（ひじょうぐち）

2 □に漢字を、（ ）に漢字と送りがなを書きましょう。

① 証言をする。
② 美術館で石像を見る。
③ 学校の組織。
④ 質問をする。
⑤ 水泳部に所属する。
⑥ 重さを（比べる）。

3 正しい意味に○をつけましょう。（言葉と事実）

① 彼女の見た目は人目をひいた。
ア（○）他人の注目をあびる。
イ（ ）特に目だたない。
② 要旨を説明する。
ア（○）話のもっとも大事な部分。
イ（ ）話の最後の部分。
③ 論理的に説明する。
ア（ ）変わった説明。
イ（○）考えの組み立て。
④ 事実を証明する。
ア（ ）説明すること。
イ（○）明らかにすること。

4 つぎの文章は「話し言葉」「書き言葉」どちらのとくちょうですか。合うものを全て選びましょう。（話し言葉と書き言葉）

ア 相手の反応を見ながら、言い直すことができる。
イ その場にいない人にも伝えることができる。
ウ 読み手はくり返し読んで、確かめることができる。
エ 声の調子をくふうしたり、みぶりを使ったりすることができる。
オ 文字や言葉の使い方を、時間をかけてくふうできる。

・話し言葉（ア エ）・書き言葉（イ ウ オ）

3分でワンポイント 文章の事例と解説をもとに、筆者の考えを読みとろう。（言葉と事実）

★①～③にあてはまる言葉を□の中から選んで、記号を書きましょう。

事例：学級たいこうリレーの結果を伝える新聞の見出しが、書いた人によってちがう。見出しの①（イ）によって受け取る側の印象がちがう。

事例：同じハンカチにちがう札をつけて売ると、売れゆきにちがいがあった。人は②（ア）を見ず、言葉だけを信じて行動することがある。

筆者の考え：わたしたちが話したり書いたりするときは、事実をどのようにとらえ、表すかということに気を配る必要がある。話を聞いたり本を読んだりするときは、話し手や書き手が事実をどのような言葉で表しているか、どのような目的で何を伝えようとしているかまで③（ウ）必要がある。

ア 事実　イ 言葉　ウ 考える

---

1 ⑦「報じる」とは情報を伝えるという意味です。
⑨「編成」とは、ある目的のために人やものをまとめあげることです。

2 ②「混合」とはちがう種類のものがまじりあうことです。
⑧「解答」は問題などをといた答えを指します。同じ読みの「回答」とは質問などの返事を指します。
⑩「現れる」とはそれまでなかったものがすがたを見せることです。送りがなを「現われる」としないようにしましょう。

3 ③「どきどき」とは何かの感情によって、心ぞうが動く大きく動く様子を表しています。そのため、「むねをときめかせている」エが正解です。

5 授業などで見た、新聞の紙面を思い出しながら答えましょう。新聞は記事や見出しの大きさで、書かれている情報の重要度が伝わりやすくなっています。

6 「快」以外の漢字でも「漢字学習ノート」を作ってみましょう。

1 ②「物価」とは商品やサービスの値段のことです。
③「国際的」とは自分の国だけではなく多くの国がかかわり、広がりがある様子です。
④「応用」とは知識を他の事がらにあてはめて使うことです。

2 ②「像」と「象」をまちがえないように気をつけましょう。
③「織」は「職」「識」と似ていますが、それぞれ部首がちがいます。まちがえないように気をつけましょう。

4 ふだん人と話しているとき、文章を書いているとき、それぞれの言葉にどのようなとくちょうがあるか確認しましょう。

3分でワンポイント

「言葉と事実（福沢（ふくざわ） 周亮（しゅうすけ））」では筆者が事例と解説を述べてから、最後に自分の考えを述べています。それぞれの解説は事例のどの部分がもとになるのか、事例と解説がどのように筆者の考えにつながっているのか、などをとらえて読みましょう。

練習

言葉と事実

文章を読んで、答えましょう。

一方、二組の秋田さんは、「おしくも敗れる」と、学級新聞の見出しをつけました。ほとんど勝っていたリレーだったのに、本当におしいところで負けたという感想をもっていたからです。

一組は二組に大勝利をおさめた。

一組は二組に快勝した。

二組は一組におしくも敗れた。

このように、事実は同じでも、表現する人の立場や感じ方によって、言葉がちがっています。

言葉がちがうと、受け取る側の印象もちがいます。「大勝利」ですと、価値ある勝利であるとか、非常に強かったということが印象に残りますし、「快勝」ですと、気持ちよく勝ったという印象があります。「おしくも敗れた」では、勝ちそうだったのに、もうちょっとのところで負けた、という感じがします。そのため、一組の新聞を読んだ場合と、二組の新聞を読んだ場合とでは、たいこう戦について、言葉から想像する「事実」がちがってきます。

言葉のあたえる印象のちがいに注意を向けた、こんな話もあります。数十年前のアメリカのあるデパートでのことです。同じ男子用ハンカチを、売り場の両はしに分けて積んでおき、次のような札をつけておいたところ、①の札をつけておいたほうがよく売れたというのです。

① 織りのやわらかい、まじりけのないアイルランドあさのハンカチーフ　特価　三枚五十セント

② 手ふき　三枚二十五セント

八時間の間に、①では、二十六人が手に取って見て、十一人が買っていったのに対し、②では、六人が手に取って見て、二人が買っていきました。同じ商品のハンカチですが、売れゆきにちがいがあったのです。

福沢 周亮「言葉と事実」より

❶「おしくも敗れる」とありますが、そのように書いたのはなぜですか。文章中の言葉を使って、理由を書きましょう。

（本当におしいところで負けたという感想をもっていたから。）

❷「事実」とありますが、どのようなことですか。次の□にあてはまる言葉を二字と三字で書きぬきましょう。

一組が二組に勝ったということ。

❸「言葉がちがうと、受け取る側の印象もちがいます。」とありますが、次の言葉があたえる印象は、それぞれどのようなものですか。

①「大勝利」

（価値ある勝利であるとか、非常につよかったという印象。）

②「快勝」

（気持ちよく勝ったという印象。）

③「おしくも敗れた」

（勝ちそうだったのに、もうちょっとのところで負けたという印象。）

ヒント　続く部分に注目しよう。

❹「こんな話」について書いてあるのは、どこからどこまでですか。初めと終わりの五字を書きぬきましょう。（句読点をふくみます。）

数十年前の～たのです。

❺「①の札をつけておいたほうがよく売れた」とありますが、どのように売れましたか。

①は（十一）人が買い、②は（二）人が買った。

❻「売れゆきにちがいがあった」とありますが、なぜそうなったのですか。次の□にあてはまる言葉を十三字で書きぬきましょう。

言葉のあたえる印象のちがいがあったから。

ヒント　前の段落の内容に注目しよう。

❼この文章の内容にあてはまるものはどれですか。一つに○をつけましょう。

ア（　）同じ商品なので札がちがっても売れゆきは同じだった。

イ（○）同じ商品なのに札によって売れゆきに差が出た。

ウ（　）素材のちがう商品なのに売れゆきが同じだった。

エ（　）素材のちがう商品を同じねだんで売った。

❶「おしくも敗れる」と書いた秋田さんの、感想を書いている部分に注目しましょう。

❷直前の部分に書かれていることをまとめましょう。

❸――線のあとの9行めから、この三つの言葉から受ける印象が説明されています。

①「大勝利」②「快勝」③「おしくも敗れた」についてそれぞれ説明している部分を確かめましょう。

❹――線の直後の文に注目しましょう。

❺どのように売れたのか、買っていった人数が書いてある部分に注目しましょう。

❻札に書かれた言葉の「印象」が「売れゆき」を変えました。

❼「同じ商品のハンカチ」が札に書かれた言葉によって、売れゆきに差が出たのです。

確かめのテスト① 20〜21ページ

ことなる見方
〜 言葉の広場① 話し言葉と書き言葉

おうちのかたへ

問題で「なぜ」と理由が問われているときは、「〜から。」で終わるように答えましょう。理由を答えていることをはっきり示すことができます。

文章を読んで、答えましょう。　思考・判断・表現

①織りのやわらかい、まじりけのないアイルランドあさのハンカチーフ
特価　三枚五十セント
②手ふき　三枚二十五セント

八時間の間に、①では、二十六人が手に取って見て、十一人が買っていったのに対し、②では、六人が手に取って見て、二人が買っていきました。同じ商品のハンカチですが、売れゆきにちがいがあったのです。

どうしてこんなことが起きたのでしょうか。考えられることは、札に書かれた言葉の印象のちがいです。①が、よいハンカチを特に安く売ると感じられるのに対し、②には、人目をひかない言葉が書かれています。こうした印象のちがいが、前のような結果を引き起こしたものと思われます。同じ事実でも、言葉によってちがった「事実」の受け取り方をする、ということがよくわかるでしょう。そればかりか、人は、言葉だけを信用し、事実に目を向けずに行動してしまうことがあるのです。

これまであげてきた例のようなことは、わたしたちの日常生活の中でもよく起きています。事実と言葉が結びついていても、人がちがえばことなった言葉で表され、ことなった印象をあたえることがあります。そこには、一人一人のものの見方のちがいが表れているのです。そして時には、「受け取る側にこんな印象をあたえよう」と考えて、言葉が用いられることもあります。

このように考えると、わたしたちが話したり書いたりするときには、ある一つの事実を表すにも、それをどのようにとらえ、どのように表すかということに気を配る必要があります。一方、話を聞いたり、本を読んだりするときには、話し手や書き手が事実をどのような言葉で表しているか、その言葉によって、その人がどのようなものの見方をし、どのような目的で、何を伝えようとしているか、というところまで考えてみる必要があるのです。

福沢周亮「言葉と事実」より

1 「どうしてこんなことが起きたのでしょうか。」とありますが、その理由を答えましょう。　10点

（札に書かれた言葉の印象がちがったから。）

よく出る **2** 「こうした印象のちがい」とありますが、①と②の札のあたえる印象は、どのようなものですか。それぞれ書きましょう。　一つ10点(20点)

①（よいハンカチを特に安く売る印象。）

②（人目を引かない印象。）

3 「言葉によってちがった『事実』の受け取り方をする」とは、どのようなことを表していますか。一つに○をつけましょう。　10点

ア（　）事実の印象が言葉を決めてしまうということ。
イ（○）言葉が事実の受け止め方を変えるということ。
ウ（　）言葉があやまった事実を伝えてしまうということ。

4 「言葉だけを……あるのです。」とありますが、筆者はここでどのようなことを伝えたいのですか。一つに○をつけましょう。　10点

ア（　）言葉のたのもしさ　イ（　）人のおろかさ
ウ（○）言葉のこわさ　エ（　）人のずるさ

できたらスゴイ! **5** 「ことなった言葉」になるのは、なぜだと言っていますか。文章中の言葉を使って二つ書きましょう。　一つ10点(20点)

※順番はちがっていてもよい。

（一人一人のものの見方のちがいが表れているから。）

（「受け取る側にこんな印象をあたえよう」と考えて言葉を用いるから。）

6 「受け取る側」とありますが、これと反対の意味になる言葉を考えて書きましょう。　10点

（例 あたえる側）

7 「話を聞いたり、本を読んだりするとき」考えてみる必要があるのはどのようなことですか。あてはまる言葉を三十四字でさがし、初めと終わりの五字を書きましょう。　10点

話し手や書き手が、
どのような〜しているか
ということ。

考えて書こう **8** 「このように……あります。」の内容について、事実を表すときにどのような言葉を用いるべきかを、具体的な例を考えて、それにそって書きましょう。　10点

（例 先生が出された宿題の内容を、休んだ友達に伝えるときは、できるかぎりそのまま伝えるようにする。）

---

1 直後の内容に注目しましょう。ハンカチの札に書かれた言葉についてのべています。

2 直前の、11行めから14行めの内容に注目しましょう。

3 直前まで、札に書かれた言葉で、ハンカチを買う人の受ける印象が変わったという内容をのべています。

4 筆者は、言葉だけを信用してしまうことはきけんであることを伝えたいのです。

5 直後の二文に理由が記されています。「〜から。」で終わるようにしましょう。

6 印象を「受け取る」↔「あたえる」という関係をとらえましょう。

7 ——線がある一文の終わりは「考えてみる必要があるのです」となっているので、この文の中から□…□にあてはまるように字数に合わせて書きぬきましょう。

8 ある具体的な場合を考えて、そのときに見合った言葉を書きましょう。
例2 遊びに行くときの集合場所と時間を友達に伝えるときは、具体的にどこに何時に集合するか伝えるようにする。

確かめのテスト② 22~23ページ

ことなる見方 ～ 言葉の広場① 話し言葉と書き言葉

1 読みがなを書きましょう。 一つ2点〔20点〕

① 自然 現象 の観察。（げんしょう）
② 非常 ベルを鳴らす。（ひじょう）
③ 応用 問題を解く。（おうよう）
④ 求めに 応 える。（こた）
⑤ さいばんで 証言 する。（しょうげん）
⑥ 資質 が問われる。（ししつ）
⑦ こっとう品の 価 値。（か）
⑧ 金属 は熱を伝える。（きんぞく）
⑨ 織 りのやわらかなぬの。（お）
⑩ 流れに 逆 らう。（さか）

2 □に漢字を、〔 〕に漢字と送りがなを書きましょう。 一つ3点〔30点〕

① こくさい 国際 連合
② ぶっか 物価 が上がる。
③ 新しい しょくば 職場 に慣れる。
④ 会社の そしき 組織 に入る。
⑤ ぎゃく 逆 の言葉。
⑥ 頭の中で そうぞう 想像 する。
⑦ はんのう 反応 を調べる。
⑧ インド ぞう 象 の鼻。
⑨ しつもん 質問 に答える。
⑩ 品物を〔比べる〕。

3 次の①～④の意味にあてはまる言葉を□から選んで、記号を書きましょう。 一つ5点〔20点〕

① 会って、よく話を聞くこと。（イ）
② ほかのものとくらべて、きわ立って目立つ点。（ウ）
③ 見たり聞いたりしたときに受けとる感じ。（ア）
④ 考えや思うことを進める道すじ。（エ）

ア 印象　イ インタビュー　ウ とくちょう　エ 論理

4 次の①～⑤の文を「話し言葉」と「書き言葉」に分けましょう。 一つ4点〔20点〕

ア いちばん注意しなくちゃならないのは、水だね。
イ 毎朝、朝ごはんはしっかりとるべきである。
ウ お姉ちゃんは、東京の会社で仕事をしているの。
エ 情報は整理してノートにまとめておくのがよい。
オ いつかは母のふるさとに行こうと考えていた。

話し言葉（アウ）
書き言葉（イエオ）

5 次のインタビューの会話について答えましょう。 一つ5点〔10点〕

【チョウの研究をしている〇〇さんへのインタビュー】


「チョウの飛び方は、種類によってちがうのですか？」

「ええ、ナミアゲハは、日の当たるミカン科の木がある所を飛ぶし、モンシロチョウは、日なたの草原のアブラナ科の草のある所を飛ぶんですよ。」

「チョウは、木や草の見分けができるのですか？」

「人にとってはただの緑の植物というだけかもしれないけど、チョウにとっては、ちがうんだよね。人とチョウとでは、世界の見え方や意味がちがうんです。」

① このインタビューを学校新聞にのせるときの、記事の書き始めを一文で書きましょう。
（例 チョウの研究をしている〇〇さんに、チョウの飛び方について教えていただきました。）

② ――線の部分を、学校新聞の記事の書き方に直しましょう。
（例 チョウと人間では世界の見え方や意味がちがう、と〇〇さんはおっしゃっていました。）

準備 24~25ページ

すいせんしよう「町じまん」／案内やしょうかいのポスター

かきトリ 新しい漢字

統（トウ）12画 教科書58ページ	減（ゲン／へる・へらす）12画 59ページ	述（ジュツ／のべる）8画 59ページ	経（ケイ／へる）11画 59ページ	示（ジ／しめす）5画 64ページ

1 □に読みがなを書きましょう。

① 答えを 示 す。（しめ）
② 事実を 記述 する。（きじゅつ）
③ 生産量が 減 る。（へ）
④ 経路 を確にんする。（けいろ）
⑤ 村を 統合 する。（とうごう）

2 □に漢字を、〔 〕に漢字と送りがなを書きましょう。

① でんとうてき 伝統的 な服。
② 実際に けいけん 経験 する。
③ 人口の げんしょう 減少。
④ しじ 指示 を出す。
⑤ 年を〔経る〕。
⑥ 意見を〔述べる〕。

すいせんしよう「町じまん」

3 正しい意味に○をつけましょう。

① 交流している学校に伝える。
ア（ ）いろいろと競い合うこと。

イ（○）たがいに行き来すること。
② いい作品をすいせんする。
ア（○）ほかの人にすすめること。

イ（ ）一つだけを選び出すこと。
③ オリンピックに関心がある。
ア（○）きょうみをもつこと。

イ（ ）参加すること。

4 すいせんするとき（発表するとき）の注意点について、□にあてはまる言葉を□から選んで書きましょう。

① 聞き手が（なっとく）できる理由を考える。
② 話し方の（構成）をくふうする。
③ 先に（結論）から話す。
④ うったえたいところを（短く）まとめる。

短く　構成　なっとく　結論

5 次のア～エの文を、ある町をすいせんした文章になるように、「始め」「理由」「終わり」のどれかに分類しましょう。

ア 一つめは、とてもあまくておいしいからです。
イ 以上の二つの理由から、「有田みかん」をすいせんします。
ウ わたしは、町のじまんとして「有田みかん」をすいせんします。その理由は二つあります。
エ 二つ目は、「有田みかん」がこの地域で昔から育てられているからです。

・始め（ウ）
・理由（アエ）
・終わり（イ）

案内やしょうかいのポスター

6 正しい意味に○をつけましょう。

① お祭りについて取材する。
ア（ ）文章の内容を人に伝えること。

イ（○）文章の材料を集めること。
② 図かんを参考にする。
ア（○）自分の考えの手がかりにすること。

イ（ ）自分の考えを変えること。
③ ポイントを強調する。
ア（○）目立たせること。

イ（ ）目立たないようにすること。

7 ポスターを作るときの大事な点について、□にあてはまる言葉を□から選んで書きましょう。

伝えたい内容や相手を決め、取材する。内容や相手に合わせた（構成）を考える。（見出し）やキャッチコピーなどを入れたり、（文字）の大きさや色を変えて強調したりする。図表や（写真）の示し方もくふうする。

写真　文字　見出し　構成

---

1 ①「現象」とは、そんざいする事実やできごと、ことがらなどのことです。
④「応える」とは、相手の期待にそったことをするという意味です。「応る」と送りがなをまちがえないようにしましょう。
⑥「資質」とは、生まれつきの才能や性質のことです。

2 ⑥「想像」の「像」を「象」と書かないように注意しましょう。
⑩「比べる」の送りがなを「比る」と書かないように注意しましょう。

4 「話し言葉」「書き言葉」のとくちょうに注意しましょう。
この問題がわからなかったときは17ページの**4**にもどって確かめましょう。

5 ①だれに、何をインタビューしたのかがわかるように書き始めましょう。
②――線の部分を書き言葉に直し、インタビューのまとめであることを考えて書きましょう。

1 ①「示す」とは、相手にわかるようにものごとを表すという意味です。
④「経路」とは、ある場所からある場所まで通っていく道すじのことです。
⑤「統合」とは、二つ以上のものを一つにまとめることです。

2 ①「伝統」とは、昔から受けつがれているものやことのことです。
⑤「経る」とは、時間がたつという意味です。
⑥「述べる」とは、多くの人を意識して、書いたり話したりすることです。「述」の右上の点を、書きわすれないようにしましょう。

4 聞き手がなっとくするために、話し方や発表の内容にどのようなくふうをするとよいか考えましょう。

5 ア～エをどのような順で発表すれば、聞き手がなっとくするかを考えましょう。

7 どのような点に気をつければ、読む人にわかりやすいポスターになるかを考えて答えましょう。

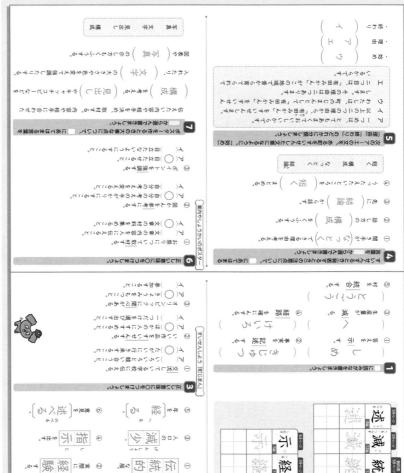

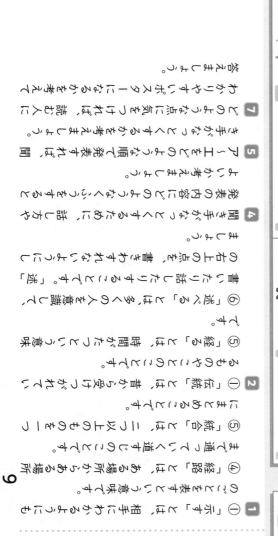

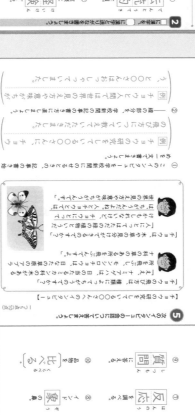

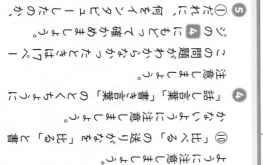

準備 26~27ページ
言葉の文化① 漢文に親しむ／言葉の広場② 敬語

新しい漢字（教科書67ページ〜）
序 故 歴 史 精 任 勢
貸 許 責 適 程

1 □に読みがなを書きましょう。
① 本を貸す。（か）
② 適切な言葉を選ぶ。（てきせつ）
③ 順序を変える。（じゅんじょ）
④ 日程を決める。（にってい）
⑤ 大勢の人がいる。（おおぜい）
⑥ 発明の特許を取る。（とっきょ）

2 □に漢字を、〈〉に漢字と送りがなを書きましょう。
① 精神を集中させる。
② 中国の歴史。
③ 担任の先生。
④ この温度が最適だ。
⑤ 事故が起きる。
⑥ 人を〈許す〉。

3 正しい意味に○をつけましょう。（漢文に親しむ）
① 送りがなをおぎなう。
ア 思いのままに追加すること。
イ ○ 足らないものを満たすこと。
② 月を望む。
ア ○ はるかにながめやること。
イ こうしてほしいと思うこと。
③ 頭をたれて、故郷のことを思った。
ア ○ 力なく頭を前に下げる様子。
イ なみだがとまらない様子。

4 次の漢文についての文章の□に入る言葉を□から選びましょう。
漢文とは、昔の中国の①ウです。日本人は、漢字を読む②イを変えたり、③エを足したり、くふうして漢文に親しんできました。漢文には、詩や昔の中国の歴史を記した文章や、④アを表した文章もありました。
ア 人々の考え　イ 順序　ウ 書き言葉　エ 送りがな

5 敬語の種類の説明について、あてはまるものを□の中から選びましょう。（敬語）
① ウ 話し相手に対し、丁寧に言う言い方。
② ア 動作をする人を高めて言う言い方。
③ イ 自分の動作がおよぶ相手を高めて言う言い方。
ア 尊敬語　イ 謙譲語　ウ 丁寧語

6 敬語として適切な言い方に○をつけましょう。
① ア ○ 校長先生がおっしゃいました。　イ 校長先生が言いました。
② ア ○ 先生がお答えになる。　イ 先生が答える。
③ ア お兄ちゃんは出かけている。　イ ○ 兄は外出しております。
④ ア ○ お茶をいただきます。　イ お茶をもらう。
⑤ ア 宿題をする。　イ ○ 宿題をします。

準備 28~29ページ
複合語／図書館を活用しよう／ひろがる読書の世界

新しい漢字（教科書74ページ〜）
複 移 厚 飼

1 □に読みがなを書きましょう。
① 複合語を作る。（ふくごうご）
② 大きな犬を飼う。（か）
③ 遠くへ移動する。（いどう）
④ 厚着する。（あつぎ）
⑤ 場所を移す。（うつ）
⑥ とびらを開く。（ひら）
⑦ 失敗を反省する。（はんせい）
⑧ 青菜を買う。（あおな）

2 □に漢字を、〈〉に漢字と送りがなを書きましょう。
① 複数の答え。
② 飼育についての本。
③ 北極星を調べる。
④ 兵隊の絵。
⑤ 情報を調べる。
⑥ 〈厚い〉本。
⑦ 席を〈移る〉。
⑧ 魚を〈焼く〉。

3 正しい意味に○をつけましょう。（図書館を活用しよう）
① 自治体
ア 家を守るためのシステム。
イ ○ 地域の人々のための団体。
② 官公庁
ア ○ 国と地方の役所。
イ 資料を守る場所。

4 次の言葉を組み合わせて複合語を作りましょう。（複合語）
① 着る＋かえる（着がえる）
② 見る＋比べる（見比べる）
③ 読む＋続ける（読み続ける）
④ うすい＋暗い（うす暗い）

5 次の複合語は、どんな言葉が組み合わさってできていますか。組み合わせる前の言葉を書きましょう。
① 近寄る（近い）＋（寄る）
② ねばり強い（ねばる）＋（強い）
③ 思い出す（思う）＋（出す）
④ 手遊び（手）＋（遊ぶ）

6 次の情報を調べるときに、どの資料を使えばよいでしょうか。正しいものを□から選びましょう。（図書館を活用しよう）
① 地球温暖化（ウ）
② かぶと虫のくわしい生態（イ）
③ 今日の最新のニュース（エ）
④ 図書館にある本（ア）
ア 図書館のオンラインデータベース　イ こん虫ずかん
ウ 環境省のウェブサイト　エ 新聞

7 インターネットでけんさくするときに気をつけることについて、正しい言葉を□から選びましょう。
インターネットで情報を調べるときは、けんさく用のウェブサイトを使うことができます。ウェブサイトのけんさくボックスに調べたいことに関する①イを入力します。①の間に一字分の空白を入れると、複数の①でけんさくすることもできます。

ウェブサイトはだれでも②ウ作れるので、中には③アが書かれていることがあります。インターネットでけんさくするときは気をつけましょう。

ア あやまった情報　イ キーワード　ウ 自由に

---

1 ①「貸す」と「借りる」をまちがえないように気をつけましょう。
2 ②「適切」とは、その場や物事によく当てはまる様子です。
④「日程」とは、仕事などの毎日の予定のことです。「にてい」と読みまちがえないようにしましょう。
④「最適」とは、一番適しているという意味です。
3 ②「望む」には、遠くをながめるという意味もあります。
5 敬語の種類を確認しましょう。
6 どのような場面で使われる言い方なのか考えて答えましょう。
①「おっしゃる」は「言う」を特別な言葉で言う尊敬語です。
②「お答えになる」は「答える」に「お〜になる」の形を使った尊敬語です。
③「おる」は自分や身内についての行動を改まって言う謙譲語です。
④「いただく」は「もらう」の謙譲語です。
⑤「します」は、「する」の文末に「ます」をつけた丁寧語です。

1 ⑥「開く」は「あく」とも読みます。「ひらく」と「あく」どちらの読みになるのか、気をつけて文を読みましょう。
⑧「青菜」とは、緑色の葉の野菜のことです。
2 ②「飼育」とは、動物を飼って育てることです。
⑥「厚い」は、物のはばが大きい様子を表します。「熱い」や「暑い」とまちがえないようにしましょう。
4 ①「着かえる」でも正解です。
④「暗い」は「くらい」と読みますが、「うすい」との複合語になると「うすぐらい」という読みに変化します。
6 ③新聞はその日ごとの最新のニュースがのっています。
④図書館にどんな本があるか調べるときは、オンラインデータベースを使います。
7 インターネットでけんさくした情報は、他のウェブサイトと比べたり、本で調べたりして、まちがっていないか確かめましょう。

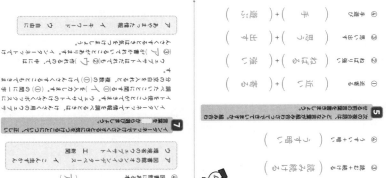

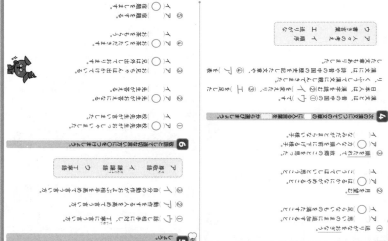

確かめのテスト①　30〜31ページ

すいせんしよう「町じまん」〜読書の広場② ひろがる読書の世界

おうちのかたへ

漢文（漢詩）は声に出して読み、リズムとともに親しむことも大切です。敬語表現はだれに対する敬意を表すのかを考えましょう。

また、白文（元の漢文・漢詩）と書き下し文（読む順序を変えて送りがなをおぎなったもの）、日本語訳の文を比べながら、日本人が漢文（漢詩）に親しむためにどのような工夫をしているか考えましょう。

文章を読んで、答えましょう。　思考・判断・表現

【A】

春暁　孟浩然

春眠　暁を　覚えず
処処　啼鳥を　聞く
夜来　風雨の　声
花　落つる　こと　知る　多少

〈日本語訳〉
春の明け方
春のねむりがここちよさに、
夜が明けたのも気がつかなかった。
あちこちから、
鳥の鳴き声が聞こえてくる。
昨夜、風雨の音が聞こえていた。
花は、いったい、どれくらい
落ちたのであろうか。

【B】

静夜思　李白

牀前　月光を　看る
疑うらくは　是れ　地上の　霜かと
頭を　挙げて　山月を　望み
頭を　低れて　故郷を　思う

〈日本語訳〉
静かな夜のもの思い
寝台の前にさしこむ月光を見て、
地上におりた霜ではないかと思った。
頭をあげて、山のはしにかかる月を望み、
頭をたれて、故郷のことを思った。

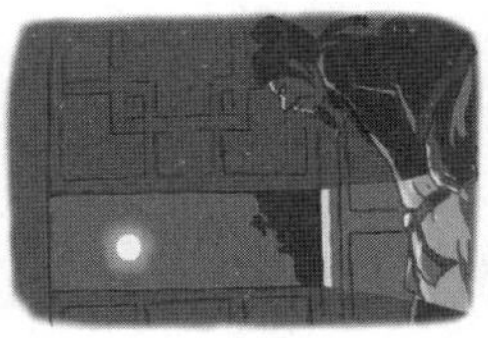

【C】

故きを温ねて
新しきを知る　（『論語』）

〈日本語訳〉
昔のことをよく調べ、勉強し、今に通じる新しいものの見方や考えをもつ。

「漢文に親しむ」より

【A】について

❶「夜が明けたのも気がつかなかった。」とありますが、なぜですか。日本語訳の言葉を使って書きましょう。　10点
（春のねむりがここちよかったから。）

❷詩の中では、今、何が聞こえていますか。日本語訳の中から五字で書きぬきましょう。　10点
鳥の鳴き声

よく出る ❸「風雨の音」の「音」を表している漢字を、漢文の中から一字で書きぬきましょう。　10点
声

❹「風雨の音」から、作者はどんなことを思っていますか。考えて書きましょう。　10点
（例 風雨によって、花はどのくらい落ちただろうかということ。）

【B】について

よく出る ❺「月光」は何に見えましたか。日本語訳の中から七字で書きぬきましょう。　10点
地上におりた霜

❻「山月」とは、どのような月ですか。日本語訳の中から書きぬきましょう。　10点
（山のはしにかかる月）

❼「頭をたれて、故郷のことを思った。」とありますが、作者はどのようなことを思ったのでしょうか。考えて書きましょう。　10点
（例 故郷の家族が無事にくらしているかどうかということ。）

【C】について

❽「温ねて」とありますが、「温ねる」とはどのような意味ですか。日本語訳の言葉を使って書きましょう。　10点
（よく調べ、勉強すること。）

❾「新しき」とは、どのようなものですか。日本語訳の中から書きぬきましょう。　10点
（今に通じる新しいものの見方や考え）

よく出る ❿この文章から生まれた四字熟語を書きましょう。　10点
温故知新

---

❶ ――線の直前の文に注目しましょう。

❷ 今は「暁（明け方）」です。聞こえるのは「啼鳥（鳥の鳴き声）」です。

❸ 「昨夜、風雨の音が聞こえていた。」に対応する漢文は、「夜来風雨の声」です。

❹ 「風雨の音が聞こえていた。」の後に「花は、いったい、どれくらい落ちたのであろうか。」とあることに注目しましょう。

❺ 月光について「地上におりた霜ではないかと思った。」とあります。

❻ 「頭を挙げて山月を望み」という文に対応する日本語訳を探しましょう。

❼ 故郷に対する作者の気持ちが書かれていれば正解です。
例2 故郷は今どうなっているだろうかということ。
例3 故郷の友達はどうしているだろうかということ。

❽❾ それぞれ、――線部に対応する日本語訳をぬき出しましょう。

❿ ――「故きを温ねて新しきを知る」から「温故知新」という四字熟語が生まれました。意味も覚えておきましょう。このように、漢文から生まれた言葉のことを「故事成語」といいます。

確かめのテスト② 32~33ページ

すいせんしよう「町じまん」～ 読書の広場② ひろがる読書の世界

1 読みがなを書きましょう。 一つ2点(20点)

① 故意に行う。（こい）
② 経験したことを話す。（けいけん）
③ 意見を述べる。（の）
④ 厚手の生地。（あつで）
⑤ 水量が減少する。（げんしょう）
⑥ 歴代のチャンピオン。（れきだい）
⑦ 複合語をさがす。（ふくごうご）
⑧ えんぴつを貸す。（か）
⑨ 結果を表示する。（ひょうじ）
⑩ オリンピック精神（せいしん）

2 □に漢字を、〔 〕に漢字と送りがなを書きましょう。 一つ3点(30点)

① 責任（せきにん）を持つ。
② 音程（おんてい）がくるう。
③ 順序（じゅんじょ）よくならぶ。
④ 適当（てきとう）に答える。
⑤ 町を統合（とうごう）する。
⑥ 世界史（せかいし）を学ぶ。
⑦ うさぎを飼育（しいく）する。
⑧ つみを〔許す〕（ゆるす）。
⑨ 季節が〔移り〕（うつり）変わる。
⑩ 〔勢い〕（いきおい）がある。

3 発表するときの注意として、あてはまるものには○を、あてはまらないものには×を書きましょう。 一つ2点(10点)

ア（○）理由は、「一つめは…、二つめは…」と言うとよい。
イ（×）うったえたいところは強調してなるべく長く話す。
ウ（×）言いたいことは、言いたい順番で発表していってよい。
エ（○）聞き手がなっとくできる理由をメモにまとめ、発表する順番を考える。
オ（○）始め方のくふうとしてよびかけるのもよい。

4 次のポスターを見て、（ ）にあてはまる言葉を書きましょう。 一つ5点(10点)

〈5年生のみなさんへ〉
読書会のお知らせ
7月10日 15時～
場所：1組の教室
「怪人二十面相」（かいじんにじゅうめんそう） 江戸川乱歩（えどがわらんぽ）

本を読んで、
感想を言い合おう！

五年生を相手に、（読書会）を開くことを伝えるポスター。
目的は、本を読んで、（感想を言い合う）ことである。
字の大きさと形にくふうをしている。

5 ――線の言葉を正しい言い方に書き直しましょう。ただし、書かれている文字から始めることとします。 一つ3点(15点)

① 先生が来た。（いらっしゃった）
② 先生のおたくに行く。（うかがう）
③ 先生から本をもらった。（いただいた）
④ 市長に言いたいことがある。（もうしあげたい）
⑤ 兄がいらっしゃいます。（まいります）

6 言葉を組み合わせて複合語を作りましょう。 一つ3点(15点)

① 流れる＋星（流れ星）
② 飛ぶ＋散る（飛び散る）
③ 見る＋続ける（見続ける）
④ 目＋覚ます＋時計（目覚まし時計）
⑤ わる＋引く＋セール（わり引きセール）

1 ①「故意」とは、わざとすることです。

2 ②「音程」とは、二つの音の高さの差のことです。

3 うったえたいところは、短くまとめて話した方がよいので、イは×になります。言いたいことを発表する順番はくふうした方が聞き手がなっとくできるように、くふうした方がよいので、ウは×になります。

4 ポスターの伝えたい内容と、くふうしている点を読み取りましょう。

5 敬語表現では「～なさる」「お～なる」「お～する」のほか、特別な言葉もあります。

①「いらっしゃる」は「来た」の尊敬語です。
②「うかがう」は「行く」の謙譲語です。
③「いただく」は「もらう」の謙譲語です。
④「もうしたい」でも正解です。
「申しあげる」は「言う」の謙譲語です。
⑤「まいる」は、自分や身内にかかわる行いを改まって言う謙譲語です。

6 ①「流れる」は「星」と組み合わせると「流れ星」の形に変化します。
②「飛ぶ」は「散る」と組み合わせると「飛び散る」の形に変化します。
④「覚ます」は「さます」と読みますが、「目覚まし時計」という複合語では、「めざましどけい」と読みます。
⑤「引く」は「ひく」と読みますが、「わる」と組み合わせ「わり引き」と書くときは「わりびき」と読みます。

準備 34~35ページ

「対話」というやりとり

1 □に漢字を、〔 〕に漢字と送りがなを書きましょう。

① 先生に質問（しつもん）する。
② ついに成功（せいこう）した。
③ ハンバーグを焼（や）く。
④ 失敗（しっぱい）をおそれない。
⑤ 音量を調節（ちょうせつ）する。
⑥ 都合が悪（わる）い。
⑦ 料理の手順（てじゅん）。
⑧ 時間を〔計る〕（はかる）。

2 正しい意味に○をつけましょう。

① 相手の意図を聞く。
ア（ ）話していること。
イ（○）考えていること。

② 仕事の段取りがよい。
ア（○）やることの順序を決めること。
イ（ ）やる内容を決めること。

③ 友達の話に共感する。
ア（○）同じように感じること。
イ（ ）ちがうと感じること。

「共感」の「共」はいっしょという意味だよ。

3 文章を読んで、答えましょう。

木村　最近、何かちょうせんしたことはありますか。
中西　家族のために、ぼくが夕食を一週間作りました。
木村　それはすごいですね。例えば、どんなものを作ったのですか。
中西　スパゲッティ、カレーライス、オムライスなどを作りました。そうそう、ハンバーグにもちょうせんしました。
木村　大変だったのはどんなことですか。
中西　できるだけ手早く料理することですね。はじめは段取りが悪くて、とても時間がかかってしまいました。
木村　なるほど。わたしも料理をたまにするのですが、段取りがむずかしいと、するたびに思います。段取りよく料理をするくふうはありますか。
中西　見通しをもてるように、料理する前に手順を表にまとめておきました。
木村　それはいい方法ですね。おいしくできましたか。
中西　はい。家族はみんなよろこんでくれました。特に、最終日のオムライスは「ふわふわでとてもおいしい。」と言われました。
木村　そういえば、大失敗もありました。
木村　くわしく教えてください。
中西　ハンバーグの焼きかげんがむずかしくて、こがしてしまったのです。時間を計りながら、ガスコンロの火を調節するようにしたら、次からはおいしくできました。失敗は成功のもとです。

「『対話』というやりとり」より

(1) 木村さんは、中西さんに、何について質問していますか。話の中から九字で書きぬきましょう。
最近［ちょうせんしたこと］について。

(2) 中西さんは、なんと答えていますか。話の中から二字と三字で書きぬきましょう。
［夕食］を［一週間］作った。

(3) 中西さんは、どのような点が大変だったと言っていますか。話の中から十四字で書きぬきましょう。
［できるだけ手早く料理すること］

(4) 中西さんが、くふうしたことはどのようなことですか。あてはまるもの一つに○をつけましょう。
ア（ ）どんな料理を作ればよいか家族に聞いた。
イ（○）料理する前に手順を表にまとめておいた。
ウ（ ）ハンバーグを焼く時間を調べておいた。

(5) 中西さんは、自分の経験をどのようにまとめていますか。話の中から八字で書きぬきましょう。
［失敗は成功のもと］

(6) この文章にあてはまるもの二つに○をつけましょう。
ア（○）話し手は聞かれたことについて具体的に答えている。
イ（ ）聞き手は話し手から聞いたことに共感していない。
ウ（○）聞き手はもっと知りたいと考えて質問している。
エ（ ）話し手は聞かれたこととは関係ないことを話している。

1 ⑧「計る」は数や時間を計算するとき、「量る」は重さをはかるときに用います。

2 ①「意図」は何かの目的について考えていることです。

3 (2)2行めの、木村さんの質問に対する中西さんの答えに注目しましょう。
(4)12行めからの中西さんの答えに注目しましょう。
(5)中西さんは、ハンバーグの焼きかげんを一度失敗した後、コンロの火を調節してうまくいった経験を、「失敗は成功のもとです。」とまとめています。
(6)中西さんは、木村さんの質問に対して具体的に答えています。また、木村さんは「くわしく教えてください。」と述べていることをおさえましょう。

準備　36〜37ページ

素朴な琴／鳴く虫／山のあなた

1 □に漢字を、（　）に漢字と送りがなを書きましょう。

① 歴史（れきし）的かなづかい。　② 現代（げんだい）の日本。

③ ピアノの音色（ねいろ）。

④ にぎやかな町に住（す）む。

⑤ （美しい（うつくしい））秋の空。

2 正しい意味に○をつけましょう。

① 素朴（そぼく）な人がらだ。
ア（○）かざりけがない様子。
イ（　）おとなしくやさしい様子。

② 耐（た）えかねる。
ア（　）同時に二つのことをする。
イ（○）〜することができない。

③ 音が冴（さ）える。
ア（○）すんではっきりとしている。
イ（　）強くひびきわたる。

④ ほんのりと明るい。
ア（○）うっすらとしている様子。
イ（　）うすくすけて見える様子。

⑤ 話を聞いて、涙（なみだ）ぐむ。
ア（　）声をあげて泣く。
イ（○）目に涙をためる。

⑥ なお遠くにある。
ア（○）さらに。
イ（　）まっすぐ。

「ーぐむ」は現れはじめるという意味なんだよ。

3 詩を読んで答えましょう。

素朴な琴　八木（やぎ）重吉（じゅうきち）

このあかるさのなかへ
ひとつの素朴な琴をおけば
秋の美しさに耐（た）へかねて
琴はしづかに鳴りいだすだらう

(1) 「耐へ」「しづか」「だらう」について、答えましょう。

① 「耐へ」「しづか」「だらう」のように、現代ではふつう使われないかなづかいのことを、何といいますか。

（歴史的かなづかい）

② 「だらう」を声に出して読むとき、どのように発音しますか。ひらがなで書きましょう。

（だろう）

(2) 「素朴な琴」とは、どのような琴ですか。一つに○をつけましょう。
ア（○）かざりつけていない琴。
イ（　）たった一つしかない琴。
ウ（　）美しさをもっている琴。

(3) この詩は、どのような日の様子を表現していますか。

（例 あかるく美しい秋の日。）

(4) 「耐へかねて」とは、どのような意味ですか。一つに○をつけましょう。
ア（　）がまんできて。
イ（○）がまんできなくて。
ウ（　）どうでもよくて。

(5) この詩にあてはまるもの一つに○をつけましょう。
ア（　）琴は秋になったので自然に鳴り出す。
イ（○）琴は秋の美しさに心をゆさぶられ鳴り出す。
ウ（　）琴は秋の明るさに心がしずんで鳴り出す。

確かめのテスト　38〜39ページ

素朴な琴／鳴く虫／山のあなた

文章を読んで、答えましょう。　思考・判断・表現

【A】

鳴く虫　高橋（たかはし）元吉（もときち）

草かげの
鳴く虫たちの宝石工場（こうば）
どの音もみんなあんなに冴（さ）えてゐるから
虫たちはきつといつしんになつて
それぞれちがつたいろの宝石を磨（みが）いてゐるのだらう
宝石のひかりがうつり
いひやうのない色まであつて
方々の草かげがほんのりあかるい

【B】

山のあなた　カール＝ブッセ　上田（うえだ）敏（びん）　やく

山のあなたの空遠く、
「幸（さいわい）」住むと人のいふ。
ああ、われひとと尋（と）めゆきて、
涙（なみだ）さしぐみ、かへりきぬ。
山のあなたになほ遠く、
「幸」住むと人のいふ。

※言葉の意味
・あなた（かなた）
・尋めゆきて（たずねて行って）
・涙さしぐみ（涙ぐんで）

【A】の詩について

よく出る

❶ 「宝石工場」では、何を行っていますか。あてはまる言葉を詩の中から九字で書きぬきましょう。　10点

虫たちが ちがつたいろの宝石 を磨いている。

❷ 虫たちの鳴く音はどのように聞こえていますか。一つに○をつけましょう。　5点
ア（　）どの音も暗く聞こえている。
イ（　）どの音も明るく聞こえている。
ウ（○）どの音も冴えて聞こえている。

❸ 「いつしんになつて」とは、どのような様子を表していますか。一つに○をつけましょう。　5点
ア（　）みんなで協力し合っている様子。
イ（○）たいへん熱心に行っている様子。
ウ（　）なるべく静かにしている様子。

❹ 「宝石のひかり」はどのような色であると言っていますか。　10点

（いひやうのない色）

❺ 「方々の草かげがほんのりあかるい」のは、なぜですか。あてはまる言葉を詩の中から六字で書きぬきましょう。　10点

宝石のひかり がうつっているから。

❻ この詩にあてはまるもの一つに○をつけましょう。　10点
ア（　）虫たちがえさをさがしまわっている様子を表している。
イ（　）虫たちが草かげでしていることを正しく説明している。
ウ（○）虫たちが生きている世界を楽しく思いえがいている。

【B】の詩について

❼ 「尋めゆきて（たずねて行って）」とありますが、なぜたずねて行ったのですか。一つに○をつけましょう。　10点
ア（○）山の向こうに幸せがあると聞いたから。
イ（　）さがす人が山の向こうにいると聞いたから。
ウ（　）山の向こうに行ってみたかったから。

できたらスゴイ！

❽ 「涙さしぐみ（涙ぐんで）」とありますが、なぜ涙ぐんだのですか。たずねて行ったところに、　10点

（例 「幸せ」が見つからなかった）から。

❾ 「山のあなたになほ遠く」とは、どのような意味ですか。　10点

（例 山のかなたの、まだはるか遠く。）

❿ この詩にあてはまるもの一つに○をつけましょう。　10点
ア（○）本当の幸せをさがし続ける様子がえがかれている。
イ（　）幸せにすんでいる人をさがす様子がわかる。
ウ（　）幸せなどそんざいしないという悲しさが伝わってくる。

考えを書こう

⓫ 「あなたにとっての「幸せ」は何ですか。なぜそう思うのかも考えて書きましょう。　10点

（例 私にとっての「幸せ」は、飼い犬とすごす時間です。いやなこともわすれられて、楽しい気持ちになれるからです。）

---

1 ③「ね」は「音」の訓読みです。

④「住」の部首は「にんべん」です。

⑤「美しい」を、「美くしい」や「美い」と書かないよう送りがなに気をつけましょう。

3 (1)①現代ではふつう使われない古い書き言葉のかなづかいを、「歴史的かなづかい」といいます。

②「らう」は「ろう」と発音します。

(2)「素朴（そぼく）」とは、かざりつけておらず自然のままであるという意味です。

(3)「あかるさ」「秋の美しさ」に注目してまとめましょう。

(4)「耐（た）える」とは、がまんするという意味です。「耐へる」という送りがなは、歴史的かなづかいの書き方です。

(5)「秋の美しさ」に感動し、がまんできずに自分も鳴り出すのです。

❶ 第二連をよく読みましょう。

❷ 「どの音もみんなあんなに冴（さ）えて」とあります。

❸ 「いっしん」は「一心」と書き、集中している様子を表します。

❹ 第三連に「宝石のひかり」の色について えがかれています。

❺ 「草かげ」に「宝石のひかり」がうつって「ほんのりあかるい」のです。

❻ 虫たちが生きている様子を美しくえがいています。

❼ 「尋（と）めゆきて」の前の内容に注目しましょう。

❽ 「幸（さいわい）」があると聞いて行ったのに、「幸」が見つからなかったのです。

❾ 「あなた」は「かなた、向こう」、「なほ」は「さらに」という意味です。

❿ 「幸」を探して「山のあなた」をたずねて行くのです。

⓫ 「幸せ」と感じられる具体的なものと理由が書かれていれば正解です。

おうちのかたへ

詩は、情景を思いうかべて読みましょう。歴史的かなづかいは声に出して、どのように読むのかを確認していきましょう。

準備 40~41ページ

大造じいさんとがん

かきトリ 新しい漢字

教科書90ページ	90ページ	92ページ	92ページ	92ページ	93ページ	96ページ
率 リツ ひきいる 11画	領 リョウ 14画	夢 ム ゆめ 13画	喜 キ よろこぶ 12画	険 ケン けわしい 11画	導 ドウ みちびく 15画	能 ノウ 10画

97ページ	101ページ	102ページ	102ページ	108ページ	108ページ	108ページ
略 リャク 11画	救 キュウ すくう 11画	弁 ベン 5画	堂 ドウ 11画	貯 チョ 12画	雑 ザツ・ゾウ 14画	殺 サツ ころす 10画

1 □に読みがなを書きましょう。　◆特別な読み方の言葉

① 生徒を指導する。（しどう）
② 殺風景な部屋。（さっぷうけい）
③ 堂々たる態度。（どうどう）
④ 雑音が混じる。（ざつおん）
⑤ 険しい山道。（けわ）
⑥ ◆真っ赤な太陽。（まっか）

2 □に漢字を、〔 〕に漢字と送りがなを書きましょう。

① 遊びに〔夢中〕（むちゅう）になる。
② 〔計略〕（けいりゃく）を練る。
③ 動物の〔本能〕（ほんのう）。
④ 子どもを〔救助〕（きゅうじょ）する。
⑤ 〔貯金箱〕（ちょきんばこ）
⑥ 群れを〔率いる〕（ひきいる）。

3 正しい意味に○をつけましょう。

① えさをあさったけいせきがある。
ア（○）あることが起こった、はっきりしたあと。
イ（ ）あるものがとる、決まったかたち。

② いいあんばいに進む。
ア（ ）物事が起こる順番。
イ（○）物事が進む調子。

③ 案の定雨になった。
ア（○）思っていたとおりに。
イ（ ）見当がはずれて。

④ うまくいって、会心のえみがこぼれる。
ア（ ）期待して見せる笑い。
イ（○）満足して見せる笑い。

⑤ てきに目にもの見せる。
ア（ ）うまい立ち回って、だまし通すこと。
イ（○）ひどい目にあわせて、思い知らせること。

⑥ 頭領としてのいげんに満ちる。
ア（○）堂々としておごそかなこと。
イ（ ）とてもおそろしい様子のこと。

3分でワンポイント　人物の心情の変化を読み取ろう。

★①～⑤にあてはまる言葉を□の中から選んで、記号を書きましょう。

大造じいさんの様子や行動	残雪に対する気持ち
残雪のせいでがんが手に入らなくなる。	（①オ）。
がんをとらえようといろいろな作戦を立てるが、残雪に見ぬかれてしまい、うまくいかない。	りこうで知恵があることを思い知って、（②ア）。
おとりのがんを使って、残雪の仲間をとらえようとする。	今度こそ（③エ）ことができると期待する。
とつぜん現れたはやぶさからおとりのがんを救おうとし、堂々たる態度をとる残雪を見る。	（④イ）。
はやぶさとの戦いでできたきずも治り、元気になった残雪を放す。	堂々と戦おうとちかい、（⑤ウ）気持ちになる。

ア とても感心する　イ 心を打たれる　ウ はればれとした
エ ひとあわふかせる　オ いまいましく思う

練習① 42~43ページ

大造じいさんとがん

文章を読んで、答えましょう。

その翌年も、残雪は、大群を率いてやって来た。そして例によって、ぬま地のうちでも、見通しのきく所をえ場に選んで、えをあさるのであった。

大造じいさんは、夏のうちから心がけて、たにしを五俵ばかり集めておいた。それを、がんの好みそうな場所にばらまいておいた。どんなあんばいだったかなと、その夜行ってみると、案の定、そこに集まって、さかんに食べたけいせきがあった。

その翌日も、同じ場所に、うんとこさとまいた。その翌日も、そのまた翌日も、同じようなことをした。

がんの群れは、思わぬごちそうが四、五日も続いたので、ぬま地のうちでも、そこがいちばん気に入りの場所となったらしい。

大造じいさんは、会心のえみをもらした。

そこで、夜の間にえ場より少しはなれた所に、小さな小屋を作って、その中にもぐりこんだ。そして、ねぐらをぬけ出してこのえ場にやってくるがんの群れを待った。

あかつきの光が、小屋の中に、すがすがしく流れこんできた。ぬま地にやってくるがんのすがたが、かなたの空に、黒く、点々と見えだした。

先頭に来るのが、残雪にちがいない。

その群れは、ぐんぐんやってくる。

「しめたぞ！　もう少しのしんぼうだ。あの群れの中に一発ぶちこんで、今年こそは、目にもの見せてくれるぞ。」

猟銃をぐっとにぎりしめた大造じいさんは、ほおがびりびりするほど引きしまった。

ところが、残雪は、ゆだんなく地上を見下ろしながら、群れを率いてやってきた。そして、ふと、いつものえ場に、昨日までなかった小さな小屋をみとめた。

「様子の変わった所には近づかぬがよいぞ。」かれの本能は、そう感じたらしい。ぐっと急角度に方向を変えると、その広いぬま地の、ずっと西側のはしに着陸した。

もう少しで、たまのとどくきょりに入ってくるというところで、またしても、残雪のためにしてやられたのだ。

大造じいさんは、広いぬま地の向こうをじっと見つめたまま、「ううん。」とうなってしまった。

3

今年もまた、ぼつぼつ、例のぬま地にがんの来る季節になった。

大造じいさんは、生きたどじょうを入れたどんぶりを持って、鳥小屋の方に行った。じいさんが小屋に入ると、一羽のがんが、羽をばたつかせながら、じいさんに飛びついてきた。

椋鳩十「大造じいさんとがん」より

❶ 「例によって」とありますが、ここから残雪が何をしたことがわかりますか。一つに○をつけましょう。
ア（ ）今年は、いつもとちがう場所をえ場に選んだこと。
イ（ ）長い間、がんの大群を率いる頭領であること。
ウ（○）去年も見通しのきく所でえをあさっていたこと。

❷ 「どんなあんばいだったかな」とありますが、どういうことですか。一つに○をつけましょう。
ア（ ）がんが好きな場所だったかどうかということ。
イ（ ）がんが多くてもたにしが足りたかということ。
ウ（○）がんがちゃんと食べたかどうかということ。

❸ 「思わぬごちそう」とは、何ですか。書きぬきましょう。
（たにし）
ヒント　この一文の後半に注目しよう。

❹ 「会心のえみをもらした。」とは、どのような様子を表していますか。一つに○をつけましょう。
ア（ ）うまくいきそうで、けんめいになっている様子。
イ（○）思ったとおりになって、うれしく思っている様子。
ウ（ ）無事に終わりそうに思えて、安心している様子。

❺ 「その中にもぐりこんだ。」とありますが、そのようにしたのは、なぜですか。□にあてはまる言葉を五字で書きぬきましょう。
見つからないようにして、〔がんの群れ〕を待つため。

❻ 「目にもの見せてくれるぞ。」とは、どのような気持ちを表していますか。一つに○をつけましょう。
ア（ ）がんを見つけようとしてあせっている気持ち。
イ（○）がんをしとめてやろうと意気ごんでいる気持ち。
ウ（ ）がんが早く来てほしいと待ち望んでいる気持ち。

❼ 「ほおがびりびりするほど引きしまった。」とは、どのような様子を表していますか。一つに○をつけましょう。
ア（○）きんちょうした様子。
イ（ ）おびえている様子。
ウ（ ）おこっている様子。

❽ 「ぐっと急角度に方向を変えると」について、答えましょう。
① 残雪がそのようにしたのは、何に気づいたからですか。
（いつものえ場に昨日までなかった小さな小屋があること。）
② 残雪にそうさせたものは何ですか。五字で書きぬきましょう。
〔かれの本能〕

❾ 大造じいさんと残雪の戦いが、また続いていくことがわかる文をさがして、初めの五字を書きぬきましょう。
〔今年もまた〕
ヒント　「いつも」「また」「例の」などの言葉をさがそう。

---

1 ②「殺風景」とは景色に変化がなくおもしろみがない様子のことです。
⑤「険しい」とは、山や坂のけいしゃが急で登るのにむずかしいという意味です。

2 ②「計略」とは、相手をだまそうとするたくらみや、目的のために考えておく手だんという意味です。
⑥「率いる」とは、大勢をしたがえて指示を出すことです。送りがなをまちがえないように気をつけましょう。

3分でワンポイント

「大造じいさんとがん」（椋鳩十）では、物語が進むにしたがって、「残雪」に対する大造じいさんの心情が変化していきます。その気持ちは、ただ「残雪」をいまいましく思うだけではありません。「残雪」の頭のよさに感心したり、仲間を守ろうとする姿に心を打たれたりする、大造じいさんの心情の変化に着目しながら、物語を読み進めましょう。

❶ 「例によって」とは「いつものように」ということです。ここでは、「去年と同じように今年も」という意味で用いられています。

❷ 「あんばい」とは「物事が進む調子」という意味です。

❸ 「ごちそう」とは、「ぜいたくな食事」のことです。がんたちが何を食べていたのかを答えましょう。

❹ がんが集まったことに満足して、喜んでいます。

❺ がんの群れをつかまえるためにかくれています。

❻ 銃をうちこむと言っています。

❼ 「ほおがびりびりする」とは、きんちょうしている様子を表しています。

❽ ①残雪は「昨日までなかった小さな小屋」に気づいて、危険を感じました。
②昨日までとはちがう様子に、「かれの本能は、そう感じた」のです。

❾ 「今年もまた、……がんの来る季節になった。」という表現は、がんとの戦いを予感させます。

練習② 44〜45ページ
大造じいさんとがん

文章を読んで、答えましょう。

がんたちは、昨年じいさんが小屋がけした所から、たまのとどくきょりの三倍もはなれている地点を、え場にしているらしかった。そこは、夏の出水で大きな水たまりができて、がんのえが十分にあるらしかった。

「うまくいくぞ。」

大造じいさんは、青くすんだ空を見上げながらにっこりした。

その夜のうちに、飼いならしたがんを例のえ場に放ち、昨年建てた小屋の中にもぐりこんだ。

さあ、いよいよ戦闘開始だ。

東の空が真っ赤に燃えて、朝が来た。

残雪は、いつものように、群れの先頭に立って、美しい朝の空を、真一文字に横ぎってやってきた。

やがて、え場におりると、グワー、グワーという、やかましい声で鳴き始めた。大造じいさんのむねは、わくわくしてきた。しばらく目をつぶって、心の落ち着くのを待った。そして、冷え冷えとする銃身を、ぎゅっとにぎりしめた。

じいさんは目を開いた。

「さあ、今日こそ、あの残雪めにひとあわふかせてやるぞ。」

くちびるを二、三回静かにぬらした。そして、あのおとりを飛び立たせるために口笛をふこうと、くちびるをとんがらせた。と、その時、ものすごい羽音とともに、がんの群れが、一度にばたばたと飛び立った。

「どうしたことだ。」

じいさんは、小屋の外にはい出してみた。

がんの群れを目がけて、白い雲の辺りから、何か一直線に落ちてくる。

「はやぶさだ。」

がんの群れは、残雪に導かれて、実にすばやい動作で、はやぶさの目をくらましながら飛び去っていく。

「あ！」

一羽飛びおくれたのがいる。

大造じいさんのおとりのがんだ。長い間飼いならされていたので、野鳥としての本能がにぶっていたのだ。

はやぶさは、その一羽を見のがしませんでした。

じいさんは、ピュ、ピュ、ピュと口笛をふいた。

こんな命がけの場合でも、飼い主のよび声を聞き分けたとみえて、がんは、こっちに方向を変えた。

はやぶさは、その道をさえぎって、パーンと一けりけった。

ぱっと、白い羽毛が、あかつきの空に光って散った。がんの体は、ななめにかたむいた。

もう一けりと、はやぶさがこうげきの姿勢をとった時、さっと、大きなかげが空を横ぎった。

残雪だ。

椋鳩十「大造じいさんとがん」より

❶ がんたちが「え場」にしていた場所は、どのような所でしたか。二つ書きましょう。
（たまのとどくきょりから三倍もはなれている所。）
（夏の出水で大きな水たまりができて、えが十分にある所。）
※順番はちがっていてもよい。

❷ 「うまくいくぞ。」とありますが、大造じいさんは何をしようとしていますか。□にあてはまる言葉を八字で書きぬきましょう。
［飼いならしたがん］をおとりにして、がんと戦うこと。
ヒント このあとの段落に注目しよう。大造じいさんは何をしたのか。

❸ 「真一文字に」と同じ意味を表す言葉を、四字で書きぬきましょう。
［一直線に］

❹ 「わくわくしてきた」とは、どのような気持ちを表していますか。一つに○をつけましょう。
ア（ ）思うとおりにならず、あわてている気持ち。
イ（○）待っていた時がきて、喜んでいる気持ち。
ウ（ ）どうなるかわからず、不安な気持ち。

❺ 「しばらく目をつぶって」とありますが、大造じいさんはそうすることで何をしようとしているのですか。書きましょう。
（例 心を落ちつかせようとしている。）

❻ 「ひとあわふかせてやるぞ」とは、どのような気持ちから出た言葉ですか。一つに○をつけましょう。
ア（ ）残雪をひきよせてかわいがってやるぞ。
イ（ ）残雪をだまして遠くにおいはらってやるぞ。
ウ（○）残雪をおどろかせてあわてさせてやるぞ。

❼ 「がんの群れが、一度にばたばたと飛び立った。」について、答えましょう。
① そのようになったのは、なぜですか。
（はやぶさがやって来たから。）
② がんの群れはその後どうしましたか。
（すばやい動作で、はやぶさの目をくらましながら飛び去っていった。）

❽ 「その一羽」とは何ですか。六字で書きぬきましょう。
［おとりのがん］

❾ 「残雪だ。」とありますが、残雪はどのように現れましたか。一つに○をつけましょう。
ア（ ）がんの群れを率いて、ゆうゆうと飛んできた。
イ（ ）飛びおくれたがんとともにはやぶさを待っていた。
ウ（○）とつぜん、はやぶさの前に一羽でおどり出た。
ヒント 直前の一文の後半に注目しよう。

準備 46〜47ページ
鳥／俳句・短歌のリズムにのせて

新しい漢字 句 得

1 □に読みがなを書きましょう。
① 好ましい 印象。（いんしょう）
② 収入を 得る。（え）
③ 日常 のできごと。（にちじょう）
④ 言葉を 省略 する。（しょうりゃく）
⑤ 美しい 情景。（じょうけい）
⑥ 不思議 な物語。（ふしぎ）
⑦ 勢い よくジャンプする。（いきお）

2 □に漢字を、□に漢字と送りがなを書きましょう。
① ［得意］な科目。
② 俳［句］を作る。
③ 子どもが［対象］の本。
④ 例を［参考］にする。
⑤ 戸じまりを［確かめる］。

3 それぞれの季節にあてはまる季語を□から選んで、記号で答えましょう。
春（イ） 夏（オ） 秋（ア ウ） 冬（エ）
ア 新米　イ さくら　ウ 落ち葉　エ 雪だるま　オ ひまわり

4 正しい意味に○をつけましょう。
① 風流な遊び。
ア（○）上品なおもむきがあること。
イ（ ）風で流れるように軽やかなこと。
② 一石二鳥
ア（ ）二つのことで二つの苦しみがあること。
イ（○）一つのことで二つの利えきを得ること。
③ 立つ鳥あとをにごさず
ア（○）去るときはきれいにかたづけていくこと。
イ（ ）飛んでいく鳥のように早く立ち去ること。
④ うらうらとした春の日。
ア（○）やわらかで、のどかな様子。
イ（ ）あわただしく、活発な様子。
⑤ すずめはなじみの深い鳥だ。
ア（ ）種類がとても多いこと。
イ（○）なれ親しんでいること。
⑥ なつかしい情景が目にうかぶ。
ア（ ）目の前に広がる自然の景色。
イ（○）人の心を動かす風景や場面。

5 「鳥」が出てくる言葉の意味を□から選んで、記号を書きましょう。
① 鳥ぐもり（イ）
② 飛ぶ鳥を落とすいきおい（ウ）
③ 花鳥風月（ア）
ア 自然の美しい景色。風流な遊び。
イ わたり鳥が日本で冬をこし、北へ帰っていく時期の、くもり空。
ウ 飛んでいる鳥を落としてしまうくらいのいきおい。

6 俳句と短歌について、次のようにまとめました。□にあてはまる言葉を□から選んで書きましょう。
俳句は、「（五・七・五）」の（十七）音で作られ、（季語）が入っていることがとくちょうである。
短歌は、「（五・七・五・七・七）」の（三十一）音で作られ、千三百年以上も昔から、自然の風景や気持ちがうたわれている。
五・七・五　五・七・五・七・七　三十一　十七　季語

---

❶ 第一段落にえがかれています。「そこ」は「え場」をさしています。

❷ 「おとり」とは「仲間をさそいよせるために使う、飼い慣らした鳥や動物」のことです。どのような形でがんと戦おうとしているかを読み取りましょう。

❸ 「真一文字に」とは「まっすぐに」という意味です。

❹ 「わくわくする」とは「期待や喜びで心がはずむ様子」という意味です。大造じいさんは、がんをとるところを思いえがいています。

❺ ——線の直後に注目しましょう。「〜て、—する。」という文は、「—するために、〜する。」という内容を表現することに用いられることがあります。

❻ 「ひとあわふかせる」とは、「思いがけないことをし、おどろかせる」という意味です。大造じいさんは残雪をわなにかけ、銃でしとめようとしています。

❼ ①大造じいさんが「どうしたことだ。」と小屋から出ると、がんの群れを目がけて「落ちてくる」ものがありました。その直後に「はやぶさだ。」とあります。②「はやぶさ」が来た後の様子から読み取りましょう。

❽ 「その」は指示語です。前の内容を確かめましょう。

❾ 段落を変えて短くひと言、「残雪だ。」と言い切っている、勢いのある表現に注意しましょう。にげたはずの残雪が「さっと」現れたのです。

1 ⑤「情景」とは心を動かす景色のことです。

2 ⑤「確かめる」の送りがなを「確める」と書かないように気をつけましょう。

3 イ「さくら」は春にさく花です。オ「ひまわり」は夏にさく花です。ア「新米」は秋にとれる新しいお米のことで、ウ「落ち葉」も秋に多く見られます。エ「雪だるま」が作られるのは冬です。

4 ③水鳥が飛び立ったあとの水がにごっていないことから、このような意味の使い方をします。

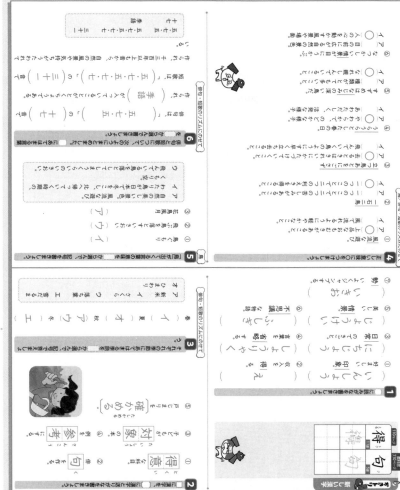

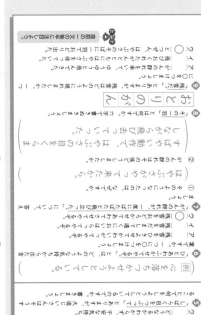

確かめのテスト① 48～49ページ

大造じいさんとがん ～ 俳句・短歌のリズムにのせて

おうちのかたへ

物語文では、登場人物の心情の移り変わりについてよく問われます。行動やその理由を、順番に整理しながら読み進めるとよいでしょう。また、心情を表す慣用表現も覚えていくようにしましょう。

文章を読んで、答えましょう。　思考・判断・表現

不意をうたれて、さすがのはやぶさも、空中でふらふらとよろめいた。が、はやぶさもさるものだ。さっと体勢を整えると、残雪のむなもとに飛びこんだ。

ぱっ。

ぱっ。

羽が、白い花弁のように、すんだ空に飛び散った。

そのまま、はやぶさと残雪は、もつれ合って、ぬま地に落ちていった。

大造じいさんはかけつけた。

二羽の鳥は、なおも、地上ではげしく戦っていた。が、はやぶさは、人間のすがたをみとめると、急に戦いをやめて、よろめきながら飛び去っていった。

残雪は、むねのあたりをくれないにそめて、ぐったりとしていた。しかし、第二のおそろしいてきが近づいたのを感じると、残りの力をふりしぼって、ぐっと長い首を持ち上げた。そして、じいさんを正面からにらみつけた。

それは、鳥とはいえ、いかにも頭領らしい、堂々たる態度のようであった。

大造じいさんが手をのばしても、残雪は、もうじたばたさわがなかった。それは、最期の時を感じて、せめて頭領としてのいげんをきずつけまいと、努力しているようでもあった。

大造じいさんは、強く心を打たれて、ただの鳥に対しているような気がしなかった。

4

残雪は、大造じいさんのおりの中で、ひと冬をこした。春になると、そのむねのきずも治り、体力も元のようになった。

ある晴れた春の朝だった。

じいさんは、おりのふたをいっぱいに開けてやった。

残雪は、あの長い首をかたむけて、とつぜんに広がった世界におどろいたようであった。が、

バシッ！

快い羽音一番。一直線に空へ飛び上がった。

らんまんとさいたすももの花が、その羽にふれて、雪のように清らかにはらはらと散った。

「おうい。がんのえいゆうよ。おまえみたいなえらぶつを、おれは、ひきょうなやり方でやっつけたかあないぞ。なあおい。今年の冬も、仲間を連れて、ぬま地にやってこいよ。そうして、おれたちは、また、堂々と戦おうじゃあないか。」

大造じいさんは、花の下に立って、こう大きな声で、がんによびかけた。そうして、残雪が北へ北へと飛び去っていくのを、晴れ晴れとした顔つきで見守っていた。

いつまでも、いつまでも、見守っていた。

椋鳩十「大造じいさんとがん」より

1 「さるものだ。」とは、どのような意味を表していますか。一つに○をつけましょう。（5点）
ア（　）多くのちえをもっている、かしこいもの。
イ（　）おそれをなして、急ににげていくもの。
ウ（○）かんたんに負けそうにない、強いもの。

2 「ぱっ。」という言葉は、何を表していますか。（10点）
（羽が飛び散る音。）

3 「第二のおそろしいてき」とありますが、それは何ですか。二字で書きぬきましょう。（10点）
人間

よく出る
4 大造じいさんが近づいた時、はやぶさと残雪はどうしましたか。それぞれ書きましょう。（一つ10点（20点））
はやぶさ（よろめきながら飛び去っていった。）
残雪（首を持ち上げて、じいさんを正面からにらみつけた。）

できたらスゴイ！
5 「残雪は、もうじたばたさわがなかった。」とありますが、それはどのような様子に見えましたか。（15点）
（頭領としてのいげんをきずつけまいと、努力している様子。）

6 「強く心を打たれて」とありますが、大造じいさんがそのようになったのは、なぜですか。一つに○をつけましょう。（5点）
ア（　）残雪がすぐに争いをあきらめてしまったから。
イ（○）残雪が決して弱いところを見せなかったから。
ウ（　）残雪には言うことを聞くすなおさがあったから。

7 「はらはらと」とは、どのような様子を表していますか。一つに○をつけましょう。（5点）
ア（　）重苦しさ　イ（○）かろやかさ
ウ（　）ゆたかさ

8 「えいゆう」と、ほぼ同じ意味の言葉を四字で書きぬきましょう。（5点）
えらぶつ

9 「おれたちは、また、堂々と戦おうじゃあないか。」とありますが、このとき大造じいさんは残雪をどのように思っていますか。一つに○をつけましょう。（10点）
ア（　）いつかやっつけてやりたい、ずるがしこいてき。
イ（　）けががかわいそうで、つい同情してしまう友達。
ウ（○）また会って、まっこうから立ち向かいたい好てき手。

考えを書こう
10 □の場面で、残雪はどのような気持ちであったかを、考えて書きましょう。（15点）
（例 自由になったことを喜びながら、大造じいさんのことをなごりおしく思う気持ち。）

1 「さるものだ」とは、ここでは「さすがな者だ・強い者だ」という意味です。

2 ——線の後に「羽が、……すんだ空に飛び散った。」とあります。

3 大造じいさんが来たことを表しています。

4 前後の部分をよく読みましょう。はやぶさはすぐににげていきましたが、残雪はにげることができず、大造じいさんをにらみつけています。

5 21行め「～ようでもあった」に注目しましょう。

7 言葉から受け取れる印象から考えましょう。

8 すぐれたうでまえの人物などをさして「えらぶつ」といいます。

9 「また、堂々と」とあることに注目しましょう。
——線より前の文から、大造じいさんが残雪に感心して、「堂々と戦」う相手としてみとめていることがわかります。

10 おりから放たれたことを喜ぶ気持ちや、大造じいさんのことを思う気持ちを、書くことができたら正解です。
例2 おりから出ることができてうれしい気持ちと、大造じいさんと別れることがおしい気持ち。

確かめのテスト② 50~51ページ
大造じいさんとがん ～ 俳句・短歌のリズムにのせて

1 読みがなを書きましょう。（一つ2点〔20点〕）
① 雑木林を歩く。（ぞうきばやし）
② お年玉を貯金する。（ちょきん）
③ ちこくを弁解する。（べんかい）
④ 得意な料理。（とくい）
⑤ 救急車で運ぶ。（きゅうきゅうしゃ）
⑥ 悲喜こもごも。（ひき）
⑦ 真っ赤な夕日。（まっか）
⑧ 領土を広げる。（りょうど）
⑨ 効率がよい。（こうりつ）
⑩ 夢中でボールを追う。（むちゅう）

2 □に漢字を書きましょう。（一つ3点〔18点〕）
① 事情を［心得］る。
② 説明を［省略］する。
③ 静かな寺のお［堂］。
④ むずかしい［語句］。
⑤ ［殺風景］な庭。
⑥ ［能力］がある。

3 〔 〕に漢字と送りがなを書きましょう。（一つ4点〔16点〕）
① チームを〔率いる〕。
② 船を〔導く〕光。
③ 〔険しい〕がけ。
④ 当選を〔喜ぶ〕。

4 次の文の（ ）にあてはまる言葉を□から選んで、記号を書きましょう。（一つ2点〔10点〕）
①（イ）戦いが始まるのだ。
② 石につまずき、（オ）よろめく。
③ もう（ウ）さわがなかった。
④ 花びらが雪のように（ア）散る。
⑤（エ）かしこい鳥だった。

ア はらはらと　イ いよいよ　ウ じたばた　エ なかなか　オ ふらふらと

5 次の言葉にあてはまるものを□から選んで、記号を書きましょう。（一つ2点〔8点〕）
① いまいましく思う（イ）
② 不意をうつ（エ）
③ 感嘆の声をもらす（ア）
④ ひとあわふかせる（ウ）

ア 感心した気持ちを表す様子。
イ にくらしく思っている様子。
ウ 他人をおどろかせ、あわてさせること。
エ 相手が予想していないことを行うこと。

6 次の（ ）にあてはまる言葉を□から選んで、記号を書きましょう。（一つ2点〔10点〕）
① 散歩は気持ちもよいし健康にもよくて（イ）だ。
② 悲しいことに今日のおやつは（ア）だ。
③（ウ）の空を見上げて春のおとずれを感じる。
④（エ）を題材にして俳句をつくる。
⑤ あの会社は今まさに（オ）だ。

ア すずめのなみだ　イ 一石二鳥　ウ 鳥ぐもり　エ 花鳥風月　オ 飛ぶ鳥を落とすいきおい

7 思考・判断・表現　自由に俳句を作り、くふうしたところを書きましょう。（一つ9点〔18点〕）
俳句（例 風ふくと　はらりはらりと　もみじ散る）
くふうしたところ（例 ひびきのよさやリズム感のある言葉を選ぶこと。）

1 ①「雑木林」とは、いろいろな種類の木が植えられている森林のことです。③「弁解」とは、言いわけをするという意味です。⑥「悲喜こもごも」とは「悲しみと喜びをともに味わうこと」です。⑦「赤」は「あか」や「せき」と読みますが、「真っ赤」と書くときは特別に「まっか」と読みます。

2 ③「お堂」とは、ほとけ様や神様をまつる建物のことです。

5 それぞれの語の持つ印象を考えて選びましょう。

6 ②「すずめのなみだ」とは、とても量が少ない様子を表します。

7 五・七・五の形、季語が入っている、という二点をおさえた俳句を作ることができていたら正解です。
例2 今年こそ　わすれないでね　クリスマス
例3 年一度　家族がそろう　大みそか
自分自身のくふうしたところを書きましょう。

準備 52~53ページ
ミニディベート ――AIとのくらし

かきトリ 新しい漢字
増（教科書117ページ・14画）　準（118ページ・13画）　備（118ページ・12画）　効（118ページ・8画）　可（118ページ・5画）　性（118ページ・8画）　評（120ページ・12画）

1 □に読みがなを書きましょう。
① 外出の許可。（きょか）
② 旅行の準備。（じゅんび）
③ 子どもに好評だ。（こうひょう）
④ 水かさが増す。（ま）
⑤ やさしい性格。（せい）
⑥ せん伝の効果。（こうか）

2 □に漢字を、〔 〕に漢字と送りがなを書きましょう。
① ［準決勝］に進む。
② ［評価］をつける。
③ 人口の［増減］。
④ ［不可能］な計画。
⑤ 薬が〔効く〕。
⑥ 災害に〔備える〕。

3 正しい意味に○をつけましょう。
① AIの利点を考える。
ア（○）すぐれたところ。
イ（ ）おとっているところ。
② 新聞記事を引用する。
ア（ ）他の人の意見を信じること。
イ（○）他の人の文章や図を用いること。
③ 意見の根拠を伝える。
ア（○）理由になるもの。
イ（ ）結論になるもの。
④ 使い方の具体例を伝える。
ア（○）現実にある物事の例。
イ（ ）現実にはない物事の例。

4 一つのテーマについて、三人でミニディベートをするときに、必要な役わりすべてに○をつけましょう。
ア（○）話を聞いて考える役。
イ（ ）全ての意見に反論する役。
ウ（ ）テーマを決めてみんなに伝える役。
エ（○）テーマの問題点の立場で意見を述べる役。
オ（○）テーマの利点の立場で意見を述べる役。

5 AI（人工知能）を利用した次のことがらについて、「利点の立場」と「問題点の立場」の意見の根拠を□から全て選びましょう。

AIを使い、自動で文章を作成できるツールが増えている。必要な情報を入力すると、長い文章もかん単に作成することができる。

ア 短い時間で長い文章を作成できるので、時間を効率よく使える。
イ AIは自動で文章を作成しているので、まちがった内容になることがある。
ウ かん単に文章が作れるので、自分で考えて文章を書く力がつかない。
エ AIが文章を作成するので、自分では思いつかないような内容の文章を作ることができる。
オ 文章中のひらがなや漢字の使い方のまちがいがなくなる。

・利点の立場の根拠（ア エ オ）
・問題点の立場の根拠（イ ウ）
※順番はちがっていてもよい。

1 ③「好評」とは評判がよいという意味です。

2 ⑥「備える」とは何か物事が起こった時のために準備しておくことです。送りがなを「備る」と書かないように気をつけましょう。

4 ミニディベートを進めるためにどのような役割が必要か考えましょう。

5 「利点の立場」の意見の根拠には、事がらについて良くなる点を述べているもの、「問題点の立場」の意見の根拠には悪くなる点を述べているものを選びましょう。
ア・エ・オは、AIを使うことで良くなることについて述べています。
イ「まちがった内容になることがある」、ウ「自分で考えて文章を書く力がつかない」と、どちらもAIを使うことで悪くなることについて述べています。

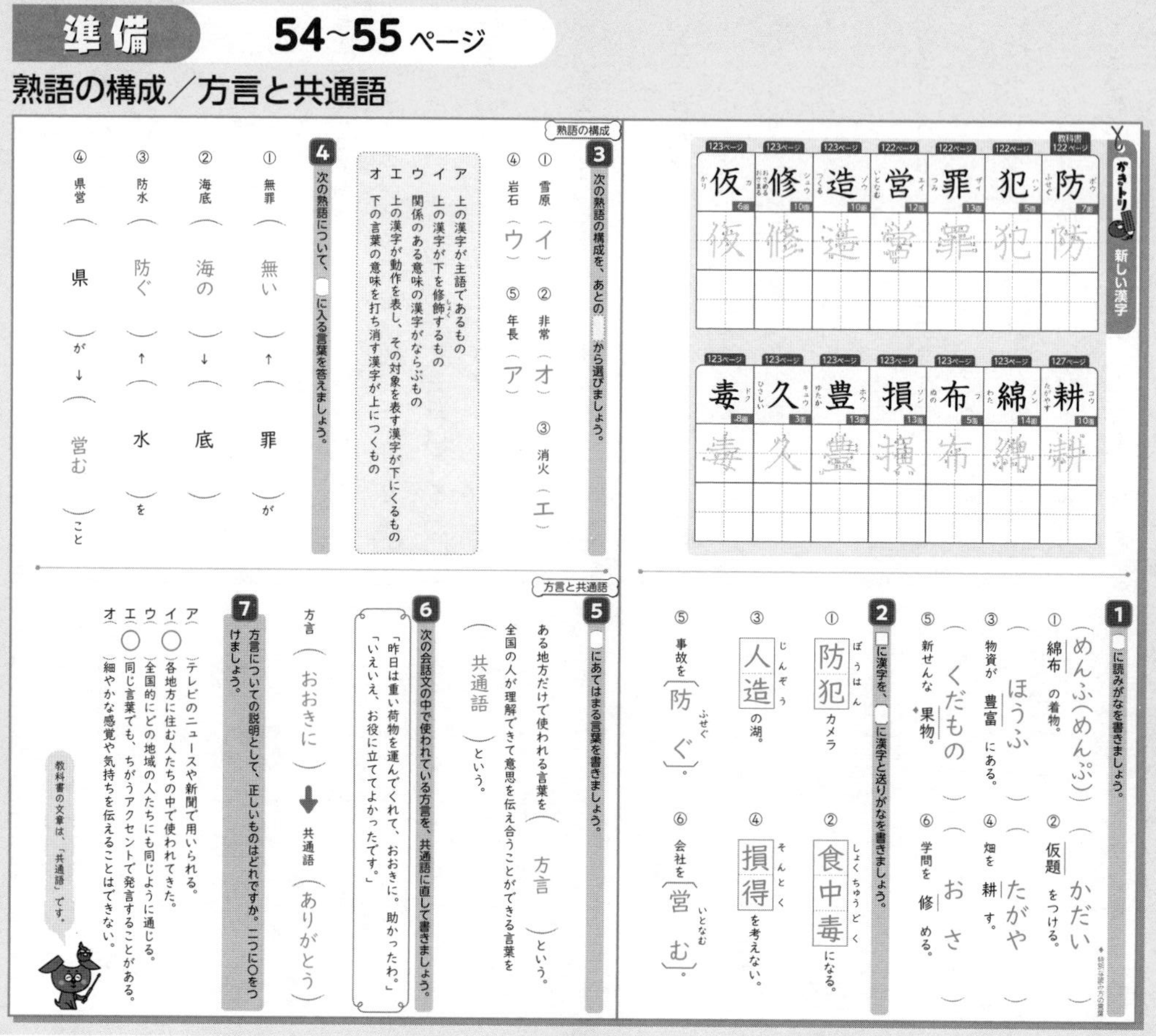

準備 54～55ページ

熟語の構成／方言と共通語

新しい漢字

防 犯 罪 営 造 修 仮

耕 綿 布 損 豊 久 毒

1 □に読みがなを書きましょう。

① 綿布の着物。（めんふ（めんぷ））
② 仮題をつける。（かだい）
③ 物資が豊富にある。（ほうふ）
④ 畑を耕す。（たがや）
⑤ 新せんな果物。（くだもの）
⑥ 学問を修める。（おさ）

2 □に漢字を、□に漢字と送りがなを書きましょう。

① 防犯カメラ
② 食中毒になる。
③ 人造の湖。
④ 損得を考えない。
⑤ 事故を防ぐ。
⑥ 会社を営む。

3 次の熟語の構成を、あとの□から選びましょう。（熟語の構成）

① 雪原（イ） ② 非常（オ） ③ 消火（エ） ④ 岩石（ウ） ⑤ 年長（ア）

ア 上の漢字が主語であるもの
イ 上の漢字が下を修飾するもの
ウ 関係のある意味の漢字がならぶもの
エ 上の漢字が動作を表し、その対象を表す漢字が下にくるもの
オ 下の言葉の意味を打ち消す漢字が上につくもの

4 次の熟語について、□に入る言葉を答えましょう。

① 無罪（無い）↑（罪）が
② 海底（海の）↓（底）
③ 防水（防ぐ）↑（水）を
④ 県営（県）が↓（営む）こと

5 □にあてはまる言葉を書きましょう。（方言と共通語）

ある地方だけで使われる言葉を（方言）という。
全国の人が理解できて意思を伝え合うことができる言葉を（共通語）という。

6 次の会話文の中で使われている方言を、共通語に直して書きましょう。

「昨日は重い荷物を運んでくれて、おおきに。助かったわ。」
「いえいえ、お役に立ててよかったです。」

方言（おおきに）→共通語（ありがとう）

7 方言についての説明として、正しいものはどれですか。二つに○をつけましょう。

ア（ ）テレビのニュースや新聞で用いられる。
イ（○）各地方に住む人たちの中で使われてきた。
ウ（ ）全国的にどの地域の人たちにも同じように通じる。
エ（○）同じ言葉でも、ちがうアクセントで発言することがある。
オ（ ）細やかな感覚や気持ちを伝えることはできない。

1 ①「綿布」とは、綿の布のことです。⑤「果物」は特別な読み方をする言葉です。覚えるようにしましょう。⑥「修める」とは、学問や技術などを勉強して身に着けるという意味です。「治める」とまちがえないようにしましょう。

2 ②「食中毒」とは、さいきんやウイルスのついたものを食べたり飲んだりすることでかかる病気のことです。⑥「営む」とは、仕事としてすることです。

4 ①「無罪」は、下の言葉の意味を打ち消す漢字が上につく熟語です。「無味」「無理」など、「無」は下につく漢字を打ち消す意味があります。④「県営」は、上の漢字が主語となる熟語です。

6 「おおきに」とは、主に関西で使われている方言で、「ありがとう」という意味の言葉です。

確かめのテスト① 56〜57ページ

ミニディベート ——AIとのくらし／言葉の広場③ 方言と共通語

おうちのかたへ

ある物事に対して利点や問題点を答える場合、「〜という理由で、…である」という形で考えていくとまとめやすくなります。

また、自分の意見を人に伝えるときは、意見だけでなくその根拠も一緒に伝えるようにしましょう。

文章を読んで、答えましょう。　　思考・判断・表現

【ミニディベートカード】

テーマ	AIとのくらし　　　名前（北原大地）	
立場	利点	問題点
○意見と■根拠（出典）	○AIは、人の生活をよりゆたかにする。 ■新しいレシピをていあんするAI 人間だと思いつかないような食材の組み合わせをていあんして、新しい料理を生み出している。AIが考えた料理を食べさせてくれるお店の記事。ハンバーグは、香草が肉のうまみを引き出していて人気だそうだ。 （十月七日○○新聞）	○AIはばんのうではない。 ■AIはそざいの組み合わせをていあんしてくれるだけで、組み合わせる分量や調理手順、どう食材を切るか、どのくらい焼いたりにたりするのかは教えてくれない。

【ミニディベート】を行う。

北原　ぼくは、利点の立場からの意見を述べます。AIにはいくつかのよいところがあると思います。

まず、AIは、人の生活をよりゆたかなものにしてくれます。人間が思いつかないような食材の組み合わせをていあんして、新しい料理を生み出すことができます。実際にAIがていあんした料理を食べさせてくれるお店もあって、そこのハンバーグはお客さんになかなかのひょうばんだそうです（新聞記事のフリップを見せる）。

次に、自動車の運転についてですが、……。

森本　わたしは、問題点の立場からの意見を述べます。AIとのくらしには、三つの問題点があると思います。

一つめは、AIのかつやくが人間を幸せにしていないことです。わたしは前に、有名な作曲家の未完成作品をAIが引きついだという記事を読みました。その作曲家がもし生きていたら、AIが自分の作品を完成させたことを喜んでしょうか。なくなった作曲家の思いが大切にされないAIのかつやくは、人間を幸せにはしていないと思います。

二つめは、……。

森本　わたしの母は、休日に自分で新しいレシピを考えて料理を作ることを楽しんでいます。人間には思いつかない新しい料理をAIが考案してくれるということでしたが、人間が新しい料理を考える楽しさをうばわれてしまうと思います。本当にAIは、人間を幸せにしているといえるのでしょうか。

……

北原　先ほど見せた記事にのっていた料理人さんの話だと、AIがていあんしたレシピに自分の考えを加えているそうです。人間と協力して新しいものを生み出すAIは、人を幸せにしていると思います。

「ミニディベート ——AIとのくらし」より

❶ AIについて、どのような観点から、ミニディベートは進められていますか。□にあてはまる言葉を五字で書きぬきましょう。　5点

AIのかつやくが、［人間を幸せ］にするかどうか、という観点で進められている。

❷ 北原さんは、AIの利点が、まずどのような点にあると述べていますか。　10点

（人の生活をよりゆたかにする点。）

❸ 北原さんは、❷の根拠としてAIはどのように役立っていると述べていますか。　10点

（人間が思いつかない食材の組み合わせをていあんして、新しい料理を生み出している。）

よく出る ❹ 「北原さんは、意見を述べているとき、新聞記事のフリップを見せています。これは何のためですか。　5点

ア（　）自分の立場をはっきりとさせるため。
イ（○）意見の説得力を増すため。
ウ（　）自分の考え方が正解であることを伝えるため。

できたらスゴイ！ ❺ 森本さんはAIの利点に対する反論を、どのように述べていますか。（　）にあてはまるように書きましょう。　一つ10点（20点）

理由の一つとして、AIが作曲家の未完作品を引きついだが、（なくなった作曲家の思いが大切にされていない）から、

AIのかつやくは、（人間を幸せ）にしないということ。

❻ 森本さんは、森本さんの母親の例をあげて、AIは人間を幸せにしていないと述べていますが、それに対して北原さんはどのように反論していますか。□と（　）にあてはまるようにして書きましょう。　一つ10点（30点）

ある料理人は、AIがていあんしたレシピに［自分の考え］を加えており、AIと人間が（協力して新しいものを生み出して）おり、AIは［人を幸せ］にしている。

考えを整理しよう ❼ 北原さん、森本さんの主張の方法の特徴を、それぞれにまとめましょう。　一つ10点（20点）

北原さん（例 新聞記事を引用して意見を言い、質問に答えている。）

森本さん（例「三つの問題があると思います。」と言ってから「一つめは、」と説明している。）

---

❶ 北原さんの意見に対して、森本さんが述べた意見に注目しましょう。ここから「人間を幸せ」にするかどうか、という観点でディベートが進められています。

❷ ディベートカードの、利点の立場の○意見を確かめましょう。「AIは、人の生活をよりゆたかにする。」とあります。

❸ 「人間が思いつかないような食材の組み合わせをていあんして、新しい料理を生み出すことができます」とあります。

❹ 意見の根拠となる資料を示すと、説得力が増します。

❺ 北原さんに対して森本さんは「なくなった作曲家の思いが大切にされないAIのかつやくは、人間を幸せにはしていないと思います。」と述べています。

❻ 北原さんは「AIがていあんした……人を幸せにすると思います。」と述べています。

❼ ミニディベートは三人一組で役わりを決めます。利点や問題点、意見を述べる役わり以外に、聞いて考える役わりの人がいます。この文章で、北原さんと森本さんがどの役わりにあてはまるのか確かめましょう。

北原さん 例2 自分の意見の根拠として、新聞記事を引用している。

森本さん 例2 自分の意見を言うときに、初めに「三つの問題があると思います。」と伝えている。

確かめのテスト② 58~59ページ

ミニディベート ── AIとのくらし ～ 言葉の広場③ 方言と共通語

1 読みがなを書きましょう。（一つ2点〔20点〕）

① 法案が可決される。（かけつ）
② 大きな船を造る。（つく）
③ 人数が増える。（ふ）
④ 仮の名前をつける。（かり）
⑤ 農作業の耕具。（こうぐ）
⑥ 買い物で損をする。（そん）
⑦ 準決勝に進出する。（じゅんけっしょう）
⑧ 新せい品は好評だ。（こうひょう）
⑨ 布の切れはし。（ぬの）
⑩ 雨風を防ぐ。（ふせ）

2 □に漢字を書きましょう。（一つ3点〔18点〕）

① 食中毒　② 綿のシャツ。　③ 罪をつぐなう。　④ 温せんの効能。　⑤ かぜを予防する。　⑥ 持久走の順位。

3 〔　〕に漢字と送りがなを書きましょう。（一つ4点〔16点〕）

① 畑を〔耕す〕。　② 〔豊かな〕自然。　③ 台風に〔備える〕。　④ 店を〔営む〕。

4 思考・判断・表現　AI（人工知能）を利用した次の事がらについて、対立する二つの立場から、自分の考えを理由といっしょに書きましょう。（一つ8点〔16点〕）

最近、多くの場所で防犯カメラが取り付けられ、防犯カメラによる顔認識システム（カメラに映った顔の画像からAIが個人を特定する仕組み）が使われている。

AIを利用した防犯カメラの使用について

利点の立場
例 犯罪の予防になるので、役に立っていると思う。

問題点の立場
例 かんしされているようで、ふゆかいなので、人を幸せにしていないと思う。

5 次の熟語の構成を から選んで、記号を書きましょう。（一つ2点〔10点〕）

① 永久（ウ）　② 非力（オ）　③ 投票（エ）　④ 月光（イ）　⑤ 国営（ア）

ア 上の漢字が主語であるもの
イ 上の漢字が下を修飾するもの
ウ 関係のある意味の漢字がならぶもの
エ 上の漢字が動作を表し、その対象を表す漢字が下にくるもの
オ 下の言葉の意味を打ち消す漢字が上につくもの

6 次の熟語と構成が同じものを から選んで、記号を書きましょう。（一つ2点〔10点〕）

① 読書（オ）　② 損得（ア）　③ 海底（ウ）　④ 市立（エ）　⑤ 無効（イ）

ア 苦楽　イ 不正　ウ 清流　エ 日照　オ 加熱

7 方言と共通語について、正しいものに○、正しくないものには×をつけましょう。（一つ2点〔10点〕）

ア ○ 方言はある地方だけに使われる言葉である。
イ × 方言と共通語のちがいは意味だけである。
ウ ○ 言葉の発音の高低のきまりをアクセントという。
エ × 共通語はテレビや新聞だけで使われる言葉である。
オ ○ 全国の人は共通語で意思を伝え合うことができる。

準備 60~61ページ

世界遺産　白神山地からの提言 ──意見文を書こう

かきトリ　新しい漢字

提（教科書8ページ・12画）　支（8ページ・4画）　採（9ページ・11画）　保（10ページ・9画）　護（10ページ・20画）　河（10ページ・8画）　基（12ページ・11画）　規（12ページ・11画）
制（12ページ・8画）　設（13ページ・11画）　限（13ページ・9画）　条（13ページ・7画）　件（13ページ・6画）　接（13ページ・11画）　張（20ページ・11画）

1 読みがなを書きましょう。

① 意見を主張する。（しゅちょう）
② 基本的なルール。（きほん）
③ 河口近くの海。（かこう）
④ ルールを設ける。（もう）
⑤ 直接人に会う。（ちょくせつ）
⑥ 条件にかなう。（じょうけん）

2 □に漢字を、〔　〕に漢字と送りがなを書きましょう。

① テストの採点。　② 交通規制をする。　③ 宿題を提出する。　④ 最小限の被害。　⑤ 自然保護運動　⑥ 友人を〔支える〕。

3 正しい意味に○をつけましょう。

① 活動を始める気運が高まる。
ア ○ ある方向への動きのなりゆき。
イ 最もよいと思われる時期。

② 多様な生物がくらす。
ア 使い道が多くあること。
イ ○ いろいろな種類があること。

③ 世界遺産に登録される。
ア 世界中の人が有名になるために残した業せき。
イ ○ 世界中の人たちの宝物として守るべきもの。

④ 自然のめぐみに感謝する。
ア いつも決まってあたえられるもの。
イ ○ あたえられる、ありがたいもの。

⑤ 核心をついた名言。
ア ○ 中心となっている重要なところ。
イ 心のおくの大事なところ。

⑥ クッションが緩衝となってけがをしなかった。
ア 対立する二つのものを直接つなぐもの。
イ ○ 対立する二つのものの間で対立をやわらげるもの。

3分でワンポイント　さまざまな資料を比べながら読み、自分の考えをまとめよう。

★意見文を書くまでの流れをまとめましょう。

資料を読み課題を知る。↓（エ）↓（イ）↓（ア）↓（ウ）

ア 考えを交流し、自分の考えを深める。
イ 課題について、自分の考えとその根拠を書く。
ウ 自分の考えをまとめ、意見文を書く。
エ 資料からわかることを書き出す。

★二つの文章について（　）にあてはまる言葉をあとから選んで書きましょう。

①「ブナの森が支える豊かな自然」（斎藤 宗勝）
・（エ）であったためにブナの森が残り、（オ）になった。そこには豊かな（イ）がある。

②「白神山地の自然保護──『緩衝地域』の役割」（牧田 肇）
・（ウ）と自然がふれ合いながら、自然保護を進めていくために、さまざまな（ア）がある。

ア きまり　イ めぐみ　ウ 人間　エ 人が入りにくい所　オ 生物にとっての楽園

---

4 利点と問題点を、それぞれの立場から一つ書くことができていればよいでしょう。

・利点の立場
例2 犯罪が起こったときに、カメラのえい像を手がかりにできるので役に立っていると思う。

・問題点の立場
例2 誰がどこにいるのか、という個人情報が他の人にわかってしまうので、使わない方がよい。

5 ①「永い＝久しい」という構成なのでウ。
②「非」は打ち消しの意味があり、「ない↑力が」という構成なのでオ。
③「投じる↑票を」という構成なのでエ。
④「月の↓光」という構成なのでイ。
⑤「国が↓営む」という構成なのでア。

6 ①「読書」は「読む↑書を」となり、オは「加える↑熱を」となる。
②「損得」は「損⟷得」となり、アは「苦しむ⟷楽しむ」となる。
③「海底」は「海の↓底」となり、ウは「清い↓流れ」となる。
④「市立」は「市が↓立てる」となり、エは「日が↓照る」となる。
⑤「無効」は「無い↑効か」となり、イは「ない↑正しく」となる。

7 方言と共通語は、意味の他にアクセントもちがうことがあるのでイは正しくありません。共通語はテレビや新聞のほかに、ていねいに話すときなども使うのでエは正しくありません。

1 ③「河口」とは、河川が海や湖に注ぎこむ所のことです。

2 ⑥「支える」を「支る」と書かないように気をつけましょう。

3分でワンポイント

「ブナの森が支える豊かな自然」と「白神山地の自然保護──『緩衝地域』の役割」を読み、二つの文章の意見をそれぞれまとめて、比べましょう。

資料を読んでから意見文を書くまでの流れを確かめましょう。また、意見文を書くときは、自分の意見とその根拠、予想される反論とそれに対する自分の意見を書くようにしましょう。

練習 62~63ページ

世界遺産　白神山地からの提言　――意見文を書こう

文章を読んで、答えましょう。

白神山地は、青森県と秋田県に広がる約十三万ヘクタールにおよぶ山地全体のよび名です。その中心部分の約一万七千ヘクタールのほとんどは、ブナの森でおおわれています。

広大なブナの森には、水が豊かにたくわえられています。ブナの森では、毎年秋に落ちたたくさんの葉が地面に厚く積もります。落ち葉が積もった土の中では、たくさんの小さな生物がさかんに動き回りながら、落ち葉をかみくだきます。この結果、土の中に小さなすき間が多く作られ、そこに水がたまります。このようなことが、長い年月をかけて続けられ、水は、山地全体にたくわえられてきたのです。

この豊かな水によって、ブナの森にはたくさんの種類の植物が生え、それをえさとするさまざまな動物も生活しています。さらに、それらの動物をえさとする肉食性の動物もいます。ブナの森では、たくさんの生物が関係し合いながら生きているのです。

ブナは、かつて、日本各地に生えていましたが、木材としては価値の低い木とされていました。そのため、日本が発展するにつれて、利用価値の高いスギやヒバに植えかえられ、全国から急速にすがたを消していきました。

では、どうして白神山地だけに、広大なブナの森が残ったのでしょうか。

それは、白神山地が都市部から遠くはなれた奥地にあって、人が入りにくい所だったからです。また、青森県や秋田県には、スギやヒバがたくさんあり、わざわざ白神山地のブナの森まで伐採する必要がなかったからです。

その後、ブナ材の加工技術が改良されて、ブナは木材としてふたたび利用され始めました。白神山地のブナも、木材資源として注目されるようになりました。その一方で、白神山地の自然の豊かさを見直す気運が高まってきました。白神山地のブナの森は、人の手が加わっていないものとしては、世界中で最も広い面積があり、多様な生物がくらす場所であることが明らかになってきたからです。

こうして、白神山地の保護運動が日本全国に広がった結果、一九九三（平成五）年、中心の部分が、日本で最初の世界遺産の一つに登録されました。

白神山地は、生物にとっての楽園であるばかりではありません。白神山地を水源とする川の下流では、その水が飲料水や農業用水、そして発電にも使われています。また、河口近くの海では、山地から運ばれた栄養分が魚のえさとなる微生物などを増やすため、豊かな漁場をつくり出しています。白神山地のブナの森には、計り知れないめぐみがあるのです。

斎藤 宗勝「ブナの森が支える豊かな自然」より

❶ 白神山地のうち、どのくらいのはんいがブナの森でおおわれていますか。十字で書きぬきましょう。

約一万七千ヘクタール

❷ 「水は、山地全体にたくわえられてきた」理由をまとめました。□にあてはまる言葉を書きぬきましょう。

秋にたくさんの 落ち葉 が積もる。
↓
土の中で 小さな生物 がかみくだく。
↓
土の中に 小さなすき間 ができる。
↓
土の中に 水 がたまる。

❸ 「たくさんの生物」には、どのようなものがいると言っていますか。三つ書きましょう。※順番はちがっていてもよい。

（たくさんの種類の植物。）
（植物をえさとするさまざまな動物。）
（植物をえさとする動物を食べる肉食性の動物。）

❹ 「全国から急速にすがたを消していきました。」とありますが、ブナがすがたを消した理由は何ですか。

（木材として利用価値の高いスギやヒバに植えかえられたから。）

❺ 白神山地にブナの森が残った理由は何ですか。三十一字と二十八字でさがし、それぞれ初めと終わりの五字を書きぬきましょう。

ヒント：すぐ前の部分に注目しよう。

都市部から～だったから
わざわざ白～かったから

❻ 「白神山地の自然の豊かさを見直す気運が高まってきました。」とありますが、その理由をまとめました。あてはまる言葉を二十八字と十六字でさがし、初めと終わりの五字を書きぬきましょう。

ヒント：問いかけの後に、理由は「～から」という形で書かれているよ。

白神山地のブナの森は、
人の手が加～も広い面積
であるうえに、
多様な生物～であること
がわかってきたから。

準備 64~65ページ

「古典」を楽しむ／かなづかいで気をつけること／漢字の成り立ち

かくにん 新しい漢字

師　枝　似　演　貧　築　政　税

賞　興　因　武　眼　財　額　紀

1 □に読みがなを書きましょう。

①（しょうひん）賞品を得る。
②（かわら）河原で遊ぶ。
③（ぜいきん）税金の使い方。
④（きんがく）金額を示す。
⑤（えだ）木の枝をおる。
⑥（えん）演劇を見る。

◆特別な読み方の言葉

2 □に漢字を、（　）に漢字と送りがなを書きましょう。

① 人類の 財産（ざいさん）。
② 日本の 政治（せいじ）。
③ 興味（きょうみ）を持つ。
④（似た）（にた）顔。
⑤ 城を（築く）（きずく）。
⑥（貧しい）（まずしい）国。

「古典」を楽しむ

3 正しい意味に○をつけましょう。

① 古くから読みつがれてきた作品。
ア（○）長い間読み続けられてきた。
イ（　）読むべきものとされてきた。

② おごりたかぶる人。
ア（　）自由きままにふるまうこと。
イ（○）思い上がった態度をとること。

③ 国がほろびる。
ア（○）おとろえて、なくなること。
イ（　）人がいなくなってしまうこと。

④ はんえいをきわめた国。
ア（○）豊かになって栄えること。
イ（　）有名になって知られること。

4 次の□にあてはまるものを□から全て選びましょう。

① 今から六百年ほど前の室町時代から行われるようになった演劇。（ア　エ）
② 今から四百年ほど前の江戸時代から始まった演劇。（イ　ウ）

※①②ともに順番はちがっていてもよい。

ア 能　イ 人形浄瑠璃　ウ 歌舞伎　エ 狂言

かなづかいで気をつけること

5 正しいかなづかいに○をつけましょう。

① 漢字とかなが交（じ・ぢ）る。　答え：じ
② 動物園で、（おう・おお）かみを見た。　答え：おお
③ 少し（づつ・ずつ）やっていこう。　答え：ずつ

漢字の成り立ち

6 次の漢字は、成り立ちから、□のどれにあたりますか。記号を書きましょう。

① 川（ア）　② 財（エ）　③ 二（イ）
④ 因（ウ）　⑤ 名（ウ）　⑥ 耳（ア）
⑦ 週（エ）　⑧ 下（イ）　⑨ 飼（エ）

ア 物の形をかたどった漢字（象形文字）
イ 意味を図形や記号で表した漢字（指示文字）
ウ 漢字の意味を組み合わせた漢字（会意文字）
エ 意味を表す部分と、音を表す部分とを組み合わせた漢字（形声文字）

---

❷ ――線のある段落から、水がブナの森の中でたくわえられていく流れを読み取りましょう。

❸ 直前の内容に注目しましょう。ブナの森の中に生きている多くの植物と、さまざまな動物の関係について説明しています。指示語である「それ」「それら」のさしているものを明らかにして答えを書きましょう。

❹ ――線がある段落で説明されています。木材の価値という点からブナよりもスギやヒバが大切にされてきました。

❺ 第六段落で、白神山地が、人がかんたんに入っていけないような場所にあったことと、苦労してブナを得る必要がなかったことが説明されています。

❻ ――線部直後の一文に注目しましょう。33行め「……からです」と理由を述べています。

4 ①能と狂言は今から六百年ほど前の室町時代から行われるようになりました。狂言は登場人物のおかしなやりとりなど、楽しく演じられています。

②人形浄瑠璃と歌舞伎は今から四百年ほど前の江戸時代から始まりました。人形浄瑠璃では、物語に合わせて人形を動かして演じます。

5 言葉をかなで書くときの書き表し方を「かなづかい」といいます。日本語は、たいてい、発音どおりに書きますが、注意が必要なものもいくつかあります。

①「ジ」と発音する場合は、ふつうは「じ」と書きます。

②「おおかみ」は歴史的なかなづかいでは「おほかみ」と書いていました。このように歴史的かなづかいで才段を伸ばすときに「ほ」をそえて書くものは、現代では「お」をそえて書きます。

6 ②「財」は意味を表す「貝」の部分と音を表す「才」の部分から成り立つ形声文字です。

⑤「名」は「口（くち）」と「夕（夕方）」が組み合わさり、夕方の暗い中で人に自分の名前を名乗ることから、「名」の意味を表す会意文字です。

⑧「下」は高さの基準をしめす横線の下に縦線と点を合わせた指示文字です。

練習　66〜67ページ

「古典」を楽しむ

文章を読んで、答えましょう。

【A】

今は昔、竹取の翁といふ者ありけり。野山にまじりて竹を取りつつ、よろづのことに使ひけり。名をば、さぬきの造となむいひける。

その竹の中に、もと光る竹なむ一筋ありける。あやしがりて寄りて見るに、筒の中光りたり。それを見れば、三寸ばかりなる人、いとうつくしうてゐたり。

〈現代語訳〉

今から見れば昔のことですが、竹取の翁という人がいました。野や山に入って竹を取っては、さまざまなことに使っていました。名前をさぬきの造といいました。

その竹の中に、根もとの光る竹が一本ありました。不思議に思って近づいて見ると、筒の中が光っていました。その中を見ると、三寸（約十センチメートル）ほどの人が、とてもかわいらしいすがたですわっていました。

【B】

祇園精舎の鐘の声、諸行無常のひびきあり。沙羅双樹の花の色、盛者必衰のことわりをあらはす。おごれる人も久しからず、ただ春の夜の夢のごとし。たけき者もつひにはほろびぬ、ひとへに風の前のちりに同じ。

〈現代語訳〉

祇園精舎の鐘の音には、全ての物事は移り変わるということを思い起こさせるひびきがある。（お釈迦様がなくなった時に白くなったという）沙羅双樹の花の色は、勢いのさかんな者も、いつかはおとろえるということを表している。

おごりたかぶる人も長くは続かない、まるで春の夜の夢のようだ。力の強い者もいつかはほろびてしまう、全く風にふき飛ぶちりと同じだ。

「『古典』を楽しむ」より

❶ 【A】について、答えましょう。

① 「竹取の翁」の名前は何ですか。また、どのようなことをしていましたか。（　）にあてはまる言葉を現代語訳の中から書きぬきましょう。

名前は（さぬきの造）で、（野や山に入って竹を取っては、さまざまなことに使って）いた。

② 「竹取の翁」が見つけた竹はどのようになっていましたか。現代語訳の中の言葉を使って書きましょう。

（例 根もとが光っていた。）

③ 「あやしがりて」の意味を、現代語訳の中から七字で書きぬきましょう。

不思議に思って

④ 「竹取の翁」が見つけた竹の筒の中には、どんな人がいましたか。また、その人はどんなすがたでいましたか。現代語訳の中の言葉を使って書きましょう。

どんな人（例 三寸ほどの人。）

すがた（例 とてもかわいらしいすがた。）

ヒント　現代語訳の二段落めに注目しよう。

❷ 【B】について、答えましょう。

① 「祇園精舎の鐘の声」は何を思い起こさせますか。現代語訳の中から十六字で書きぬきましょう。

全ての物事は移り変わるということ

② 「沙羅双樹の花の色」は何を教えていますか。現代語訳の中から二十四字で探し、初めと終わりの五字を書きぬきましょう。

勢いのさか〜ということ

ヒント　現代語訳の二文め「花の色は、」のあとの部分に注目しよう。

③ 「春の夜の夢」と同じようにたとえを表している言葉を、【B】の中から六字で書きぬきましょう。

風の前のちり

❸ 『竹取物語』『平家物語』について、あてはまるものに○、あてはまらないものに×をつけましょう。

ア（○）『平家物語』の作者はわかっていない。

イ（○）『竹取物語』は、日本で一番古い物語といわれる。

ウ（×）『平家物語』は、今から約千百年ほど前に作られた。

エ（×）『竹取物語』は、琵琶法師が語り伝えた。

オ（○）『平家物語』は、平家と源氏の争いをえがいている。

❶ ①現代語訳の第一段落で「竹取の翁」の説明がされています。

②「根もとの光る竹」があった、とあります。

③「あやしがる」は「不思議に思う」という意味です。

④竹の中には三寸ほどの人がいた、とあります。現代の単位では、一寸は約三センチメートルになります。

❷ ③「ごとし」は「〜と同じようだ」という意味です。

❸ 『平家物語』は約八百年ほど前に作られ、琵琶法師が語り伝えました。琵琶法師とは、「琵琶」という楽器をひきながらいろいろな物語を語った人達のことです。『平家物語』は約八百年ほど前に作られたので、ウはあてはまりません。琵琶法師が語り伝えたのは『平家物語』なので、エはあてはまりません。

確かめのテスト①　68〜69ページ

世界遺産　白神山地からの提言　〜　漢字の広場④　漢字の成り立ち

おうちのかたへ

資料文を読むときは、何について述べられているのかを正確に読み取るようにします。

意見文は、根拠とともに、意見をわかりやすくまとめるようにしましょう。

文章を読んで、答えましょう。　思考・判断・表現

白神山地の世界遺産地域は、「核心地域」と「緩衝地域」とよばれる、二つの地域に分けられています。

核心地域では、「人の手を加えず、自然の推移に委ねること」を基本とし、特別の場合をのぞいて、自然を変化させるおそれのあることは、いっさいしてはいけないことになっています。ここでは、人が入ることが規制されており、山に入るときは、「入山届出書」を出さなければなりません。

この方法は、自然を守るという点では適切です。しかし、人間と自然が、深く自由にふれ合うことがむずかしくなります。

一方、緩衝地域は規制がゆるく、自由に入ることが許され、人間がたやすく自然とふれ合うことができる場所になっています。ただし、大規模な観光施設はなく、遊歩道なども、できるだけ自然のすがたを変えないように造られています。もちろん、核心地域と同様に、樹木の伐採などは行えません。

緩衝地域は、この限られた条件の中で人間が自然とふれ合う活動を受け止め、核心地域にえいきょうがおよぶことを最小限にとどめています。それは、静かな港を守る「防波堤」のような役割を果たしているのです。

このように、世界遺産地域では、さまざまなきまりを作って、教育や観光のために人が入れる部分を設けています。これは、世界遺産が、自然をただ守るだけでなく、人々を直接、自然にふれさせることによって、人の手の加わっていない自然のすばらしさや大切さを体験してもらい、自然保護の気運を高める役割もになっている、という考えにもとづいているからです。

牧田 肇「白神山地の自然保護——『緩衝地域』の役割」より

1 よく出る　白神山地の「核心地域」について、答えましょう。

① 「核心地域」の基本となっているのは、どのようなことですか。書きぬきましょう。　10点

（人の手を加えず、自然の推移に委ねること）

② 「核心地域」において、してはならないとされているのは、どのようなことですか。書きぬきましょう。　10点

（自然を変化させるおそれのあること）

③ 「核心地域」で行われている方法のよい点と、よくない点をそれぞれ書きましょう。　一つ10点（20点）

よい点（例 自然を守るという点。）

よくない点（例 人間と自然が深く自由にふれ合うことがむずかしい点。）

2 できたらスゴイ！　白神山地の「緩衝地域」について、答えましょう。

① 「緩衝地域」は、どのような場所ですか。　10点

（人間がたやすく自然とふれ合うことができる場所。）

② 「緩衝地域」の中に、観光施設が造られていないのは、なぜですか。理由を書きましょう。　10点

（例 できるだけ自然のすがたを変えないため。）

③ 「『防波堤』のような役割」とは、何をすることをたとえた言葉ですか。（　）にあてはまる言葉を書きぬきましょう。　二つできて10点

人間の活動による（えいきょう）を（最小限）にとどめること。

④ 「自然保護の気運を高める」ためには何が必要だと言っていますか。文章中の言葉を使って書きましょう。　10点

（例 人々が自然に直接ふれて、人の手の加わっていない自然のすばらしさや大切さを体験すること。）

3 白神山地の「核心地域」と「緩衝地域」の両方で、してはならないとされていることは何ですか。五字で書きぬきましょう。　5点

樹木の伐採

4 考えを書こう　「このように」から始まる段落に書かれている考え方について、あなたの立場を決め、自分自身の意見を簡潔に書きましょう。　15点

（例 わたしは、人間が自然にふれると、どうしても自然はこわされていくので、人間がふれるようにしないほうがいいと思います。）

---

1 ①「核心地域」は、人の手を加えて自然を変えないために、立ち入りが禁じられています。②6〜7行めに、「山に入るときは、『入山届出書』を出さなければなりません。」とあります。③第三段落から「適切」「むずかしい」という点をそれぞれ読み取りましょう。

2 ①第四段落に、規制がゆるく、人が入って自然とふれ合うことができる場所とあります。②12〜13行めに「遊歩道なども、できるだけ自然のすがたを変えないように……」とあります。③「緩衝地域」が、どのようにして「核心地域」を守っているのかを読み取りましょう。④——線の前で、人が自然に直接ふれることが必要だと述べています。

3 13〜14行めに「核心地域と同様に、……」とあります。

4 人が自然にふれるべきか、ふれてはいけないかについて、自分の意見を決め、それを支える理由とともに書くことができたら正解です。

例2 私は、自然を守るためには自然について知る必要があるので、白神山地のような決まりを作り、人間はもっと自然にふれるべきだと思います。

確かめのテスト② 70~71ページ

世界遺産　白神山地からの提言 ～ 漢字の広場④　漢字の成り立ち

1 読みがなを書きましょう。　一つ2点(20点)

① こん虫 採集。（さいしゅう）
② 主張 を曲げない。（しゅちょう）
③ 解決法を 提案 する。（ていあん）
④ 兄は 漁師 になる。（りょうし）
⑤ 河原 におりる。（かわら）
⑥ 試合に 興 奮する。（こう）
⑦ 眼科 に通う。（がんか）
⑧ ねこの 額 ほどの庭。（ひたい）
⑨ 休み時間を 設 ける。（もう）
⑩ 武者 ぶるいする。（むしゃ）

2 □に漢字を、（　）に漢字と送りがなを書きましょう。　一つ2点(20点)

① 参加する 条件（じょうけん）。
② しめ切りの 期限（きげん）。
③ ミュージカルの 公演（こうえん）。
④ 政治（せいじ）のニュース。
⑤ 台風が 接近（せっきん）する。
⑥ 世紀（せいき）末の物語。
⑦ 梅の 枝（えだ）に結ぶ。
⑧ ビルを 建築（けんちく）する。
⑨ 原因（げんいん）を調べる。
⑩ 健康を（保つ）（たもつ）。

3 ――線の言葉の意味を□から選んで、記号を書きましょう。　一つ2点(16点)

① よろづのことに使ひけり（エ）
② もと光る竹なむ一筋ありける（イ）
③ あやしがりて寄りて見るに（カ）
④ いとうつくしうてゐたり（ク）
⑤ うつくしうてゐたり（ア）
⑥ おごれる人も久しからず（キ）
⑦ 春の夜の夢のごとし（オ）
⑧ ひとへに風の前のちりに同じ（ウ）

ア とても　イ ～のようだ　ウ さまざまなこと　エ 全く　オ 根もと　カ 長くは続かない　キ 不思議に思って　ク すわっていた

4 正しいかなづかいを選んで、記号に○をつけましょう。　一つ2点(10点)

① 暑いので（ア○ こおり／イ こうり）を食べる。
② 父がいつも（ア ゆう／イ○ いう）言葉。
③ 早口言葉は、とても言い（ア ずらい／イ○ づらい）。
④ 「（ア○ こんばんは／イ こんばんわ）。今日は寒い一日でしたね。」
⑤ 幸せは（ア みじか／イ○ みぢか）（身近）なところにある。

5 次の漢字の成り立ちについて、次の問いに答えましょう。

(1) 次の漢字と同じ成り立ちの漢字を□から選んで、記号を書きましょう。　一つ3点(12点)

① 手（イ）　② 位（エ）　③ 週（ア）　④ 末（ウ）

ア 飼　イ 矢　ウ 上　エ 間

(2) 次の漢字を、意味を表す部分と、音を表す部分に分けましょう。　二つできて8点

額　意味（頁）　音（客）

6 『平家物語』の中の次の部分に書かれていることについて、あなたの意見を考えて書きましょう。　14点

たけき者もつひにはほろびぬ、ひとへに風の前のちりに同じ。
たけき者…力の強い者。

例 人間はいつまでも強くあることはできないから、けんきょにふるまうことを心がけるとよいと思います。

準備 72~73ページ

雪わたり／「図書すいせん会」をしよう／言葉で伝える、心を伝える

かきトリ！ 新しい漢字

燃（ネン／もえる・もやす）16画 教科書36ページ　粉（フン／こ・こな）10画 41ページ　断（ダン／ことわる）11画 42ページ
寄（キ／よる・よせる）11画 53ページ　判（ハン・バン）7画 60ページ　往（オウ）8画 64ページ

1 □に読みがなを書きましょう。

① 物体が 燃焼 する。（ねんしょう）
② 断面図 をかく。（だんめんず）
③ 往来 の多い道。（おうらい）
④ 小麦粉 を買う。（こむぎこ）
⑤ 寄 り道する。（よ）
⑥ 小判 のレプリカ。（こばん）

2 □に漢字を、（　）に漢字と送りがなを書きましょう。

① 身を 粉（こ）にして働く。
② 博物館に 寄付（きふ）する。
③ 油断（ゆだん）してはいけない。
④ 花粉（かふん）が飛ぶ時期。
⑤ 誘いを（断る）（ことわる）。
⑥ たきぎが（燃える）（もえる）。

雪わたり

3 正しい意味に○をつけましょう。

① 無実の罪に問われる。
ア○ 事実ではないこと。
イ わすれてしまったこと。

② おくびょうなうさぎ。
ア 落ちつきがなく、あわてやすいこと。
イ○ 気が小さくて、こわがりやすいこと。

③ だんごに目がくらむ。
ア○ 心がうばわれること。
イ まんまとだまされること。

「図書すいせん会」をしよう

4 ①～②の問いに答えましょう。

① 本をすいせんするためにポップや帯紙を作るとき、気をつけることとして正しいものを一つ選びましょう。
ア 自分の好みや感想を強くおしつける。
イ 本の内容とは関係なくても、手に取りたくなるような言葉をならべる。
ウ○ 本の内容を、読んでみたくなるような短い言葉にまとめて書く。

② 本をすいせんするために作った新聞や、ポスターやポップを図書館で置く場所として最もよいものを一つ選びましょう。
ア 本を借りるためのカウンター
イ 本を調べるためにあるつくえの上
ウ○ 取り上げた作者の本が置いてある本だなのそば

言葉で伝える、心を伝える

5 次のような約束をしたかなさんとさえこさんは、会うことができませんでした。会えなかった理由に○をつけましょう。

かな　あした、いっしょに遊びに行こうよ。
さえこ　うん、いいよ。どこで待ち合わせる？
かな　十時に○○駅にしよう。大きな駅だよ、わかるよね。
さえこ　わかるよ、十時に○○駅だね。

ア 遊びに行く場所を、正確に決めなかったから。
イ 着ていく洋服を、おたがいに伝えなかったから。
ウ○ ○○駅のどの場所か、正確に決めなかったから。
エ ○○駅の場所を、正確に伝えなかったから。

雪わたり

3分でワンポイント　雪わたりのあらすじをまとめよう。

★だれ（主な人物）　登場する人の名前を書きましょう。

（四郎）…男の子。（兄）
（かん子）…女の子。（妹）
（紺三郎）…きつねの子。

★何（起こったこと）　（　）にあてはまる言葉を□から選びましょう。

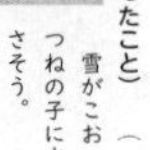
雪がこおった日、兄と妹が、（イ）の近くできつねの子に出会う。きつねの子は二人を（エ）にさそう。

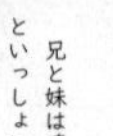
兄と妹は晴れた夜に出かけ、きつねの学校生徒といっしょに、二枚の（ウ）と一枚の絵を見る。

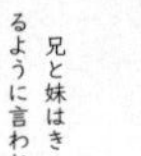
兄と妹はきつねたちから（ア）をもらい、食べるように言われる。二人が食べると、きつねたちはおどり上がって喜ぶ。

ア きびだんご　イ 森　ウ 写真　エ 幻灯会

---

4 ①オ段をのばすときは、基本「おとうさん」のように「う」をそえて書きますが、「こおり」は歴史的かなづかいで「こほり」と書くため、現代のかなづかいでは「こおり」と「お」をそえて書きます。

③「つらい」はほかの言葉につくと「づらい」となります。

⑤「みぢか」となるのは、「近」の読み方である「ちか」がにごったからです。

5 (1)漢字の成り立ちの四つの種類について、正しく理解しましょう。

(2)「額」は「頁」と「客」で構成される形声文字です。「頁」は「頭」を意味し、「客」は音を表します。

6 力の強い人もいつかはほろびるという考え方について、自分はどのように考えるのか、意見を書きましょう。意味が通っていれば正解とします。

例2 強い人もいつかはほろびるように、すべてのものは変化していくので、その変化に対応できるよう常に成長する人になりたいと思います。

4 ①本をすいせんするためのポップや帯紙なので、イは正しくありません。

②本をすいせんする新聞やポスターを取り上げた本のそばに置くと、新聞などを見て、すぐに本を見つけて手に取ることができます。

5 遊びに行く場所を決めなくても、待ち合わせる場所を決めれば会うことができるので、アはふさわしくありません。

かなさんとさえこさんはお互いの顔を知っており、着ている洋服を伝えなくても会うことができるので、イはふさわしくありません。

「……○○駅だよ、わかるよね。」「わかるよ、……」とあるので、二人とも○○駅の場所を知っています。エはふさわしくありません。

3分でワンポイント

「雪わたり（宮沢賢治）」の中で四郎とかん子がどのような体験をするのかを整理しておきましょう。不思議な物語なので、順を追ってだれが何をしたか、何が起こったかを整理しましょう。

練習① 74~75ページ

雪わたり

文章を読んで、答えましょう。


雪がすっかりこおって大理石よりもかたくなり、空も冷たいなめらかな青い石の板でできているらしいのです。

「かた雪かんこ、しみ雪しんこ。」

お日様が、真っ白に燃えてゆりのにおいをまき散らし、また雪をぎらぎら照らしました。

木なんか、みんなザラメをかけたようにしもでぴかぴかしています。

「かた雪かんこ、しみ雪しんこ。」

四郎とかん子とは、小さな雪ぐつをはいてキックキックキック、野原に出ました。

こんなおもしろい日が、またとあるでしょうか。いつもは歩けないきびの畑の中でも、すすきでいっぱいだった野原の上でも、好きな方へどこまでも行けるのです。平らなことは、まるで一枚の板です。そしてそれが、たくさんの小さな小さな鏡のようにキラキラキラキラ光るのです。

「かた雪かんこ、しみ雪しんこ。」

二人は、森の近くまで来ました。大きなかしわの木は、枝もうずまるくらい立派なすきとおったつららを下げて、重そうに体を曲げておりました。

「かた雪かんこ、しみ雪しんこ。きつねの子ぁ、よめぃほしい、ほしい。」

と、二人は森へ向いて高くさけびました。

しばらくしいんとしましたので、二人はもう一度さけぼうとして息をのみこんだ時、森の中から、

「しみ雪しんしん、かた雪かんかん。」

と言いながら、キシリキシリ雪をふんで、白いきつねの子が出てきました。

四郎は、少しぎょっとしてかん子を後ろにかばって、しっかり足をふんばってさけびました。

「きつねこんこん白ぎつね、およめほしけりゃ、とってやろよ。」

するときつねが、まだまるで小さいくせに、銀のはりのようなおひげをピンと一つひねって言いました。

「四郎はしんこ、かん子はかんこ、おらはおよめはいらないよ。」

四郎が笑って言いました。

「きつねこんこん、きつねの子、およめがいらなきゃもちやろか。」

するときつねの子も、頭を二つ三つふって、おもしろそうに言いました。

「四郎はしんこ、かん子はかんこ、きびのだんごをおれやろか。」

かん子も、あんまりおもしろいので、四郎の後ろにかくれたまま、そっと歌いました。

宮沢 賢治「雪わたり」より

❶「こおった雪」「空」「木におりたしも」「野原の上」をたとえた言葉を、それぞれ□の字数で書きぬきましょう。

こおった雪　大理石 よりもかたい。
空　青い石の板
木におりたしも　ザラメ
野原の上　一枚の板

❷「こんなおもしろい日」と言っているのは、なぜですか。次の□にあてはまる言葉を書きぬきましょう。

きびの畑 も、野原 もどこまでも行けるうえに、ずっと 平ら で、よく 光る のが見えるから。

❸「大きなかしわの木」は、どのような様子でしたか。二十六字でさがして、初めと終わりの五字を書きぬきましょう。

立派なすき ～ 体を曲げて いた。

ヒント　直後に書かれていることに注目しよう。

❹「しいんとしました」とは、どのような様子を表していますか。一つに○をつけましょう。

ア（〇）二人の周囲がとてもしずまりかえっている様子。

イ（　）二人が急に悲しい気持ちになってしまった様子。

ウ（　）二人の声が森の中に少しずつ消えていった様子。

❺「少しぎょっとして」とありますが、四郎がおどろいたのは、なぜですか。理由を書きましょう。

（例 森の中から白いきつねの子が出てきたから。）

❻「足をふんばって」とは、どのような様子を表していますか。一つに○をつけましょう。

ア（　）こわがっていることをかくそうとしている様子。

イ（　）すぐにでもにげ出せるように準備している様子。

ウ（〇）相手に負けないように、力をこめている様子。

❼「銀のはりのようなおひげをピンと一つひねって」とは、どのような様子を表していますか。一つに○をつけましょう。

ア（　）いばりちらしている様子。

イ（〇）大人ぶって見せている様子。

ウ（　）相手を見下している様子。

❽かん子が楽しんでいる様子がわかる文をさがして、初めの五字を書きぬきましょう。（句読点をふくみます。）

かん子も、

ヒント　直前の「まるで小さいくせに」に注目しよう。

❶「ザラメ」とは「つぶのあらいさとう」です。

❷四郎とかん子は、冬の景色を喜んでいます。景色の様子を読み取りましょう。

❸直後の部分で様子が述べられています。その内容をまとめましょう。

❺何があって「ぎょっと」おどろいたのか、直前の文から読み取りましょう。

❻「足をふんばる」とは「足に力を入れて立ち、たおれたり、動いたりしないようにする」という意味です。

❼「まだまるで小さいくせに」とあることから考えましょう。「まだ、子ぎつねなのに」という意味です。

❽主語が「かん子」である文に注目すると見つけやすいでしょう。最後の一文に「かん子も、あんまりおもしろいので、……」とあります。

練習② 76~77ページ

雪わたり

文章を読んで、答えましょう。


見ると、もうきつねの学校生徒が、たくさん集まって、くりの皮をぶっつけ合ったりすもうをとったり、ことにおかしいのは、小さな小さなねずみぐらいのきつねの子が、大きな子どものきつねのかたぐるまに乗って、お星様を取ろうとしているのです。

みんなの前の木の枝に、白い一枚のしきふが下がっていました。

不意に後ろで、

「こんばんは、よくおいででした。先日は失礼いたしました。」

と言う声がしますので、四郎とかん子とは、びっくりしてふり向いて見ると、紺三郎です。

紺三郎なんか、まるで立派なえんび服を着て、すいせんの花をむねにつけて、真っ白なハンケチでしきりにそのとがったお口をふいているのです。

四郎は、ちょっとおじぎをして言いました。

「このあいだは失敬。それから今晩はありがとう。このおもちをみなさんであがってください。」

きつねの学校生徒は、みんなこっちを見ています。

紺三郎は、むねをいっぱいに張って、すましてもちを受け取りました。

「これはどうもおみやげをいただいてすみません。どうかごゆるりとなすってください。もうすぐ幻灯も始まります。わたしはちょっと失礼いたします。」

紺三郎は、おもちを持って、向こうへ行きました。

きつねの学校生徒は、声をそろえてさけびました。

「かた雪かんこ、しみ雪しんこ、かたいおもちはかったらこ、白いおもちはべったらこ。」

まくの横に、

「寄贈、おもちたくさん、人の四郎氏、人のかん子氏」と、大きな札が出ました。きつねの生徒は、喜んで、手をパチパチたたきました。

その時、ピーと笛が鳴りました。

紺三郎が、エヘンエヘンとせきばらいをしながらまくの横から出てきて、ていねいにおじぎをしました。みんなはしんとなりました。

「今夜は美しい天気です。お月様は、まるで真珠のお皿です。お星様は、野原のつゆがキラキラ固まったようです。さて、ただ今から幻灯会をやります。みなさんは、またたきやくしゃみをしないで、目をまんまろに開いて見ていてください。それから、今夜は大切な二人のお客様がありますから、どなたも静かにしないといけません。決して、そっちの方へくりの皮を投げたりしてはなりません。開会の辞です。」

みんな喜んで、パチパチ手をたたきました。そして四郎が、かん子にそっと言いました。

「紺三郎さんはうまいんだね。」

宮沢 賢治「雪わたり」より

❶「きつねの学校生徒」は何をしていましたか。三つ書きましょう。※順番はちがっていてもよい。

（くりの皮をぶつけ合っていた。）

（すもうをとっていた。）

（小さなきつねの子が大きなきつねのかたに乗って、お星様を取ろうとしていた。）

❷紺三郎は、現れた時どのような様子でしたか。次にあてはまる言葉を書きぬきましょう。

立派なえんび服 を着て、
すいせんの花 をむねにつけて、
真っ白なハンケチ で口をふいていた。

❸四郎たちはきつねたちのところに何を持ってきましたか。三字で書きぬきましょう。

おもち

❹「むねをいっぱいに張って、すましてもちを受け取りました。」とありますが、これは紺三郎のどのような様子を表していますか。一つに○をつけましょう。

ア（　）うれしい気持ちをさとられまいとする様子。

イ（　）自分の方が強いことを教えようとする様子。

ウ（〇）みんなの前で立派にふるまおうとする様子。

ヒント　紺三郎の着ている服やみんなが見ていることに注目しよう。

❺「声をそろえてさけびました。」とありますが、これはきつねの学校生徒のどのような気持ちを表していますか。一つに○をつけましょう。

ア（　）幻灯を待ちわびて、おこっている気持ち。

イ（〇）おみやげをもらって喜んでいる気持ち。

ウ（　）紺三郎の様子をからかっている気持ち。

❻紺三郎がみんなの前で話したことはどのようなことですか。一つに○をつけましょう。

ア（〇）幻灯会を見ている間の注意点。

イ（　）これから始まる幻灯会のだいたいのところ。

ウ（　）みんなへの、四郎とかん子のしょうかい。

ヒント　大きな札が出た後の様子にも気持ちが表れているよ。

❼「手をたたきました。」とありますが、きつねの学校生徒のどのような気持ちを表していますか。一つに○をつけましょう。

ア（　）紺三郎の話がおもしろいので、はやそうとする気持ち。

イ（　）四郎とかん子からおもちをもらって、うれしい気持ち。

ウ（〇）いよいよ幻灯会が始まることに、わくわくする気持ち。

❶「見ると」の直後に「きつねの学校生徒」の様子が述べられています。きつねの学校生徒は幻灯会が始まるのを待ちながら、それぞれ勝手に遊んでいます。どのきつねも楽しそうな気持ちにあふれていることが、よく伝わってきます。

❷紺三郎は、子どものきつねらしくない服を着ています。「紺三郎なんか、まるで……」とある文に注目しましょう。

❸「このおもちをみなさんであがってください。」と四郎は言っています。「おみやげ」として、「おもち」を持ってきたのです。

❹「むねをいっぱいに張って」とは、「自信に満ちた態度」を表しています。

❺きつねの学校生徒は、おみやげのおもちをもらって喜んでいます。

❻「～てください」「～ないといけません」「～してはなりません」という口調で話しています。

❼直前の紺三郎の話や、生徒たちが紺三郎の話の前に「しんと」なったことなどを考えて、選びましょう。

確かめのテスト① 78～79ページ

雪わたり ～ 言葉の広場⑤ 言葉で伝える、心を伝える

おうちのかたへ

作品全体を通して、強く心に残った場面の情景描写を選んでみましょう。なぜその場面が印象的だったのかを考えることで、物語の表現をより深く味わうことができます。

文章を読んで、答えましょう。　思考・判断・表現

笛がピーと鳴りました。

『わなをけいべつすべからず』と、大きな字がうつり、それが消えて、絵がうつりました。きつねのこん兵衛が、わなに左足をとられた景色です。

「きつねこんこんきつねの子、
去年きつねのこん兵衛が
左の足をわなに入れ
こんこんばたばた
こんこんこん。」

と、みんなが歌いました。

四郎が、そっとかん子に言いました。

「ぼくの作った歌だねい。」

絵が消えて、『火をけいべつすべからず』という字が現れました。それも消えて、絵がうつりました。きつねのこん助が焼いたお魚を取ろうとして、しっぽに火がついたところです。

きつねの生徒が、みなさけびました。

「きつねこんこんきつねの子、
去年きつねのこん助が
焼いた魚を取ろとして
おしりに火がつき
きゃんきゃんきゃん。」

笛がピーと鳴り、まくは明るくなって、紺三郎がまた出てきて言いました。

「みなさん。今晩の幻灯はこれでおしまいです。今夜みなさんは、深く心にとめなければならないことがあります。それは、きつねのこしらえたものを、かしこい少しもよわない人間のお子さんが食べてくだすったということです。そこでみなさんは、これからも、大人になっても、うそをつかず、人をそねまず、わたしどもきつねの今までの悪い評判をすっかりなくしてしまうだろうと思います。閉会の辞です。」

きつねの生徒は、みんな感動して、両手を上げ、ワーッと立ち上がりました。そして、キラキラなみだをこぼしたのです。

紺三郎が、二人の前に来て、ていねいにおじぎをして言いました。

「それでは。さようなら。今夜のごおんは決してわすれません。」

二人も、おじぎをして、うちの方へ帰りました。きつねの生徒たちが、追いかけてきて、二人のふところやかくしに、どんぐりだのくりだの青光りの石だのを入れて、

「そら、あげますよ。」

「そら、取ってください。」

なんて言って、風のようににげ帰っていきます。

紺三郎は笑って見ていました。

宮沢賢治「雪わたり」より

---

❶ きつねのこん兵衛は去年、どのような目にあいましたか。文中から十字で書きぬきましょう。　6点

（わなに左足を取られた）

❷ 「みんなが歌いました。」とありますが、みんなが歌っている歌はだれがつくった歌ですか。名前を書きましょう。　6点

（四郎）

❸ 「火をけいべつすべからず」とは、どのような意味を表していますか。一つに○をつけましょう。　6点

ア（　）火は大切なものだということ。
イ（○）火にはよく注意しろということ。
ウ（　）火は正しく使えということ。

❹ きつねのこん助は去年、どのような目にあいましたか。　6点

（例 焼いた魚を取ろうとして、おしりに火がついた。）

❺ 幻灯会の様子にあてはまらないもの一つに○をつけましょう。　6点

ア（　）幻灯を見て、きつねたちは声をたてて歌っていた。
イ（○）幻灯には、笛の音のおはやしがついていた。
ウ（　）幻灯会が終わると紺三郎は四郎とかん子にお礼を言った。

よく出る
❻ 「深く心にとめなければならないこと」とは、どのようなことですか。文中の言葉を使って書きましょう。　15点

（例 人間のお子さんがきつねのこしらえたものを食べてくれたこと。）

できたらスゴイ！
❼ 紺三郎は、きつねの生徒にどのようにしてほしいと言っていますか。文中の言葉を使って書きましょう。　15点

（例 大人になってもうそをつかず、人をそねまず、きつねの悪い評判をなくしてほしい。）

❽ 紺三郎の言葉を聞いて、きつねの生徒はどのようになりましたか。文中の言葉を使って書きましょう。　10点

（例 感動して立ち上がり、なみだをこぼした。）

❾ きつねの生徒は二人に何をくれましたか。三つ書きぬきましょう。　一つ5点（15点）

どんぐり　くり　青光りの石

考えを書こう
❿ 「紺三郎は笑って見ていました。」の場面で、紺三郎はどのような気持ちだったでしょうか。考えて書きましょう。　15点

（例 他のきつねの生徒たちも、四郎とかん子に感謝しているのを喜ぶ気持ち。）

---

❶ うつし出された景色ときつねの生徒が歌っている内容に注目しましょう。

❷ 四郎が「ぼくの作った歌だねい。」と言っています。

❸ うつし出された絵ときつねの生徒が歌っている内容に注目しましょう。

❹ 「焼いた魚を取ろうとして、しっぽに火がついた。」でも正解とします。

❺ イの内容は文中に書かれていません。笛の音が合図として使われていることからも、ちがうと考えられます。

❻ 次の文で「それは、」と説明しています。

❼ 紺三郎の「そこでみなさんは」という言葉の直後で述べられています。子ぎつねたちが正しく生きていくことを願っています。

❽ 紺三郎の言葉が終わった後のきつねの生徒たちの様子を読み取りましょう。

❾ 「二人のふところやかくしに、……入れて」とあります。

❿ 二人の子どもに色々とものをあげている子ぎつねたちの様子を見て、紺三郎が何を思っていたのか、その情景を思いうかべて自由に考えましょう。

例2 四郎とかん子が紺三郎以外のきつねの生徒となかよくなれて、うれしい気持ち。

確かめのテスト② 80~81ページ

雪わたり ～ 言葉の広場⑤　言葉で伝える、心を伝える

1 読みがなを書きましょう。　一つ2点(8点)

① 粉薬（こなぐすり）を飲む。　② 燃（も）えるような山のもみじ。

③ 評判（ひょうばん）のよい店。　④ 断（ことわ）りの電話を入れる。

2 □に漢字を、（　）に送りがなを書きましょう。　一つ2点(8点)

① 右往左往（うおうさおう）する。　② 自分で判断（はんだん）する。

③ 粉末（ふんまつ）のジュース。

④ 虫に（近寄る）（ちかよる）。

3 次の文章を読んで、季節が分かる言葉を一文からそれぞれ三つずつ書きぬきましょう。また、書かれている季節を答えましょう。　一つ4点(32点)

① 朝起きて、外にでると、あたり一面にしもが広がっていた。街は、つららを下げた木であふれていた。こたつに入っていると温かくて、ねむくなってしまう。

季節がわかる言葉（しも）（つらら）（こたつ）

季節（冬）

② 今日は天気がいいため、海水浴に出かける。家に帰るとすぐ、せん風機の前にすわりこんだ。夕立にふられ、ずぶぬれになる。

季節がわかる言葉（海水浴）（せん風機）（夕立）

季節（夏）

4 （　）にあてはまる言葉を□から選んで、書きましょう。　一つ3点(15点)

① ほしいものを見せられて（目）がくらむ。

② 気に入らずに（口）をとがらせる。

③ しかたがなくて（かた）をすくめる。

④ 得意になって（むね）を張る。

⑤ とてもおいしくて（ほっぺた）が落ちそうだ。

かた　ほっぺた　目　むね　口

5 （　）にあてはまる言葉を□から選んで、記号を書きましょう。　一つ3点(15点)

① 青い石の板でできているような（ウ）。

② しもでザラメをかけたようにぴかぴかの（オ）。

③ 銀のはりのような（ア）。

④ 野原のつゆがキラキラ固まったような（イ）。

⑤ 青いぼうを何本もななめに投げこんだようにさす（エ）。

ア ひげ　イ お星様　ウ 空
エ 月の光　オ 木

6 「図書すいせん会」を行うときに注意することとして、正しいものには○を、正しくないものには×を書きましょう。　一つ2点(8点)

ア（○）本のとくちょうをとらえてすいせんするとよい。

イ（×）同じ作者の本であっても別の本は関係がないので、言わないようにする。

ウ（○）すいせんするポスターを作って、本の後ろに置くとよい。

エ（×）ポップにはなるべく本の一部をのせないようにする。

7 思考・判断・表現　次のたかしさんとけんとさんの会話を読んで、二人は、はじめにどのように伝え合えばよかったのか、会話文で書き直しましょう。　一つ7点(14点)

たかし　教室そうじはすんだから、次は外のそうじをしよう。
けんと　じゃあ、別のそうじ道具を持ってくるよ。
………
たかし　竹ぼうきじゃ、ろうかのふきそうじには向かないよ。
けんと　外って、ろうかのことか。先に言ってほしかったな。

たかしさん（例 次はろうかのふきそうじをしよう。）

けんとさん（例 そうじ道具は何を持ってくればいいかな。）

準備 82~83ページ

雪／はたはたのうた

1 詩を読んで、答えましょう。

【A】

雪　三好（みよし）達治（たつじ）

太郎（たろう）を眠（ねむ）らせ、太郎の屋根に雪ふりつむ。（ロ）
次郎（じろう）を眠らせ、次郎の屋根に雪ふりつむ。（ロ）

【B】

はたはたのうた　室生（むろう）犀星（さいせい）

はたはたといふ（ア）さかな、
うすべにいろのはたはた、
はたはたがとれる日は
はたはた雲といふ（ウ）雲があらはれる。（エ）
はたはたやいてたべるのは
北国のこどものごちそうなり。
はたはたみれば
母をおもふ（オ）も
冬のならひ（カ）なり。

【A】の詩について

(1) この詩はどのような日のことをえがいていますか。

（例 雪がふる（雪がふりつもる））日。

(2) この詩から感じられるもの一つに○をつけましょう。

ア（○）静けさ
イ（　）楽しさ
ウ（　）貧しさ

【B】の詩について

(3) この詩では「はたはた」という言葉のくり返しの中で、「さかな」以外のものをさしたものがあります。それは何ですか。一字で書きぬきましょう。

雲

(4) (3)のように言葉がくり返されることで、どのような効果がありますか。一つに○をつけましょう。

ア（　）はたはたがとれる北国の寒さが強調される。
イ（○）はたはたが強調され、リズムが生まれる。
ウ（　）はたはたの音から「はは（母）」が思いおこされる。

(5) 「はたはたといふさかな」は何色だと言っていますか。六字で書きぬきましょう。

うすべにいろ

(6) 「はたはたがとれる日」には、何が見られると言っていますか。九字で書きぬきましょう。

はたはた雲といふ雲

(7) 「北国のこどものごちそう」とは、何ですか。

（例 やいたはたはた）

(8) 「母をおもふ」ときの気持ちにあてはまるもの一つに○をつけましょう。

ア（○）小さかったころのことを思い出し、なつかしむ気持ち。
イ（　）母のことをさがしまわりながら、不安に思っている気持ち。
ウ（　）母とともにいることを喜び、幸せを感じている気持ち。

(9) 「冬のならひなり」とは、どのような意味ですか。わかりやすく書きましょう。

（例 冬になるといつもすることだということ。）

(10) この詩の内容にあてはまるもの一つに○をつけましょう。

ア（　）おさなく、あどけない思いをうたい上げている。
イ（　）悲しく、うれいに満ちた思いを表現している。
ウ（○）そぼくで、けがれのない思いをうたっている。

---

2 ①「右往左往」とは、「うろたえてあちへ行ったりこっちへ来たりすること」という意味です。「往」を「住」と書きまちがえないようにしましょう。

3 ①「しも」とは、空気中の水分がこおったものです。「しも」「つらら」「こたつ」は全て冬にあらわれたり、使ったりするものです。

4 ①「目がくらむ」とは夢中になって冷静に判断できない様子のことです。

③「かたをすくめる」とはどうしようもないという気持ちを表すジェスチャーです。

⑤「ほっぺたが落ちる」とは食べ物がとてもおいしい様子を表します。

7 はじめの会話で、「外」がどこをさすのか、具体的にどんなそうじ道具を持ってくるのかを伝え合えばよかったのです。

（たかしさん）

例2 次はろうかのふきそうじをしよう。

（けんとさん）

例2 ふきそうじなら、ぞうきんをもってくればいいかな。

1 (1)「雪ふりつむ」とあることに注目しましょう。

(2)「眠（ねむ）らせ」にも注目して、雪がふる日に感じられるものを選びましょう。

(3)「はたはた」がくり返されていますが、【B】の詩の4行めは「はたはた雲」となってます。他はさかなの「はたはた」です。「はたはた雲」とは、はたはたがとれるころに現れる雲のことを、作者がこうよんでいると考えられます。

(4)詩の中の言葉のくり返しは、リズムをつくったり内容を強調したりします。詩の表現技法のひとつです。

(7)「北国のこどものごちそうなり」の主語にあたる部分をさがしましょう。

(8)「母をおもふ」から、母が今はそばにいないことがわかります。また、「こどものごちそう」からは、子どものころのことを思い出しているとわかります。

(9)「ならひ（ならい）」には「世間によくあること」「習慣」の意味があります。

(10)そぼくな感情が歌いあげられています。

準備 84~85ページ

生活をよりよくする提案／和語・漢語・外来語

かきトリ 新しい漢字

衛 過 潔 境 査 航

停 貿 易 婦 酸 講

1 読みがなを書きましょう。

① 老婦人と話す。（ふじん）
② 航海の記録。（こうかい）
③ 国境の町。（こっきょう）
④ 大学の講義。（こうぎ）
⑤ 不衛生にしない。（ふえいせい）
⑥ 過去の記録。（かこ）

2 □に漢字を、□に漢字と送りがなを書きましょう。

① バス停に行く。
② 県境の橋。
③ 地質の調査。
④ 清潔なガーゼ。
⑤ 家で休日を過ごす。
⑥ 易しい問題。

3 正しい意味に○をつけましょう。（生活をよりよくする提案）

① 意見を簡潔に述べる
ア ○ 簡単で、よくまとまっているさま。
イ 内容がいっぱいつまっているさま。

② 意見を提示する。
ア 情報をへんこうすること。
イ ○ 情報を伝えること。

4 提案文を書くときに大切なことについて、□にあてはまる言葉をから選んで、記号を書きましょう。

① 提案したいことを（エ）に示す。
② 提案した理由や（ア）を書く。
③ 提案を（イ）した場合の、期待できる効果を書く。

ア きっかけ　イ 実行　ウ 必要　エ 簡潔

5 次の①~⑥は、なんの特徴を説明したものですか。あとのア~ウから選びましょう。（和語・漢語・外来語）

① イ 古い時代に中国から日本に入ってきた言葉。
② ア 漢字で書いたときに訓で読む。
③ ウ およそ四百五十年くらい前に、ポルトガル語から入ってきたものもある。
④ ア もともと日本語にあった言葉。
⑤ イ 漢字で書いたときに音で読む。
⑥ ウ 漢語以外の、外国から入ってきた言葉。

ア 和語　イ 漢語　ウ 外来語

6 ①・②・③の言葉を、和語・漢語・外来語に分けて表に書き入れましょう。

① 果実　フルーツ　果物
② スタートする　開始する　始める
③ 調べる　リサーチする　調査する

	和語	漢語	外来語
①	果物	果実	フルーツ
②	始める	開始する	スタートする
③	調べる	調査する	リサーチする

準備 86~87ページ

同じ音の漢字

かきトリ 新しい漢字

再 旧 績 均 志 測 暴

検 製 復 授

「績」と「積」は右側が同じ形だね。

1 読みがなを書きましょう。

① 再会を約束する。（さいかい）
② 新製品を試す。（せいひん）
③ 算数の復習をする。（ふくしゅう）
④ 旧市街に行く。（きゅう）
⑤ 検定試験を受ける。（けんてい）
⑥ 会社の業績。（ぎょうせき）
⑦ 志が高い。（こころざし）
⑧ 異常を観測する。（かんそく）
⑨ テストの平均点。（へいきんてん）
⑩ 暴風警報。（ぼうふう）
⑪ 国語の授業。（じゅぎょう）
⑫ 健康になる。（けんこう）

2 □に漢字を、□に漢字と送りがなを書きましょう。

① 旧式のテレビ。
② 成績表をもらう。
③ 大学の教授。
④ 百円均一の店。
⑤ 入学を志願する。
⑥ 品質を検査する。
⑦ 日本製の服。
⑧ 家と学校を往復する。
⑨ 再来年の予定。
⑩ 再び優勝する。
⑪ 子犬が暴れる。
⑫ 身長を測る。
⑬ 入学を祝う。

3 正しい使い方をしているものに○をつけましょう。

① おもちゃの（ア ○ 対象　イ 対照）年れいを調べる。
② （ア 自身　イ ○ 自信）を持って発表する。
③ 演奏会が（ア 会場　イ ○ 開場）する。
④ 真理を（ア 追求　イ ○ 追究）する。

4 □にあてはまる漢字をそれぞれ書きましょう。

① 食べ物を消化する。たき火を消火する。
② 動物園の象。動物園の映像。

---

1 ⑤「不衛生」とは清潔ではない状態のことです。

2 ⑥「易しい」とは、難易度などがかん単であるという意味です。思いやりがある、という意味の「やさしい（優しい）」とまちがえないようにしましょう。

4 提案文を書くときは、①~③の内容に加えて、文章をすいこうして内容にあった表現や構成になっているか確かめることも重要です。

5 ③多くの場合、外来語はカタカナで書きますが、四百五十年くらい前にポルトガル人などから伝えられたものなど、古くからある外来語はひらがなで書くこともあります。「たばこ」「かっぱ」などがあてはまります。

6 それぞれの言葉の、音読みと訓読みを確かめましょう。

1 ⑦「志」とは目的をかなえようとする気持ちのことです。この場合は送りがなはつけず「志」で「こころざし」と読みます。

2 ⑥「検」を「険」とまちがえないように気をつけましょう。

⑦「製」と「制」をまちがえないように気をつけましょう。

⑧「復」を「複」や「福」「副」とまちがえないようにしましょう。

⑫面積や長さなどを計測する場合は、「測る」を使います。「計る」「量る」とまちがえないようにしましょう。

3 同じ音の熟語でも意味がちがいます。辞典で確かめておくとよいでしょう。

①「対照」とは二つの物や事を照らし合わせるという意味なので、あてはまりません。

②「自身」とは自分という意味なので、あてはまりません。

③「会場」とはもよおしものを開く場所のことなので、あてはまりません。

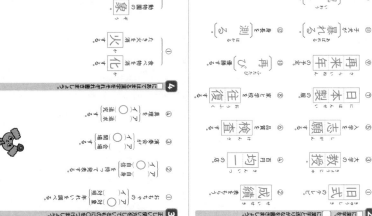

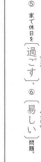

確かめのテスト① 88~89ページ
生活をよりよくする提案 ～ 漢字の広場⑤ 同じ音の漢字

文章を読んで、答えましょう。　思考・判断・表現

読み終わった本は、必ずもとの場所へもどそう
中西　健

ぼくが学校の中で好きな場所は、図書館です。もともと、物語を読むのが好きということもありますが、本を使って何かを調べることも好きだからです。そんな図書館の使い方について、ぼくからみなさんに提案があります。それは、「読み終わった本は、必ずもとの場所へもどす。」ということです。

先日、ぼくは読みたい本を図書館に借りに行きました。たなをさがしたのですが、見つかりません。だれかが借りているのかなと思い、司書の先生にきいてみたら、だれも借りてはいないとのことでした。おかしいな、と思って、いろいろなたなをさがしたところ、全くちがうたなにあるのを見つけました。その時ぼくは、本が正しい場所にもどされていれば、こんなにこまらなかったのに、と残念に思いました。ぼくは、ほかにもちがう場所にある本がないか、さがしてみました。すると、そういった本が、ほかにも何冊かあるのを発見したのです。

図書館の本は、使う人が本を見つけやすいように、分類・整理されています。しかし、全くちがうところに置かれてしまっては、すぐに見つけることができません。次に読む人のことを考えて、もとの場所にきちんともどすべきではないでしょうか。

ぼくが提案したい「読み終わった本は、必ずもとの場所へもどす。」ということは、本来ならあたりまえのことです。あたりまえに思えることを積み重ねていくことで、ぼくたちの学校は、今よりも過ごしやすいところになると思います。

「生活をよりよくする提案」より

よく出る

❶ 中西さんは何について提案しようとしていますか。七字で書きぬきましょう。 15点

図書館の使い方

❷ 中西さんの具体的な提案内容はどのようなことですか。二十字で書きぬきましょう。 15点

読み終わった本は、必ずもとの場所へもどす

❸ 中西さんの提案のきっかけはどのようなできごとですか。□にあてはまる言葉を七字で書きぬきましょう。 15点

図書館で本をさがしたら、読みたい本が［全くちがうたな］にあったこと。

❹ 中西さんは、自分が経験したできごとをどのように感じましたか。一つに○をつけましょう。 10点

ア（○）残念に思った。

イ（　）うれしく思った。

ウ（　）はらが立った。

❺ 図書館の本はどのように置かれていますか。□にあてはまる言葉を書きぬきましょう。 三つできて15点

使う人が［見つけやすい］ように、［分類］・［整理］されて置かれている。

❻ 中西さんの提案からつながる今後の願いはどのようなことですか。□にあてはまる言葉を十一字と九字で書きぬきましょう。 二つできて15点

［あたりまえに思えること］を［積み重ねていくこと］で、学校が今より過ごしやすくなること。

できたらスゴイ!

❼ 中西さんの提案文について、あてはまるものに○を、あてはまらないものには×をつけましょう。 15点

ア（○）実際にあったできごとが書かれているので、どうして提案したいのかがよくわかる。

イ（×）中西さんの提案は実行するのがかなりむずかしい内容である。

ウ（○）提案するときに「もとの場所にきちんともどすべきではないでしょうか」という問いかけの表現を使用している。

エ（○）最後にもう一度提案したいことが書かれているので、中西さんの思いが強く伝わってくる。

確かめのテスト② 90~91ページ
生活をよりよくする提案 ～ 漢字の広場⑤ 同じ音の漢字

❶ 読みがなを書きましょう。 一つ3点（30点）

① 平均（へいきん）点を出す。
② 町で旧友（きゅうゆう）に会う。
③ 太平洋を航海（こうかい）する。
④ 提案を簡潔（かんけつ）に示す。
⑤ 学校の講堂（こうどう）に集まる。
⑥ 酸味（さんみ）が強い食べ物。
⑦ 易（やさ）しい問題。
⑧ 川を調査（ちょうさ）する。
⑨ 面積を測（はか）る。
⑩ 車が通り過（す）ぎる。

❷ □に漢字を、〔　〕に漢字と送りがなを書きましょう。 一つ3点（30点）

① アメリカとの［貿易］。
② 人工［衛星］を見る。
③ ［意志］をつらぬく。
④ 星ざの［観測］。
⑤ 車両を［点検］する。
⑥ ［往復］のきっぷ。
⑦ ［果物］を食べる。
⑧ ［婦人］服売り場。
⑨ 馬が〔暴れる〕。
⑩ 〔再び〕会う。

❸ 提案文の構成について、答えましょう。 一つ3点（18点）

構成	書く内容	段落	書くこと
始め	①（ウ）	1	④（イ）
中	②（ア）	2	⑤（ア）
中	③（イ）	3	⑥（ウ）
終わり	今後の願い	4	ルールを守るというあたりまえのことを積み重ねていけば、今よりも学校生活がよりよくなると思う。

(1) 「書く内容」の①～③の（　）に入るものを［　］から選んで、記号を書きましょう。

ア　提案のきっかけや理由
イ　提案の内容とその理由
ウ　話題の提示

(2) 「書くこと」の④～⑥の（　）に入るものを［　］から選んで、記号を書きましょう。

ア　ろう下で、走ってきた人にぶつかって、転んだ。
イ　ろう下を走らないようにしましょう。
ウ　ろう下には、真ん中に印があって、右側と左側を歩くことができるようになっている。

❹ 次の――線の言葉があてはまるものを［　］から選んで、記号を書きましょう。 一つ2点（10点）

わたしたちは、オリンピックの競技種目について、インターネットを使って調べました。

① わたしたち（ア）
② オリンピック（ウ）
③ 競技（イ）
④ インターネット（ウ）
⑤ 調べました（ア）

ア　和語　イ　漢語　ウ　外来語

❺ 正しい言葉に○をつけましょう。 一つ2点（12点）

① 動物に｛ア（○）関心／イ（　）感心｝がある。
② 箱の｛ア（　）測面／イ（○）側面｝に絵をかく。
③ ｛ア（　）復雑／イ（○）複雑｝な問題を解く。
④ ｛ア（○）意外／イ（　）以外｝な事実におどろく。
⑤ 司会に｛ア（○）指名／イ（　）氏名｝された。
⑥ 国語の｛ア（　）成積／イ（○）成績｝がのびる。

---

❶ 一番初めに述べている部分からぬき出しましょう。

❷ 6行め「……みなさんに提案があります。」の後の部分に注目しましょう。

❸ 中西さんが実際に経験したことを述べている部分から読み取りましょう。

❹ 中西さんは、16～17行めで「残念に思いました。」と述べています。

❺ 23行め「しかし、全くちがうところに……」の前の部分に注目しましょう。

❻ 26行めからの、中西さんの提案の終わりの部分に注目しましょう。

❼ 中西さんの提案していることはあたりまえのことで、すぐにできることです。そのため、イはあてはまりません。

❶ ②「旧友」とは、昔からの友達という意味です。

⑥「酸味」とは、すっぱい味のことです。

⑨「測る」は面積や長さを測るときに使います。「はかる」という読み方は、「計る」「量る」など様々な漢字で書きます。まちがえないように気をつけましょう。

❷ ②「衛星」とは、わく星の周りを回っている天体のことです。「衛生」とまちがえないように気をつけましょう。

⑦「果物」は、特別に「くだもの」と読みます。

❸ どのような構成にすれば提案したいことが相手に伝わるか、考えて提案文の構成を考えましょう。

❹ 和語は漢字で書いたときに訓読みになる言葉、漢語は漢字で書いたときに音読みになる言葉、外来語はカタカナで書かれる言葉、と考えましょう。古くからある外来語にはひらがなで書くものもあります。

❺ 同じ音（おん）の漢字はまちがえやすいので、注意しましょう。

おうちのかたへ

まちがえやすい漢字にはチェックを入れ、きちんと確認していけるように漢字学習ノートなどに記すようにしておきましょう。

準備 92~93ページ

まんがの方法

かきトリ 新しい漢字

刊（カン）5画 教科書90ページ	個（コ）10画 92ページ	破（ハ・やぶる・やぶれる）10画 92ページ	素（ソ）10画 94ページ	独（ドク・ひとり）9画 98ページ	益（エキ）10画 102ページ	義（ギ）13画 102ページ

圧（アツ）5画 102ページ	居（キョ・いる）8画 102ページ	型（ケイ・かた）9画 102ページ	液（エキ）11画 102ページ	禁（キン）13画 102ページ

1 □に読みがなを書きましょう。

① 服の色を統一する。（とういつ）
② 個性を大切にする。（こせい）
③ 機械が大破する。（たいは）
④ 空気中の酸素。（さんそ）
⑤ 独自の方法。（どくじ）
⑥ 利益を計算する。（りえき）

2 □に漢字を書きましょう。

① 正義（せいぎ）について考える。
② 圧力（あつりょく）がかかる。
③ 新居（しんきょ）に住む。
④ 新しい型（かた）の車。
⑤ 液体（えきたい）が固体になる。
⑥ 使用を禁（きん）じる。

3 正しい意味に○をつけましょう。

① 所せましとならぶ。
ア（　）周りが多すぎると感じられる様子。
イ（○）周りがせまく感じられるほどいっぱいな様子。
② りくつに合わない話。
ア（○）ものごとのすじ道。
イ（　）当たり前のこと。
③ 特有の表現方法。
ア（○）そのものだけに備わっているさま。
イ（　）それだけが持つすぐれた部分。
④ おおよそ正しいと言える。
ア（　）全体として。
イ（○）大体において。

4 次の□にあてはまる言葉を□から選んで書きましょう。ただし、言葉は一回しか使えません。

① ひとまず「まんがの方法」とよぶ（ことにします）。
② これはだれが語っている（のでしょう）。
③ 人気があるのは、おもしろい（からでしょう）。

からでしょう　ことにします　のでしょう

3分でワンポイント 「まんがの方法」についてまとめよう。

★（　）にあてはまる言葉を□から選び答えましょう。

① 小さなコマの連続…物語の（テンポ）が速まる。
大きなコマが入る…場面の（印象）が強まる。
② 絵の中にえがかれる文字…人物の（心の動き）や動作、音などを強調する。
③ 登場人物の（表情）…受ける感じを大きく変える。
④（省略表現）…読者が想像して読むことができる。
⑤ 背景の線…人物の心の動きを伝える。
⑥ ナレーターの語り…独特のおもしろさをあたえる。

省略表現　心の動き　テンポ　表情　印象

1 ①「統一」とは多くのものを一つにまとめることです。
③「大破」とは、物がひどくこわれるという意味です。
⑤「独自」とは、他にはないものという意味です。

2 ③「新居」とは新しい家のことです。
⑥「禁じる」とは、禁止するという意味です。

4 ①～③は読む人に語りかけるような表現です。
①「～ことにします」という表現でテーマを示しています。
②「～のでしょう」という表現でぎもん点を提示しています。
③「～からでしょう」という表現で考えを述べています。

3分でワンポイント

「まんがの方法」（石田（いしだ）佐恵子（さえこ））では、絵と文章を対応させて、筆者の考えを説明しています。文章の中で筆者が説明しているまんがで用いられる表現方法の表し方と、その効果についてまとめましょう。

練習 94~95ページ

まんがの方法

文章を読んで、答えましょう。

まんがには、「一コマまんが」や「四コマまんが」「ストーリーまんが」など、さまざまな種類があります。形はちがっていても、これらは全て、まんがの仲間とされています。まんがに特有の、共通した表現方法が見られるからです。これを「まんがの方法」とよぶことにしましょう。

ここでは、よく親しまれているストーリーまんがを例にとって、そのおもしろさを生み出す「まんがの方法」についてさぐってみることにします。

ストーリーまんがは、「コマ」とよばれる四角いわくの中にえがかれた絵を連続させて、表現されます。たいてい、一ページにおおよそ五個から十個のコマがあり、どの順番で読んでいくのか、そのきまりがあります。ふつうは、上から下へ、右から左へと読んでいきます。

コマは、物語の展開（てんかい）に重要な役割（わり）を果たします。細かいコマや小さなコマがくり返されると、物語のテンポが速まり、大きなコマや変わった形のコマが入ると、場面の印象が強まります。数種類のコマを組み合わせて、回想や想像、夢など、時間や心の動きを表現することもあります。前のページのまんがは、わく線を破ることで強いおどろきを表現しています。

また、コマと同じくらい重要なものに、登場人物たちの話すせりふ（言葉）があります。せりふは、ふつう、「フキダシ」とよばれる円形のわくの中に、本などで使われる印刷用の文字で入っています。そのせりふがどの人物のものなのかは、人物とフキダシとの位置関係からわかります。

フキダシではなく、絵の中に直接、手で文字がえがかれていることもあります。これも「まんがの方法」の一つで、人物の心の動きや動作、音などを強調しています。例えば、右のまんがの「バ」「バンッ」「ダン」「バッ」「ビクッ」などは、印刷用の文字では表せないはくりょくを、画面にあたえていることがわかります。

※「前のページのまんが」「右のまんが」は省略します。
石田（いしだ）佐恵子（さえこ）「まんがの方法」より

1 まんがの種類を三つ書きぬきましょう。
（一コマまんが）（四コマまんが）（ストーリーまんが）※順番はちがっていてもよい。

2 「ストーリーまんが」の「コマ」は、ふつう、どのように読んでいきますか。十一字で書きぬきましょう。
上から下へ、右から左へ 読んでいく。

3 「コマは、物語の展開に重要な役割を果たします」とありますが、コマの役割について、答えましょう。
① 物語のテンポを速めるにはどのようにしますか。十一字で書きぬきましょう。
細かいコマや小さなコマ をくり返す。
② 場面の印象を強めるにはどのようにしますか。十四字で書きぬきましょう。
大きなコマや変わった形のコマ を入れる。
③ 数種類のコマを組み合わせて何を表現すると言っていますか。七字で書きぬきましょう。
時間や心の動き

ヒント 「コマは、……」の段落（だん）を注意して読もう。

4 「せりふ（言葉）」はどのようにして表されますか。□にあてはまる言葉を、七字と六字で書きぬきましょう。
「フキダシ」という 円形のわくの中 に、印刷用の文字 で入れて表す。

5 「人物の心の動きや動作、音などを強調」するには、どのようにしますか。十一字で書きぬきましょう。
絵の中に直接、手で文字 をえがく。

6 「印刷用の文字では表せないはくりょく」とは、どのようなものだと思われますか。一つに○をつけましょう。
ア（　）その言葉の意味によって伝わるはくりょく。
イ（○）言葉のえがかれ方から生まれるはくりょく。
ウ（　）言葉の数によって決められるはくりょく。

ヒント 前の段落の、「印刷用の文字」ではない「文字」に注目しよう。

1 文章の初めでまんがの種類について説明しています。その部分からぬき出しましょう。

2 第三段落（だん）で、「ストーリーまんが」の「コマ」について説明しています。

3 第四段落で、「コマ」の役割について説明しています。①②③をそれぞれ整理しましょう。

4 第五段落で、「せりふ（言葉）」について説明されています。

5 手書きの文字を使います。「フキダシ」ではなく、絵の中に直接、手で文字がえがかれていることもあります。」と述べられています。

6 印刷用の文字は全て同じ形ですが、手でえがかれた文字はちがう形にすることができるので、それぞれ独自のはくりょくを生みます。

確かめのテスト①　96～97ページ

まんがの方法

おうちのかたへ　説明的文章では特に、接続詞に注目して読みましょう。接続詞は前後の段落の関係を示しています。各段落の内容から論の流れをつかみ、筆者の意見をとらえるようにしましょう。

文章を読んで、答えましょう。　思考・判断・表現

「まんがの方法」は、ほかにもあります。

例えば、背景にななめの線や丸、点々だけがえがかれていることがあります。はげしい動きやその場のふんいき、人物の心の動きなどを、効果的に表現するためです。左のまんがでは、背景にえがかれたさまざまな線が、人物の心の動きを、はっきりと伝えています。

また、背景に、せりふでも効果のためでもない言葉が表されていることもあります。左のまんがの三コマめには、「それは『成長』という名の自然現象である」という言葉がありますが、これはだれが語っているのでしょうか。この言葉は、まんがの画面には登場しない「ナレーター」によって語られているのです。テレビドラマや映画では、なじみ深い方法ですが、物語を進行させたり、人物の気持ちを説明したりするのに役立ちます。このまんがでは、ナレーターの語りが、作品に独特のおもしろさをあたえています。

「まんがの方法」を使ってえがかれた日本のまんがは、広く海外の人々にも親しまれています。左のまんがは、インドネシアで発行されているものです。絵がらや物語は日本のものですが、文字の部分がインドネシア語に差しかえられています。まんがは、言葉のことなる国でも十分楽しめるということがわかるでしょう。

ストーリーまんがを例に、いろいろな「まんがの方法」をしょうかいしてきましたが、これらは、ほんの一部にすぎません。「まんがの方法」は、常に新しいものが生み出されていて、その新しさが、まんがをよりおもしろくしているのです。みなさんも、自分の好きなまんがから、いろいろな「まんがの方法」を見つけてみましょう。そうすれば、今までよりもっとまんがを楽しむことができるはずです。

※「左のまんが」は省略します。

石田佐恵子「まんがの方法」より

1 背景にえがかれている「ななめの線や丸、点々」は、何を表現するものですか。二十五字でさがして、初めと終わりの五字を書きぬきましょう。　10点

はげしい動～の動きなど

2 「ナレーター」について、答えましょう。　一つ10点(30点)

よく出る

① ナレーターが語る言葉は、どのような言葉ですか。十六字で書きぬきましょう。

せりふでも効果のためでもない言葉

② ナレーターの語りは何の役に立ちますか。簡潔に書きましょう。

（例 物語の進行や、人物の気持ちの説明。）

③ ナレーターの語りは、このまんがに何をあたえていますか。八字で書きぬきましょう。

独特のおもしろさ

3 「『まんがの方法』を使ってえがかれた日本のまんが」について、答えましょう。　一つ10点(20点)

① 日本のまんがは、海外でどのような形で発行されて楽しまれていますか。あてはまる言葉を書きましょう。

（例 絵がらや物語は日本のもののままで、文字の部分がその国の言葉に差しかえられて）楽しまれている。

② ①からどのようなことがわかりますか。文中から二十六字でさがして始めと終わりの五字を書きぬきましょう。

まんがは、～ということ

4 できたらスゴイ！　「いろいろな『まんがの方法』」とありますが、この文章で述べられている「まんがの方法」を二つ書きましょう。　一つ10点(20点)

※順番はちがっていてもよい。

（例 背景にえがかれている線や点(の効果)）

（例 ナレーターの語り）

5 考えて書こう　あなたが好きなまんがについて、具体的にどのような点がおもしろいと思われるかを書きましょう。　20点

（例 わたしはスポーツを題材にしたまんがが好きです。登場人物が成長していくすがたを見ると、わくわくするからです。）

1 ――線の後の部分に注目しましょう。「ななめの線や丸、点々」が表現しているものについて述べています。

2 ①「ナレーター」について説明している、第二段落の初めの部分に注目しましょう。

②――線部の後の部分に注目してまとめましょう。

③第二段落の終わりの部分で、ナレーターがあたえているものについて述べています。

3 ①――線の後のインドネシアの例に注目して、海外ではどのような形で発行され、楽しまれているのかを、「楽しまれている」に続く形でまとめましょう。

②19～20行めの、インドネシア語に差しかえられたまんがについての後の部分に注目しましょう。

4 この文章で述べられていた「まんがの方法」は、前半で説明されています。

5 どのようなまんがが好きで、それが好きな理由が書かれていればよいでしょう。

例2 私は、ギャグがたくさんあって笑えるまんがが好きです。つかれているときや悲しいときも、笑うと元気が出るからです。

確かめのテスト② 98~99ページ
まんがの方法

1 読みがなを書きましょう。 一つ3点(30点)

① 週刊の雑誌。（しゅうかん）
② 個人の自由。（こじん）
③ 低気圧が近づく。（ていきあつ）
④ 転居とどけを出す。（てんきょ）
⑤ 経営が破たんする。（は）
⑥ 着物の型くずれを直す。（かた）
⑦ 素材をいかす。（そざい）
⑧ 独特な口調。（どくとく）
⑨ 液化天然ガス（えきか）
⑩ 持ち出し禁止。（きんし）

2 □に漢字を、〔 〕に漢字と送りがなを書きましょう。 一つ3点(18点)

① 重圧を感じる。
② 居間に集まる。
③ 会社から独立する。
④ 型を作る。
⑤ 服の素材。
⑥ 紙を〔破る〕。

3 つぎの言葉の意味として正しいものをア~ウの中から一つずつ選びましょう。 一つ4点(8点)

① 所せましと（イ）
② 回想（ウ）

ア 他のものと入れかえたり、取りかえて別のものを差したりすること。
イ あたりがせまく感じられるほど物が空間をしめているようす。
ウ すぎ去ったことをふりかえり、思いをめぐらすこと。

4 次の文を目的に合わせて正しい形に直したものを▢から一つずつ選びましょう。 一つ4点(12点)

まんがは、そのおもしろさをこのような方法で表している。

目的①（ウ）
この文を、まんがのおもしろさを表している方法について問いかける文にし、読者に関心をもたらしたい。

目的②（ア）
この文を、まんがのおもしろさを表している方法について仮定する文にし、これから何についてくわしく説明するかを明らかにしてすじ道を立てたい。

目的③（イ）
この文を、まんがのおもしろさを表している方法について、伝えたい自分の強い意見であることを表す文にし、言い切りの形で説得力をもたせたい。

ア まんがは、そのおもしろさをこのような方法で表しているとします。
イ まんがは、そのおもしろさをこのような方法で表しているのです。
ウ まんがは、そのおもしろさをどのような方法で表しているのでしょうか。

5 ——線部の言葉が正しく使われているものには○を、正しく使われていないものには×を書きましょう。 一つ4点(32点)

①（×）この文字を強く表示すると、読者にねらいが伝わって公益性だ。
②（×）友人には、思いやりと、基本的がある。
③（○）この表現方法は、登場人物の心の動きを伝えるのに合っている。
④（×）このしくみは、社会の効果的をたもつためにある。
⑤（×）正義感なこともできていないのに、むずかしいことにちょうせんするのは無理がある。
⑥（×）友人のスピーチはだれよりも統一性によかった。
⑦（×）この部屋は整理されていて、圧倒的に満ちている。
⑧（○）書類に居住地を書く。

1 ①「週刊」とは、一週間に一回本を出すことです。「月刊」だと一か月に一回本を出すことになります。

2 ①「重圧」とは、重くおさえつける力という意味です。物理的、心理的どちらの意味でも使います。

4 ア「〜とします。」という表現は、なにかについて仮定する場合に使用します。
イ「〜のです。」という表現は、言い切りの形で文章の内容を強調しています。
ウ「〜でしょうか。」という表現は、読む側に問いかけることで読者に関心を持たせています。

5 ①「公益性」とは、社会全体の利益にかかわる性質という意味のため、正しくありません。
②「基本的」とは、物事の基本という意味のため、正しくありません。
④「効果的」とは、効果のある様子をしめすので、正しくありません。
⑤「正義感」とは、正義を通そうとする気持ちのことなので、正しくありません。
⑥「統一性」とは、まとまりのある様子という意味なので、正しくありません。
⑦「圧倒的」とは、他のものよりはるかに優れている様子という意味なので、正しくありません。

準備 100~101ページ
ひみつを調べて発表しよう／送りがなのきまり

かきトリ 新しい漢字

教科書105ページ	105ページ	109ページ	109ページ	111ページ	111ページ	111ページ
賛 サン 15画	絶 ゼツ たえる・たやす 12画	告 コク つげる 7画	総 ソウ 14画	桜 さくら 10画	仏 ブツ ほとけ 4画	妻 サイ つま 8画

111ページ	111ページ	111ページ	111ページ	111ページ	111ページ	111ページ
舎 シャ 8画	鉱 コウ 13画	銅 ドウ 14画	脈 ミャク 10画	輸 ユ 16画	則 ソク 9画	肥 ヒ こえる・こえ・こやす・こやし 8画

1 ▢に読みがなを書きましょう。

① 夫と妻。（つま）
② 校舎の中に入る。（こうしゃ）
③ 銅像（どうぞう）
④ 奈良の大仏。（だいぶつ）
⑤ 医者が脈を取る。（みゃく）
⑥ 商品を輸出する。（ゆしゅつ）

2 ▢に漢字を、〔 〕に漢字と送りがなを書きましょう。

① 結果を報告する。
② 鉄がとれる鉱山。
③ 規則を守る。
④ 桜の花。
⑤ 名前を〔告げる〕。
⑥ 土地が〔肥える〕。

3 正しい意味に○をつけましょう。

ひみつを調べて発表しよう

① 絶滅したきょうりゅうたち。
ア（ ）力が弱まって、数が急に減ること。
イ（○）ほろびて、いなくなること。

② 資料を一覧にして示す。
ア（ ）一つずつ順を追って説明したもの。
イ（○）全体が一目でわかるようにしたもの。

③ 三つの柱を立てて話す。
ア（○）話の中心となって全体を支えるもの。
イ（ ）家を支えるもの。

④ 効果音が映画をもり上げる。
ア（ ）劇などのはじめや終わりに流れる曲。
イ（○）劇などの進行を助けるための音。

⑤ 考えをうらづける情報。
ア（○）確かなものにすること。
イ（ ）ちがった面がわかること。

「柱」の意味は、文に合わせて考えるよ。

4 発表までの進め方について、正しい順になるように数字を書きましょう。

ア（5）発表の練習を行い、内容を見直す。
イ（3）発表の内容を考える。
ウ（1）テーマから、伝えたいことの中心を考える。
エ（2）資料を集めて選ぶ。
オ（4）発表の仕方のくふうについて考える。

送りがなのきまり

5 次の文の——部を、漢字と送りがなで書きましょう。

① 態度をあらためる。（改める）
② みじかいひも。（短い）
③ 国同士のあらそい。（争い）

6 送りがなの正しいものに○をつけましょう。

① ア（ ）現われる イ（○）現れる
② ア（○）苦しむ イ（ ）苦む
③ ア（○）温かい イ（ ）温たかい
④ ア（ ）快よい イ（○）快い

1 ④「大仏」とは大きな仏像のことです。日本では、奈良や鎌倉にある大仏が有名です。
⑤「脈」とは、心臓が動いたことによる、血管の中の圧力の変化や、血管の動きのことです。

2 ②「鉱山」とは資源として使える鉱物をほる場所のことです。
⑤「告げる」とは言葉などで情報を伝えることです。送りがなに気をつけましょう。

4 テーマを決めて、発表するときの流れを確かめましょう。

5 ①「改める」とは、今までとはちがう状態にするという意味です。

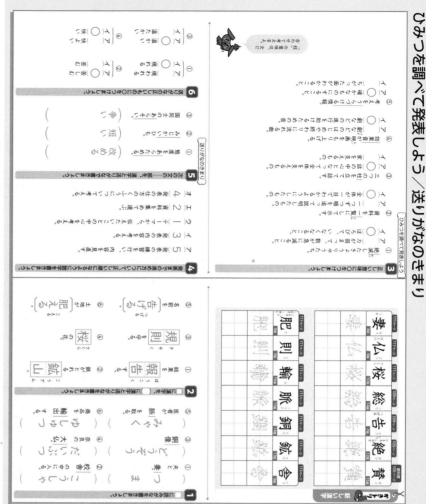

確かめのテスト　102~103ページ

ひみつを調べて発表しよう ～ 言葉の広場⑥　送りがなのきまり

1 読みがなを書きましょう。 一つ3点(30点)

① 意見に賛同する。（さんどう）
② 生き物が絶滅する。（ぜつめつ）
③ 大仏を見に行く。（だいぶつ）
④ 大きな山脈だ。（さんみゃく）
⑤ あの鉱山には鉄がある。（こうざん）
⑥ 宿舎に戻る。（しゅくしゃ）
⑦ 植物に肥料を与える。（ひりょう）
⑧ 動画に広告をつける。（こうこく）
⑨ 商品を輸入する。（ゆにゅう）
⑩ 夫妻がともに暮らす。（ふさい）

2 □に漢字を、（　）に漢字と送りがなを書きましょう。 一つ3点(30点)

① 桜がきれいだ。
② 規則はきちんと守ろう。
③ 銅メダルをもらう。
④ 総理の演説。
⑤ この人が妻です。
⑥ 仏様の絵。
⑦ 会議の資料。
⑧ 真実を（告げる）。
⑨ 子孫が（絶える）。
⑩ （肥えた）土地。

3 （　）にあてはまる漢字を□から選んで書きましょう。 一つ2点(10点)

① 効果 的　② 可能 性　③ 国有 化　④ 親近 感　⑤ 基本 的

化　的　感　性

4 次の言葉を（　）の読みになるように、正しく書き直しましょう。 一つ2点(12点)

① 等い（ひとしい）（等しい）
② 確る（たしかめる）（確める）
③ 細だ（こまやかだ）（細やかだ）
④ 教る（おそわる）（教わる）
⑤ 勇しい（いさましい）（勇ましい）
⑥ 夕立ち（ゆうだち）（夕立）

5 テーマを決め、それについて調べて発表するまでの進め方について答えましょう。

① 資料を集めて使うとき、どのようにすればいいですか。一つに○をつけましょう。 2点
ア　集めた資料をすべて使う。
イ ○ 必要なものを選ぶ。
ウ　気に入った資料を選ぶ。

② 発表の内容を考えるときに、注意することをまとめました。（　）にあてはまる言葉を□から選んで書きましょう。 一つ2点(8点)
中心となる（柱）を決め、内容にそったわかりやすい（資料）を作り、（構成）を考える。（時間）の配分も考える。

資料　事実　構成　柱　時間

③ 発表のくふうについて、適切なものに○を、適切ではないものに×をつけましょう。 一つ2点(8点)
ア × 最初に資料を全て示す。
イ ○ 何を伝えるのかをはっきりさせる。
ウ ○ 伝わりやすい言葉を選ぶようにする。
エ × 事実を単調に伝えるようにする。

準備　104~105ページ

みすゞさがしの旅　――みんなちがって、みんないい

かきトリ 新しい漢字

版 (教科書117ページ・8画)	留 (117ページ・10画)	墓 (118ページ・13画)	幹 (121ページ・13画)	団 (122ページ・6画)	務 (122ページ・11画)
祖 (125ページ・9画)	在 (128ページ・6画)	費 (132ページ・12画)	余 (132ページ・7画)	招 (132ページ・8画)	格 (132ページ・10画)

1 ＿に読みがなを書きましょう。

① 版画をかざる。（はんが）
② お金が余る。（あま）
③ 留守番電話（るすばん）
④ やさしい性格の兄。（せいかく）
⑤ 市内に在る学校。（あ）
⑥ 招待状をもらう。（しょうたい）

2 □に漢字を書きましょう。

① 修理にかかる費用。
② アメリカに留学する。
③ 出版社で働く。
④ 事務の仕事をする。
⑤ 新幹線に乗る。
⑥ 団体戦で勝利する。

3 正しい意味に○をつけましょう。

① 町がにぎわう。
ア ○ 多くの人や物でにぎやかになること。
イ　多くの事件が起きて落ち着かないこと。

② 作品を絶賛する。
ア ○ この上なくほめること。
イ　ほめることを止めること。

③ 事件の捜査の進展に注目する。
ア ○ 物事が進行して、新しい段階に進むこと。
イ　大きな力をつけて、勢力などを広げること。

④ 話の合間にあいづちをうつ。
ア　相手の言うことをみとめること。
イ ○ 相手の話に合わせて受け答えすること。

⑤ 五十年もたち、家がいたむ。
ア ○ きずついたりくさったりすること。
イ　いたみを感じるように思うこと。

⑥ 温かいまなざしを向ける。
ア ○ 物を見るときの目つき。
イ　深く気づかう心。

3分でワンポイント

「みすゞさがしの旅」の内容をまとめよう。

★（　）にあてはまる言葉を□から選んで記号で答えましょう。

1 「（オ）」という詩を読み、金子みすゞの名前や作品がのっている本をさがしたが、出会えなかった。
2 詩人の佐藤義美さんから金子みすゞについての話を聞き、（カ）があることを知った。
3 童謡集の「（イ）」を見つけたり、詩人の西條八十が書いたものを見つけたりしたが、その後進展はなかった。
4 金子みすゞが働いていた（ア）を知っている花井正さんから、弟の上山雅輔をしょうかいしてもらえた。
5 上山さんから金子みすゞについてくわしく教えられる。やさしい少女で、そのときに自分にぴったりの（ウ）を使うのが好きだったとわかる。
6 全部で五一二の作品を手に入れて、金子みすゞの全集を世に出すことができた。金子みすゞは、全てのものに深いやさしい（エ）を投げかけた詩を作ったことを知った。

ア 商品館　イ 繭と墓　ウ 言葉　エ まなざし　オ 大漁　カ 三冊の手帳

---

1 ④「山脈」とは山が連なっている地形のことです。
⑥「宿舎」とは泊まる建物のことです。
⑨「輸入」とは外国の商品を自国へ買い入れることです。

2 ②「則」を「測」や「側」とまちがえないようにしましょう。
⑩「肥える」とは、「土地が肥える」という形で土地の状態がよく作物が育てやすくなることです。

3 「～化」「～的」「～感」「～性」となる言葉を正しく覚えましょう。

4 ③「細やか」とは、相手を思う心がこもっている様子を表します。「細やか」「細かい」という送りがなに注意しましょう。
④「教える」「教わる」という送りがなに注意しましょう。
⑥「夕立」は送りがなをつけません。

5 ①資料は発表する内容にそったわかりやすいものを選びましょう。
③説明する内容にあわせて適切に資料を示した方がよいため、アはあてはまりません。事実のほかに自分の意見も伝えた方がよいので、エはあてはまりません。

1 ③「留守」は、出かけていて家にいないことという意味で、「るす」と読みます。「留守番」とは留守にしている家を守る人のことです。
⑥「招待」とは、客を招くことです。

2 ②「留学」とは外国で勉強することです。
④「務」の「矛」の部分を「予」と書かないように気をつけましょう。

3 ④「あいづち」は、相手の言う調子に合わせて反応することです。

3分でワンポイント

「みすゞさがしの旅　――みんなちがって、みんないい（矢崎節夫）」では、金子みすゞの作品に出会ったり、くわしく知ったりするまでの作者の体験を書いています。その内容を段落ごとにまとめましょう。
いつ、どのようなできごとがあり、筆者はどのような心情だったか、を考えながら読みましょう。

練習　106～107ページ

みすゞさがしの旅　――みんなちがって、みんないい

文章を読んで、答えましょう。

――金子みすゞは知らなくても、商品館なら覚えている人がいるかもしれない。みすゞの名前からではなくて、商品館からさがしてみよう。

わたしはすぐに、下関の友人にたのみました。

「古くからある本屋をさがして、商品館に店を出していたかどうかたずねてほしい。もし出していたら、金子みすゞという人を知っているかどうかきいてほしい。」

それから二、三日後、下関の友人から電話が入りました。

「商品館を知っている人が見つかった。今も本屋を営んでいる花井正という人で、みすゞのいとこにあたる人だ。」

というのです。昭和五十七年六月四日のことでした。

その夜、わたしは下関の花井さんに電話をかけました。

商品館というのは、小さな店が何けんも入っている平屋の長い建物で、そこに上山文英堂という本屋の支店が入っていたこと、みすゞがそこで働きながら童謡を書いていたことなどがわかりました。

もっとくわしくみすゞについて知りたいので、明日一番の新幹線で下関のご自宅にうかがいたいと言うと、花井さんは思いもかけないことを言われました。

「東京に、上山雅輔というペンネームで仕事をしている実の弟がいます。児童劇団をつくり、今もそこで教えています。そちらできかれたほうが、もっとくわしくわかると思います。」

次の日、劇団の電話番号を調べ、さっそく電話をかけました。上山さんは八日の午前九時に劇団に来るので、その時、電話をすれば話ができると、事務の人が教えてくれました。

その日、その時刻に、改めて電話をかけました。上山さんは、すぐに出られました。

わたしは名前を名のり、上山さんのことは下関の花井さんからうかがったことを話しました。そして、金子みすゞの作品が好きで、みすゞのことならどんなことでも知りたいと、少し早口で言いました。

上山さんは、「はい、はい、ほほう。」とあいづちをうちながら聞いていましたが、話が終わると、ひとこきゅうおいてから言いました。

「みすゞはわたしの姉です。姉の名前を聞くのは何十年ぶりかで、とてもうれしいです。姉の書いたものが何か残っているはずです。それに写真も。さがしてみますので、一週間ほど時間をください。今度は、こちらかられんらくします。」

一週間も待たずに、れんらくが入りました。

「姉の原稿と写真が見つかったので、六月二十日午後二時に、劇団まで来てください。」

矢崎節夫「みすゞさがしの旅――みんなちがって、みんないい」より

❶ 「商品館からさがしてみよう。」とは、どのようなことを表していますか。□にあてはまる言葉を書きぬきましょう。

商品館に入っていた［本屋］をさがすことから始めて、［金子みすゞ］についてもっと調べようということ。

❷ 「商品館を知っている人」とは、どのような人でしたか。三十一字でさがし、初めと終わりの五字を書きぬきましょう。

［今も本屋を］～［にあたる人］

❸ 「商品館」とはどのような建物で、その中には金子みすゞに関係する何が入っていましたか。それぞれ書きぬきましょう。

建物（小さな店が何けんも入っている平屋の長い建物）

入っていたもの（上山文英堂という本屋の支店）

❹ 金子みすゞは商品館で働きながら、何をしていましたか。八字で書きぬきましょう。

［童謡を書いていた］

❺ 「下関のご自宅にうかがいたい」とありますが、そう思うのは、なぜですか。十八字で書きぬきましょう。

［もっとくわしくみすゞについて知りたい］から。

ヒント　直前に書かれていることに注目しよう。

❻ 「思いもかけないこと」とは、どのようなことでしたか。□にあてはまる言葉を書きぬきましょう。

［東京］に、金子みすゞの［実の弟］がいること。

❼ 「さっそく電話をかけました。」について、答えましょう。

① 作者のどのような気持ちを表していますか。一つに○をつけましょう。

ア（　）急いだ方がよいのではと、不安になっている気持ち。

イ（　）あやふやな話かもしれないと、とまどっている気持ち。

ウ（○）少しでも早く話を聞きたいと、強く願っている気持ち。

② ①と同じ作者の気持ちをよく表している一文をさがし、初めの五字を書きぬきましょう。

［そして、金］

❽ 上山さんが「わたし」にしてくれたことは何ですか。文中の言葉を使って書きましょう。

金子みすゞの［原稿］と［写真］を見つけてれんらくをくれた。　※順番はちがっていてもよい。

ヒント　上山さんから入ったれんらくの内容に注目しよう。

❶ 商品館は金子みすゞが働いていた場所です。作者はみすゞが働いていた商品館を手がかりに、みすゞについて知っている人をさがそうとしています。

❷ ――線部の直後に、手がかりになりそうな人物について述べられています。

❸ 「平屋」とは二階がない建物のことです。

❹ 「みすゞがそこで働きながら童謡を書いていた」とあります。

❻ 花井さんの言葉から読み取りましょう。

❼ 「さっそく」という言葉に、早く知りたいという気持ちが表れています。

❽ 上山さんは「わたし」に「姉の原稿と写真が見つかったので、……」というれんらくをくれました。

みすゞさがしの旅
――みんなちがって、みんないい

おうちのかたへ

筆者が、何を考えて行動し、どのような結果にいたったのか、それを受けてどのような考えを持つようになったのかを整理して読みましょう。記述で答える場合は、根拠を示して書くことが大切です。

文章を読んで、答えましょう。　思考・判断・表現

三冊の手帳には、それぞれとびらに、『美しい町』『空のかあさま』『さみしい王女』と題が書かれ、全部で五一二編もの作品が書かれてありました。これまでわたしが読むことのできた三十編の、なんと十七倍もの数でした。

みすゞは、これだけの作品を、二十さいから二十五さいまでの、わずか五年間に書いたのでした。

『大漁』に出会ってから十六年、みすゞさがしの旅は、多くの人の協力と、姉を思う弟、上山雅輔さんのおかげで、みすゞの全作品と生涯にたどり着くことができました。

そして、わたしは、二年後の昭和五十九年二月、三冊の手帳をもとにして、『金子みすゞ全集　全三巻』を世に出すことができたのです。

金子みすゞの作品は、小さなもの、力の弱いもの、そこにあるのに気がつかれないもの、本当は大切なものなのにわすれてしまわれがちなもの――この地球という星に存在する全てのものに対し、深いやさしいまなざしを投げかけたものばかりです。

みすゞは、この世に存在する全てのものが、それぞれちがうからこそすばらしく、一人一人がちがうからこそ大切で、すてきなのだということを、こんなふうにうたってくれています。

わたしと小鳥とすずと

わたしが両手をひろげても、
お空はちっともとべないが、
とべる小鳥はわたしのように、
地面をはやくは走れない。

わたしがからだをゆすっても、
きれいな音はでないけど、
あの鳴るすずはわたしのように
たくさんなうたは知らないよ。

すずと、小鳥と、それからわたし、
みんなちがって、みんないい。

矢崎節夫「みすゞさがしの旅――みんなちがって、みんないい」より

1 みすゞの「三冊の手帳」のとびらに書かれていた題名はどのようなものですか。三つ書きぬきましょう。　一つ6点(18点)

（『美しい町』）
（『空のかあさま』）
（『さみしい王女』）
※順番はちがっていてもよい。

2 「これだけの作品」について、□にあてはまる言葉を書きぬきましょう。　一つ6点(12点)

金子みすゞが［五］年間のうちに書いた［五一二］編の作品。

3 （できたらスゴイ！）「みすゞさがしの旅」は、どのような結果にたどり着きましたか。二つ書きましょう。　一つ10点(20点)

（例 金子みすゞの全作品と生涯にたどり着くことができた。）
（例 『金子みすゞ全集　全三巻』を世に出すことができた。）
※順番はちがっていてもよい。

4 「金子みすゞの作品」は、①どのようなものに、②何を投げかけていると言っていますか。　一つ5点(10点)

① 五十四字でさがし、初めと終わりの五字を書きぬきましょう。

［小さなもの］～［がちなもの］

② 十字で書きぬきましょう。

［深いやさしいまなざし］

5 （よく出る）「わたし」と「小鳥」は、何がちがうと言っていますか。　12点

（わたしは空をとべないが、小鳥は地面をはやく走れないこと。）

6 （よく出る）「わたし」と「すず」は、何がちがうと言っていますか。　12点

（わたしはきれいな音は出ないけれど、すずはたくさんなうたを知らないこと。）

7 （考えを書こう）「わたしが……知らないよ。」の部分と同じ形で、あなた自身とちがうものを考えて、それについて説明しましょう。　16点

（例 わたしは高い所から見下ろせないけれど、あの高い山はわたしのように小さな花にふれられないよ。）

1 三冊の手帳のとびらに書かれていた題名を書きぬきましょう。

3 三段落めと四段落めの内容に注目して、考えましょう。長い努力の末に、みすゞの全ての作品を手に入れることができました。そして、それらは全集に収められて出版されました。

4 「金子みすゞの作品は、……です。」という一文から書きぬきましょう。

5 詩から読み取り、詩の言葉を用いて書きましょう。

6 「きれいな音」「たくさんなうた」という言葉を用いて書きましょう。

7 詩の直前の部分で作者は、それぞれの物や生き物が、それぞれにすばらしい点を持っていることを、みすゞはうたっている、と述べています。自分と比べたいと思えるような物や生き物を選んで、自分とはちがってどのようなよい点を持っているか、自分はどうかということを書きましょう。

例2 わたしはきれいな色になれないけれど、あのきれいな花はわたしのように好きなところに行けないよ。

確かめのテスト② 110~111ページ
みすゞさがしの旅 ——みんなちがって、みんないい

1 読みがなを書きましょう。 一つ2点(20点)

① 消防団に入る。（しょうぼうだん）
② 大木の太い幹。（みき）
③ 議長を務める。（つと）
④ 祖母の家へ行く。（そぼ）
⑤ 版画を作る。（はんが）
⑥ パーティに招待する。（しょうたい）
⑦ すぐれた人格者。（じんかく）
⑧ 余分な情報をはぶく。（よぶん）
⑨ 在校生の言葉。（ざいこうせい）
⑩ 判断を保留する。（ほりゅう）

2 □に漢字を、（　）に漢字と送りがなを書きましょう。 一つ2点(20点)

① 地球に［存在］する。
② お［墓］をそうじする。
③ ［出費］が増える。
④ 美しい［絵画］。
⑤ ［団地］に住む。
⑥ ［祖先］を調べる。
⑦ 家を［留守］にする。
⑧ 太い木の［幹］。
⑨ 家へ（招く）。
⑩ 料理が（余る）。

3 次の文章の（　）にあてはまることばをア～オから選んで、書きましょう。 一つ3点(15点)

（①イ）とは、ある人物の（②エ）や（③ア）の個人的な体験、（④オ）などを、（⑤ウ）をもとにしてえがく作品です。テーマとなる（⑤）に対する（③）の考え方や見方がよくわかる作品になっています。

ア 筆者　イ ノンフィクション　ウ 事実やできごと
エ しょうかい　オ 社会的な事件

4 次の——線の言葉は、どのような気持ちを表していますか。記号の中から選んで答えましょう。 一つ5点(15点)

①（イ）さっそく、新しく買ったゲームを始める。
②（エ）ようやく、チケットを手に入れることができた。
③（ア）なんと、来場者数が去年の十倍に増えた。

ア おどろきの気持ち。
イ 待ち望んで楽しみに思う気持ち。
ウ 期待が先走っている気持ち。
エ ずっと望みをかなえたいと思っていた気持ち。

5 正しい意味に○をつけましょう。 一つ5点(15点)

① とむらい
ア（　）死んだ人を思いだすこと。
イ（○）そうしきをおこなうこと。

② 選者
ア（　）自分の作品が選ばれるすぐれた人。
イ（○）多くの作品からすぐれたものを選ぶ人。

③ ノンフィクション
ア（○）創作のまじっていない読み物。
イ（　）自分の空想について書いた読み物。

6 次の言葉と同じような意味を表す言葉を、□の中から選びましょう。 一つ3点(15点)

① 料金（オ）
② 道路（エ）
③ 感覚（イ）
④ 思い（ウ）
⑤ 性格（ア）

ア 人格　イ 感性　ウ 感情
エ 通路　オ 費用

確かめのテスト 112ページ
これまで　これから

1 正しい意味に○をつけましょう。 一つ8点(40点)

① 魔がさす
ア（○）ついよくない考えや行動を起こすこと。
イ（　）いやな気持ちになること。

② 場数をふむ
ア（　）年を重ねる。
イ（○）経験をつむ。

③ 韻をふむ
ア（　）ひびきがきれいな音でまとめる手法。
イ（○）同じ音を持つ字や言葉をくりかえす手法。

④ ごまをする
ア（○）人に気に入られるようにふるまうこと。
イ（　）周りを気にせず自分中心にふるまうこと。

⑤ 手にする
ア（○）手に取る、または自分のものにすること。
イ（　）手をあげる、または自分が作り上げること。

2 ——の言葉が正しく使われている文に○をつけましょう。 一つ10点(30点)

①
ア（　）世間にかさをさされる。
イ（○）世間に指をさされる。

②
ア（　）少年が馬に乗って時間をかける。
イ（○）少年が馬に乗って野をかける。

③
ア（○）通りがかりの人に道順をたずねる。
イ（　）通りがかりの人に町をたずねる。

3 ——の言葉は、どのようなときに使う言葉ですか。□から選んで記号を書きましょう。 一つ10点(30点)

① 明日の夕飯はカレーにしてほしい。（ウ）
② 妹はいちごのケーキしか食べない。（エ）
③ ごみひろいはみんなですべきではないか。（ア）

ア 自分の意見を述べるとき。
イ 聞いたことを述べるとき。
ウ たのむとき。
エ 限定を表すとき。

---

1 ⑦「人格者」とは、すぐれた人がらを持つ人という意味です。
⑩「保留」とは、その場で決めずにそのままにしておくことです。

2 ③「出費」とは、ある目的のためにかかったお金のことです。
⑥「祖先」とは、すでになくなっている、数世代前のしんせきのことです。

3 ノンフィクションがどのような作品なのか確かめましょう。

4 ——線の言葉の意味と、後に続く文の内容から考えましょう。

6 ①オ「費用」とは、ある目的のために必要なお金のことです。
②エ「通路」とは、移動のための場所のことです。
③イ「感性」とは、物事を感じ取る力のことです。
④ウ「感情」とは、物事に対する気持ちという意味です。
⑤ア「人格」とは人がらという意味です。

1 日常的に用いられる慣用表現です。意味とともに言葉を覚えておきましょう。
②「場数」は「ばかず」と読みます。物事を経験した数のことです。

2 ①「指をさす」には、ひそかに非難するという意味があります。

3 自分の意見を述べるときの言葉、たのむときに使う言葉など、状きょうや場面に合わせて正しい表現を使えるようにしていきましょう。

夏のチャレンジテスト

教科書 上10〜81ページ

名前　　月　日

時間 40分

思考・判断・表現 ／50　合格80点 ／100

答え 37ページ

1 読みがなを書きましょう。　一つ1点（7点）

① 寒さに慣（な）れる。　② 特技（とくぎ）がある。

③ 常識（じょうしき）に欠ける。　④ 道に迷（まよ）う。

⑤ 品質（ひんしつ）の良い衣類。　⑥ 量が減（へ）る。

⑦ ペットを飼（か）う。

2 漢字を書きましょう。　一つ2点（14点）

① 国際化（こくさいか）が進む。　② 真実を確かめる（たしかめる）。

③ 未来を想像（そうぞう）する。　④ 席を移る（うつる）。

⑤ 精神（せいしん）を集中する。

⑥ 交通事故（じこ）が起きる。

⑦ 問題を解決（かいけつ）する。

3 次の問題に答えましょう。

(1) 次の複合語を二つの言葉に分けましょう。　完答一つ2点（4点）

① 上り坂　（上る）＋（坂）

② おし出す　（おす）＋（出す）

(2) 二つの言葉が組み合わさってできる言葉を、すべてひらがなで書きましょう。　一つ2点（6点）

① 聞く＋苦しい　（ききぐるしい）

② 歩く＋回る　（あるきまわる）

③ ねばる＋強い　（ねばりづよい）

4 次の敬語の問いに答えましょう。　一つ3点（9点）

① 次の――部を尊敬語にして、全文を書き直しましょう。

ケーキは、今日中に食べてください。

（ケーキは、今日中にめしあがってください。（お食べください））

② 次の――部を謙譲語にして、全文を書き直しましょう。

順番にお席に案内する。

（順番にお席にご案内します。（ご案内いたします））

③ 次の文を丁寧語で書き直しましょう。

みんなで食べるご飯は、とてもおいしいと感じた。

（みんなで食べるご飯は、とてもおいしいと感じました。）

5 ポスターを作るときに注意する点をまとめました。①〜⑤に入る言葉を□から選んで、記号を書きましょう。　一つ2点（10点）

・①（ウ）や写真のせ方、記事の②（オ）をくふうする。

・相手や内容に応じて、伝わりやすい構成を考える。

・③（ア）や注意をひく言葉、④（エ）には、文字の⑤（イ）や色をかえ、囲みなどをつけるとよい。

・伝わりやすい表現を用いるようにする。

ア 見出し	イ 大きさ	ウ 図表
エ キャッチコピー	オ わりつけ	

●うらにも問題があります。

6 思考・判断・表現

文章を読んで、答えましょう。

やっぱり精度のいい天体望遠鏡が欲しいなと、幸太は思う。淳も同じらしく、レンズをのぞきこんだまま言った。

「ああ、一〇〇ミリ口径、ううん、ぜいたくは言わない。せめて八〇ミリ口径の天体望遠鏡があればな。」

淳の気持ちはわかる。ぼんやりとしか見えないM8が、精度のいい天体望遠鏡なら、もっと大きくクリアに見ることができる。それは単に大きくはっきり見えるということではない。口径が大きく精度のいい望遠鏡ほど、その星雲の「奥深く」にまで到達できるのだった。まるで宇宙船に乗って、星雲に入っていく感覚に近かった。

もちろん、幸太や淳が買おうと思っている天体望遠鏡は、それほど性能のいいものではない。小学生でも買える程度のものなのだ。ぜいたくを言うつもりはない。

天文クラブの観望会や天体観測会のときは、会長やほかの会員の望遠鏡をのぞかせてもらっている。何十万円もする性能のいい天体望遠鏡は、光の弱い天体までもクリアに見ることができる。だけど、それはやっぱり他人の望遠鏡だ。いつでも自由につかえる望遠鏡が欲しかった。

しかし、いまはこの星空を楽しみたかった。幸太は気持ちを切りかえるみたいに言った。

「M20も見える。」

「青白く光ってるよね。」

M20は、M8のすぐ上にある星雲である。M8に比べると、かすかにしか見えない。

「そんなに星がええもんか。双眼鏡でも、大きく見えるのか。どりゃ。わしにも見せてくれんか。」

幸太が双眼鏡から目をはなすと、すぐそばにおじいちゃんがいた。

「うん。いいよ。のぞいてみなよ。」

幸太が横にずれると、おじいちゃんが腰を下ろした。

「ほう。なかなかきれいなものだな。」

「真ん中に、ピンク色にぼんやり光るのが見えるだろ。それがM8。」

「星がいっぱいありすぎて、わしにはようわからん。だが、きれいなもんだ。」

射手座も、M8やM20も、銀河の中に見える星々である。射手座のあたりは、星空の中でも、もっとも星が密集しているところだから、おじいちゃんにはどれがM8で、どれがM20なのかはわからない。しかし、星々のきらめきや星雲の輝きに、肉眼では見られない美しさを感じとっているらしかった。そのせいか、しばらく双眼鏡から目をはなさなかった。

横山 充男「星空へようこそ」より

(1) 「精度のいい天体望遠鏡が欲しい」とありますが、具体的にはどれぐらいの天体望遠鏡が欲しいのですか。次の□にあてはまる言葉を文章中から書きぬきましょう。　一つ5点（10点）

（一〇〇ミリ口径）か、せめて（八〇ミリ口径）の天体望遠鏡。

(2) 「光の弱い天体までもクリアに見ることができる。」とありますが、「クリアに見ることができる」ときにはどんな感覚になるのですか。文章中から十八字で書きぬきましょう。　6点

宇宙船に乗って、星雲に入っていく感覚

(3) 「気持ちを切りかえる」とありますが、それまでの幸太はどうだったのですか。一つに○をつけましょう。　6点

ア（　）小学生にはぜいたくなものばかり欲しがっていた。

イ（　）淳につられて妙に大人びたことをしたがっていた。

ウ（○）今のそうびでは見えないことばかりを考えていた。

エ（　）何に使うかも考えず道具をそろえようとしていた。

(4) 「星がいっぱいありすぎて、わしにはようわからん。」とありますが、おじいちゃんにわかりにくいのはなぜですか。次の□にあてはまる言葉を文章中から書きぬきましょう。　6点

星空の中でも、もっとも［星が密集］しているところだから。

(5) 次の①〜④は、M8、M20のどちらにあてはまりますか。M8だけにあてはまるものはア、M20だけにあてはまるものはイ、両方にあてはまるものはウの記号を書きましょう。　一つ3点（12点）

① ピンク色にぼんやり光って見える。（ア）

② 銀河の中に見える。（ウ）

③ 青白く光っている。（イ）

④ もう一方より、かすかにしか見えない。（イ）

(6) 「しばらく双眼鏡から目をはなさなかった。」とありますが、このようなおじいちゃんの様子を見て、幸太はどのように感じたでしょうか。考えて書きましょう。　10点

例 おじいちゃんが、自分たちと同じように星の美しさを感じとってくれてうれしい。

---

3 (2)①「ききくるしい」、③「ねばりつよい」ではなく、「ききぐるしい」「ねばりづよい」となります。

4 ①尊敬語は、高める相手の動きについて使います。「めしあがる」は尊敬を表す特別な言葉です。「お〜になる」「ご〜になる」の形でもかまいません。「お食べください」でも正解とします。

②謙譲語は、自分や身内の動きについて言い、動作のおよぶ相手を高めるときに使います。特別な言葉もありますが、「お〜する」「ご〜する」の形を使います。「ご案内いたします」でも正解とします。

③丁寧語は、話し相手に丁寧に言うときに使います。文末に「です」「ます」をつけます。

6 (1)「淳も同じらしく」に注目しましょう。淳と幸太の気持ちは同じです。

(2)「感覚」という言葉を手がかりにして探しましょう。単に大きく見えるだけでなく、近づけた感じがすることを表しています。

(3)「しかし、いまはこの星空を楽しみたかった」の前に書かれています。それまでは、楽しみきれなかったのです。

(4)あとの部分に「……おじいちゃんには……わからない」と書かれています。

(5)①は「真ん中に……それがM8」から、②は「M8やM20も、銀河の中に見える星々である」から、③は「M20も見える。」「青白く光ってるよね。」から、④は「M8に比べると、かすかにしか見えない」からわかります。

(6)おじいちゃんは幸太の好きなものなら と思い、星を見てみる気持ちになったのでしょう。幸太が気持ちよく場所をゆずったこと、今見ていた星を見てもらおうとして、熱心に説明していることなどをふまえて考えましょう。おじいちゃんが星の美しさを感じ取っていること、あるいは星をきれいだと言ってくれたことと、それをうれしいと思ったことが書かれていれば正解です。

例2 おじいちゃんが、星をきれいだと言ってくれたことがうれしい。

おうちのかたへ

物語文では、登場人物の気持ちの動きを問う設問があります。場面の中の、登場人物の行動の描写や気持ちを表す言葉、また情景描写などに注意して心情の変化を読み取りましょう。

冬のチャレンジテスト

教科書 上82〜下73ページ

名前　　　月　　日

時間 40分

思考・判断・表現 ／50

合格80点 ／100

答え 38ページ

1 読みがなを書きましょう。　一つ1点（6点）

① 粉薬を飲む。（こなぐすり）
② 限りなく広い大地。（かぎ）
③ 遠足の準備をする。（じゅんび）
④ 武者ぶるいする。（むしゃ）
⑤ さそいを断る。（ことわ）
⑥ チームを率いる。（ひき）

2 漢字を書きましょう。　一つ2点（12点）

① 評判（ひょうばん）が高い。
② 夢（ゆめ）のような話。
③ マナーの基本（きほん）を身につける。
④ 計画の実現は可能（かのう）だ。
⑤ カーナビが目的地へと導（みちび）く。
⑥ 燃（も）えるような太陽。

3 次の構成の熟語を□から一つずつ選んで、記号を書きましょう。　一つ2点（10点）

① 上の漢字が主語であるもの。（オ）
② 上の漢字が下を修飾するもの。（ア）
③ 関係のある意味の漢字がならぶもの。（イ）
④ 上の漢字が動作を表し、その対象を表す漢字が下にくるもの。（ウ）
⑤ 下の言葉の意味を打ち消す漢字が上につくもの。（エ）

ア 話題　イ 表現　ウ 帰国
エ 無人　オ 国立

4 次の漢字の成り立ちの種類を□から選んで、記号を書きましょう。　一つ1点（4点）

① 馬（イ）　② 額（ウ）
③ 因（エ）　④ 三（ア）

ア 指事文字　イ 象形文字
ウ 形声文字　エ 会意文字

5 かなづかいに気をつけて、（　）にあてはまるひらがな一字を書きましょう。　一つ1点（10点）

・「オ」と発音する。
① あさが（お）の花。　② ご飯（を）食べる。
・「ユウ」と発音する。
③ （ゆ）うがたの空。　④ 君の（い）うとおりだ。
・「ズ」と発音する。
⑤ 失敗に気（づ）く。　⑥ お城をき（ず）く。
・エ段の音をのばす。
⑦ ね（え）さんの本。　⑧ せ（い）ふくを着る。
・オ段の音をのばす。
⑨ そうじと（う）番。　⑩ 大ど（お）りを走る。

6 木村さんは生態系について短い意見文を書きました。それを読んで、あとの問題に答えましょう。　一つ4点（8点）

> わたしは、幼虫からチョウを育てています。チョウは食べるものを決めていて、同じことをくり返して、命をつないでいくことがわかりました。
> なぜ、同じことをくり返していくのかと調べてみると、何を食べ、どのように生きていくのかを決めることで、生態系が保たれ、環境が守られている、とありました。
> 絶滅の危機にある生物が多いなか、わたしたち人間は、環境についてきちんと考えなければならないと考えます。

① チョウを育てて、チョウについてどのようなことがわかりましたか。簡潔に書きましょう。
（例 チョウは同じことをくり返して、命をつないでいくということ。）

② 木村さんの意見を書きましょう。
（例 私たち人間は、環境について考える必要があるということ。）

うらにも問題があります。

7 思考・判断・表現　文章を読んで、答えましょう。

> だれもおりる人のいない「さばく」駅の三人の駅員は、つまらない毎日を送っていました。ある日、ジョーンズさんは休みを取って汽車に乗り、東に旅に出ました。帰ってくると、おみやげをあげながら、旅で見たことを話しました。次に、スミスさんも汽車に乗り西に旅に出て、目をかがやかせて帰ってきては、旅の話をしました。汽車は東行きか西行きかだけです。三人目のブラウンさんは、歩いて北に行くことにしました。

茶色のすなの上を、一直線にまっすぐ歩いていくブラウンさんのすがたを、ジョーンズさんとスミスさんは、じっと見送りました。そのすがたはだんだん小さくなっていき、やがて見えなくなってしまいました。初めのうち、ブラウンさんがすなの上につけた足あとは、朝つゆがすなの上におりていたので、くっきりと見えました。でも、太陽が空高くのぼるにつれて、足あとは、だんだんにくずれて、消えてしまいました。ちょうど、雪が日光に解けるように、すなも解けてしまったように見えました。

「あいつにまた会えるだろうか。」

ジョーンズさんとスミスさんは、たがいに話し合いました。

しかし、夕方になって、しずみかけた太陽が地平線に近づくころ、二人は、ずっと遠くに、ぽっつり小さな点があるのに気づきました。その点は、だんだん二人の方に近寄ってきました。それがすぐそばまで来たとき、二人には、ブラウンさんの帰ってきたことがわかりました。ブラウンさんの目はかがやき、顔は喜びにあふれていました。

「どうだったい。」

二人は、コーヒーを作ってすわると、ブラウンさんにたずねました。

「君は、どこに行ってきた。何を見てきたのかね。」

「ねえ、君たち。」

ブラウンさんは言いました。

「この駅から二時間歩いた所に、ぼくはオアシス（さばくのなかにある水場）を見つけたんだよ。そこにはきれいな水がわき出ていて、緑の草や花が生えているし、オレンジやレモンの木もしげっているのさ。ぼくは、こんなおみやげを持ってきたよ。」

ブラウンさんは、大きなしる気たっぷりのオレンジをジョーンズさんに、スミスさんには、羽根のようにやわらかい葉と水色の花の束をあげました。

もし、あなたが日曜日に、「さばく」駅に行ってみたところが、だれもいないからといっておどろいてはいけません。三人の駅員たちは、二時間歩いてオアシスに行き、冷たい泉のそばの草の上にねそべって、鳥の歌を聞いているのですからね。

今では、「さばく」と駅の名の書いてある看板には、「オアシスへは当駅下車」という新しい言葉が書きこまれているのです。

ジョーン＝エイキン　文／猪熊葉子　やく「三人の旅人たち」より

(1) ブラウンさんの旅は、ほかの二人とどのような点がちがいましたか。□にあてはまる言葉を書きましょう。　完答5点

汽車を使わずに、歩いていくという点。

(2) 「じっと見送りました。」とありますが、このとき、ジョーンズさんとスミスさんはどんな気持ちでしたか。それがよく表れている一文を探し、初めの五字を書きぬきましょう。　5点

あいつにま

(3) 「すなも解けてしまったように見えました。」という表現は、どのような効果がありますか。一つに○をつけましょう。　5点

ア（　）ブラウンさんは、さばくに解けて消えてしまうにちがいない、と思わせる表現。
イ（○）ブラウンさんも、さばくに解けてしまうのではないか、という不安をあおる表現。
ウ（　）ブラウンさんは、さばくを通りぬけて帰ってくる気がないことを伝える表現。
エ（　）ブラウンさんが、さばくから雪の降る国へ行ってしまうことを予想させる表現。

(4) 「ブラウンさんの帰ってきたことがわかりました。」とありますが、ブラウンさんは、どのような様子で帰ってきましたか。書きましょう。　5点

（例 目がかがやき、喜びが顔にあふれている様子。）

(5) ブラウンさんが見つけたものを、どこにあったかもふくめて書きましょう。　5点

（例 駅から北に二時間歩いた場所にあるオアシス。）

(6) 文章の中にたとえの表現が二か所あります。それぞれ十字以上で書きぬきましょう。　一つ5点（10点）

（雪が日光に解けるように）
（羽根のようにやわらかい葉）

(7) あなたは、ブラウンさんの旅について、どのような旅だった思いますか。次の言葉につながるように、「近く」「発見」という言葉を使って書きましょう。　15点

ジョーンズさんやスミスさんのように、
（例 遠くまで出かけなくても、近くであっても新しい発見ができた旅だったと思った。）

3 ③「表す」「現す」は同じような意味です。

⑤「人が無い」という意味です。「無」「非」などは下の言葉を打ち消します。

5 ⑤「気づく」は「気＋つく」なので「づ」になります。「つづく」「ちぢむ」など、同じ言葉が続く場合にも「ぢ・づ」になります。

⑩「とおり（通り）」はまちがえやすいかなづかいです。「おうさま（王様）」「おおかみ」などにも注意しましょう。

6 ①「……がわかりました」と書いています。ポイントは「同じことをくり返していく」ということです。

②最後に「……なければならないと考えます」とあります。「意見」は最初に書く、最初と最後に書く、まとめとして最後に書くなどの方法があります。

7 (1)二人が汽車で行ったのに対し、ブラウンさんは歩いていくことにした、と前書きにあります。

(3)――線部は「すなも解けて」の「も」に注目しましょう。「すなも解けてしまったように見え」たように、「ブラウンさんも」「解けて」しまうのではないかと思ったことを表しています。

(4)ブラウンさんは「目はかがやき、顔は喜びにあふれて」帰ってきました。

(5)見つけたのは「オアシス」です。「どこにあったかもふくめて」とあるので「駅から北に二時間歩いた所」を忘れないで書きましょう。

(6)「たとえ」とは、物事を何か別の物事で表現する方法です。「〜のような」「〜ように」で表現されています。

(7)「ジョーンズさんやスミスさんのように、」につながるように書きましょう。ジョーンズさんやスミスさんの旅は、汽車に乗って遠くへ行き、見聞を広げるものでした。一方ブラウンさんは歩いて近くに出かけただけですが、オアシスというすてきな場所を発見しました。近くでも新しい発見ができた旅だったということが書いてあればよいでしょう。

例2 汽車で遠くに行かなくても、近くにすてきな場所を発見できた旅だったと思った。

おうちのかたへ

5の仮名遣いには規則性がありますが、例外も多いので、覚えてしまいましょう。「少しずつ」「とおか（十日）」なども誤りやすい仮名遣いです。

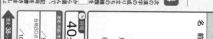

春のチャレンジテスト

教科書 下74～134ページ

名前　　月　日

時間 40分　思考・判断・表現 /50　合格80点 /100

答え39ページ

1 読みがなを書きましょう。　完答一つ1点(4点)

① 製品（せいひん）の開発に賛成（さんせい）する。
② 医者を志（こころざ）していた知人と再会（さいかい）した。
③ 果物（くだもの）を輸入（ゆにゅう）する。
④ 県境（けんざかい）にバスの停留（ていりゅう）場がある。

2 漢字を書きましょう。　一つ1点(8点)

① 作家の［講演］会。　② ［費用］を計算する。
③ 兄が［転居］した。　④ 春を［告］げる鳥。
⑤ ［新幹線］に乗る。　⑥ ［祖母］の家。
⑦ ［血液］型を調べる。　⑧ ［酸素］マスク

3 次の字を（　）の読み方になるように、漢字と送りがなで書きましょう。　一つ2点(8点)

① 営（いとなむ）［営む］
② 明（あきらかだ）［明らかだ］
③ 後（うしろ）［後ろ］
④ 集（あつまる）［集まる］

4 次の言葉は、ア和語、イ漢語、ウ外来語のどれですか。記号を書きましょう。　一つ1点(5点)

① 貿易（イ）　② 婦人（イ）
③ 神様（ア）　④ お年玉（ア）
⑤ テーブル（ウ）

5 □にあてはまる漢字を［　］から選んで書きましょう。　一つ1点(9点)

① ア 成［績］が上がる。　イ 人類の［責］務。　ウ 一メートルの［積］雪。　［責　積　績］
② ア 機械を点［検］する。　イ 過去の体［験］を語る。　ウ 保［険］をかける。　［険　検　験］
③ ア 父の意外な［側］面を知る。　イ 規［則］を守る。　ウ 天体観［測］をする。　［測　則　側］

6 次は大木さんが書いた提案文です。この提案文について、（　）にあてはまる言葉をア～エから選んで、記号を書きましょう。　一つ4点(16点)

> 教室の使い方について提案があります。それは、「教室をきれいに保とう」ということです。
> つくえとつくえの間に、紙くずなどのごみが落ちていますが、その数がだんだん増えてきているように思います。教室がきたないと、一日を気持ちよく過ごせません。
> ごみはごみばこにすてて、教室をきれいに保ち、毎日気持ちよく過ごせるようにしませんか。

・最初に「教室をきれいに保とう」という提案したいことを示して、読む人の（ウ）をひきつけている。
・ごみの数が増えてきていると思ったことが（エ）で、教室がきたないと気持ちよく過ごせないというのが（イ）である。
・この提案を実行すれば毎日気持ちよく過ごせると、実行することの（ア）を伝えている。

ア よさ　イ 提案理由　ウ 意識　エ きっかけ

うらにも問題があります。

7 思考・判断・表現　文章を読んで、答えましょう。

> 主人が大毒だと言った附子。実はさとうで、留守番の太郎冠者と次郎冠者は全部食べてしまった。太郎冠者は、主人が大切にしているものをこわして、泣きながら主人をむかえ、言いわけを始めた。

太郎　わたくしはすもうなど、まだとったことがないと申しますのを、かいなをとって引き立てまするによって、あのとこのおかけ物に取りつきましたら、なあ。おおん、おおん。
次郎　なんのことやらわからぬが、おおん、おおん。
二人　おおん、おおん。
主人　これはいかなこと、大切のかけ物をさんざんに引きさきおった。おのれ、ただにはおかぬぞ。
太郎　その勢いて、今度はあの天目茶わんの上に、ずでんどうと次郎冠者に投げられましたゆえに――
次郎　なんと。
太郎　あのごとくみじんになって、なあ。おおん、おおん。
次郎　なんのことやらわからぬが、おおん、おおん。
二人　おおん、おおん。
主人　ややっ。大切の天目茶わんを粉になしおったな。ますます、ただにはおかぬぞ。
次郎　なんのことやらわからぬが、おおん、おおん。
二人　おおん、おおん。
主人　ややっ。大切の天目茶わんを粉になしおったな。ますます、ただにはおかぬぞ。
主人　いっこうに泣きやまぬところを見ると、さてはまだあるな。はよう言え。このほかに、何をした。
太郎　ほかには何もいたしません。ただご主人様が帰られたら、とても生かしておいてはくださるまいゆえ、附子を食うて、死のうと思うて、なあ。おおん、おおん。
次郎　なるほど、なるほど。そのとおりでござる。附子を食うて死のうと思うて、おおん、おおん。
二人　おおん、おおん。
主人　おのれ、おのれ、附子まで食らいおったか。
太郎　それが、（歌になって）一口食えども死なれもせず。
次郎　（歌て）二口食えども、まだ死なず。
太郎　三口、四口。
次郎　五口。
太郎　十口。
二人　残らずすっかり食うたれども、死なれぬことのめでたさや。あら、なんと堅固なる命よ。
主人　何が堅固なる命じゃ。
二人　まっぴら許してくだされい。許してくだされい。
主人　あの横着者め。とらえてくれい。やるまいぞ、やるまいぞ。やるまいぞ、やるまいぞ。

＊かいな…うで。　＊とこ…とこの間。　＊いかなこと…どうしたことだ。
＊天目茶わん…茶道で使う茶わんの種類。価値が高い。　＊横着者…ふとどき者。悪者。
＊堅固…しっかりしている様子。

木下順二「狂言　附子」より

(1) 「引き立てまする」とありますが、だれが、だれを「引き立て」たのか、ア～ウから選んで記号を書きましょう。　一つ5点(10点)
（イ）が、（ア）を「引き立て」た。
ア 太郎　イ 次郎　ウ 主人

(2) 「このほかに、何をした。」とありますが、「この」にあたる内容を二つ書きましょう。　一つ5点(10点)
例 かけ物をさんざんに引きさいたこと。
例 天目茶わんを粉々にわったこと。

(3) 「なるほど、なるほど。」とありますが、こう言ったときの次郎冠者はどんな気持ちですか。一つに○をつけましょう。　5点
ア（　）わけがわからないが、太郎冠者の言うとおりにしていよう。

イ（　）太郎冠者は、この次郎にすべての罪を着せようとしているのだな、そうはさせないぞ。

ウ（○）太郎冠者がどのように言いわけをしようとしているのか、やっとわかったぞ。

エ（　）自分が「なるほど」と言えば、ご主人様はなっとくしてくれるだろう。

(4) 太郎冠者はどんな人物ですか。一つに○をつけましょう。　5点
ア（　）よくが深い人物。

イ（○）機転がきく人物。

ウ（　）主人思いの人物。

エ（　）お人よしな人物。

(5) この文章の表現にあてはまるものはどれですか。二つに○をつけましょう。　一つ5点(10点)
ア（　）とてもたくみなたとえを使って様子を表現している。

イ（○）投げられ、たおれこむ音を、せりふで表現している。

ウ（　）歌をまじえることで、現代のミュージカル風にしている。

エ（○）言葉のくり返しを多用することで、リズムを生んでいる。

オ（　）舞台上の人物以外の人物のせりふをまじえている。

(6) 太郎冠者は、附子を食べた理由を主人にどう説明していますか。現代語で書きましょう。　10点
例 ご主人様の大切なものをこわしてしまったことが申しわけなく、死んでおわびをしようと思ったから。

---

1 ②送りがなのない「志」は「こころざし」と読みます。

4 ③訓読みの言葉が和語となります。「神様」は二字熟語ですが、訓読み＋訓読みなので、和語です。

5 ①イ「責務」は「しなければならないこと」という意味です。ウ「積もる雪」で「積雪」です。
②「点検」「検査」などは「検」、「体験」「実験」「経験」などは「験」、「危険」「険悪」「保険」などは「険」です。
③「一方」や「かたわら」という意味のときは「側」、「きまり」は「則」、「おしはかる」意味は「測」です。

6 最初に提案したいことを「　」をつけて、わかりやすく示し、読む人の意識をひいています。提案理由を述べ、実行を呼びかけてまとめています。

7 (1)話し手の太郎冠者は、すもうの経験がないのに、次郎冠者が自分の「かいな（うで）」をとってすもうをしかけたと言っています。
(2)「この」は指示語です。――線部までの内容で、太郎冠者と次郎冠者がしたことを読み取りましょう。
(3)それまで次郎冠者は「なんのことやらわからぬ」と事態がのみこめない様子でしたが、このときにようやく事態をのみこんだのです。
(4)主人が毒だと言ったのを利用して、毒を食べなければならない状きょうをわざと作り出している点で、機転がきくといえます。「機転がきく」とは、その場に応じてすばやく考えを働かせることができるということです。
(5)「ずでんどう」は太郎冠者が投げられたときの音です。「おおん、おおん」の泣き声、「附子を食うて」「死のうと思うて」や「許してくだされい」「やるまいぞ」がくり返されています。
(6)「大切にしているものをこわして」「（毒の）附子を食べて死のうと思うて」をおさえ、「〜から。」と理由を説明する表現で結びます。
例2 主人が大切にしているものを壊したおわびに、毒を食べて死のうとしたから。

おうちのかたへ

7は狂言の台本を読む問題です。独特の表現がありますが、現代の物語文と同様に、登場人物の行動や心情を中心に話の筋をおさえることが大切です。面白さのポイントをとらえましょう。

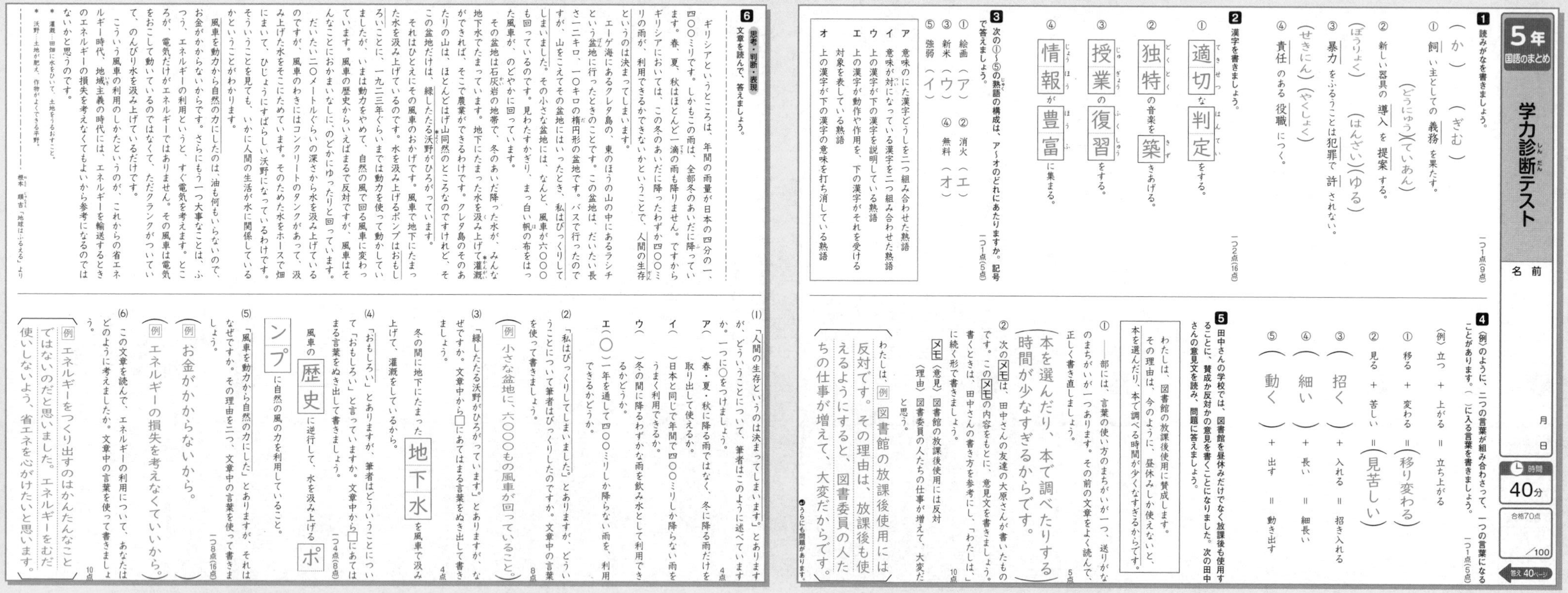
学力診断テスト　5年 国語のまとめ
名前　月　日　時間 40分　合格70点　／100　答え 40ページ

1 読みがなを書きましょう。 一つ1点(9点)
① 飼い主としての義務を果たす。（か）（ぎむ）
② 新しい器具の導入を提案する。（どうにゅう）（ていあん）
③ 暴力をふるうことは犯罪で許されない。（ぼうりょく）（はんざい）（ゆる）
④ 責任のある役職につく。（せきにん）（やくしょく）

2 漢字を書きましょう。 一つ2点(16点)
① 適切な判定をする。
② 独特の音楽を築きあげる。
③ 授業の復習をする。
④ 情報が豊富に集まる。

3 次の①〜⑤の熟語の構成は、ア〜オのどれにあたりますか。記号で答えましょう。 一つ1点(5点)
① 絵画（ア）　② 消火（エ）
③ 新米（ウ）　④ 無料（オ）
⑤ 強弱（イ）
ア 意味のにた漢字どうしを二つ組み合わせた熟語
イ 意味が対になっている漢字を二つ組み合わせた熟語
ウ 上の漢字が下の漢字を説明している熟語
エ 上の漢字が動作や作用を、下の漢字がそれを受ける対象を表している熟語
オ 上の漢字が下の漢字の意味を打ち消している熟語

4 例のように、二つの言葉が組み合わさって、一つの言葉になることがあります。（　）に入る言葉を書きましょう。 一つ1点(5点)
例 立つ ＋ 上がる ＝ 立ち上がる
① 移る ＋ 変わる ＝（移り変わる）
② 見る ＋ 苦しい ＝（見苦しい）
③（招く）＋ 入れる ＝ 招き入れる
④（細い）＋ 長い ＝ 細長い
⑤（動く）＋ 出す ＝ 動き出す

5 田中さんの学校では、図書館を昼休みだけでなく放課後も使用することに、賛成か反対かの意見を書くことになりました。次の田中さんの意見文を読み、問題に答えましょう。
わたしは、図書館の放課後使用に賛成します。その理由は、今のように、昼休みしか使えないと、本を選んだり、本で調べる時間が少なすぎるからです。
① ――部には、言葉の使い方のまちがいが一つ、送りがなのまちがいが一つあります。その前の文章をよく読んで、正しく書き直しましょう。 5点
（本を選んだり、本で調べたりする時間が少なすぎるからです。）
② 次のメモは、田中さんの友達の大原さんが書いたものです。このメモの内容をもとに、意見文を書きましょう。書くときは、田中さんの書き方を参考にし、「わたしは、」に続く形で書きましょう。 10点
メモ〈意見〉図書館の放課後使用には反対
〈理由〉図書委員の人たちの仕事が増えて、大変だと思う。
わたしは、（例 図書館の放課後使用には反対です。その理由は、放課後も使えるようにすると、図書委員の人たちの仕事が増えて、大変だからです。）
うらにも問題があります。

6 思考・判断・表現 文章を読んで、答えましょう。
ギリシアというところは、年間の雨量が日本の四分の一、四〇〇ミリです。しかもこの雨は、全部冬のあいだに降ってしまいます。春、夏、秋はほとんど一滴の雨も降りません。ですからギリシアにおいては、この冬のあいだに降ったわずか四〇〇ミリの雨が、利用できるかできないかということで、人間の生存というのは決まってしまいます。

エーゲ海にあるクレタ島の、東のほうの山の中にあるラシチという盆地に行ったときのことです。この盆地は、だいたい長さ一二キロ、一〇キロの楕円形の盆地です。バスで行ったのですが、山をこえてその盆地にはいったとき、私はびっくりしてしまいました。その小さな盆地には、なんと、風車が六〇〇〇も回っているのです。見わたすかぎり、まっ白い帆の布をはった風車が、のどやかに回っています。

その盆地は石灰岩の地帯で、冬のあいだ降った水が、みんな地下水でたまってしまいます。地下にたまった水を汲み上げて灌漑ができれば、そこで農業ができるわけです。クレタ島のそのあたりの山は、ほとんどは山同然のところなのですけれど、この盆地だけは、緑したたる沃野がひろがっています。

それはひとえにその風車のおかげです。風車で地下にたまった水を汲み上げているのです。水を汲み上げるポンプはおもしろいことに、一九二三年ぐらいまでは動力を使って動かしていましたが、いまは動力をやめて、自然の風で回る風車に変わっています。風車の歴史からいえばまるで反対ですが、風車はそんなことにおかまいなしに、のどかにゆったりと回っています。

だいたい二〇メートルぐらいの深さから水を汲み上げているのですが、風車のわきにはコンクリートのタンクがあって、汲み上げた水をそこにためています。そのため水をホースで畑にまいて、ひじょうにすばらしい沃野になっているわけです。

そういうことを見ても、いかに人間の生活が水に関係しているかということがわかります。

風車を動力から自然の力にしたのは、油も何もいらないので、お金がかからないからです。さらにもう一つ大事なことは、ふつう、エネルギーの利用というと、すぐ電気を考えます。ところが、電気だけがエネルギーではありません。その風車は電気をおこして動いているのではなくて、ただクランクがついていて、のんびり水を汲み上げているだけです。

こういう風車の利用のしかたというのが、これからの省エネルギー時代、地域主義の時代には、エネルギーを輸送するときのエネルギーの損失を考えなくてもよいから参考になるのではないかと思うのです。
＊ 灌漑…田畑に水をひいて、土地をうるおすこと。
＊ 沃野…土地が肥え、作物がよくできる平野。
根本 順吉「地球はふるえる」より

(1) 「人間の生存というのは決まってしまいます。」とありますが、どういうことについて、筆者はこのように述べていますか。一つに〇をつけましょう。 4点
ア（　）春・夏・秋に降る雨ではなく、冬に降る雨だけを取り出して使えるか。

イ（　）日本と同じで年間で四〇〇ミリしか降らない雨をうまく利用できるか。

ウ（　）冬の間に降るわずかな雨を飲み水として利用できるかどうか。

エ（〇）一年を通して四〇〇ミリしか降らない雨を、利用できるかどうか。
(2) 「私はびっくりしてしまいました」とありますが、どういうことについて筆者はびっくりしたのですか。文章中の言葉を使って書きましょう。 8点
（例 小さな盆地に、六〇〇〇もの風車が回っていること。）
(3) 「緑したたる沃野がひろがっています」とありますが、なぜですか。文章中から□にあてはまる言葉をぬき出して書きましょう。 4点
冬の間に地下にたまった 地下水 を風車で汲み上げて、灌漑をしているから。
(4) 「おもしろい」とありますが、筆者はどういうことについて「おもしろい」と言っていますか。文章中から□にあてはまる言葉をぬき出して書きましょう。 一つ4点(8点)
風車の 歴史 に逆行して、水を汲み上げる ポンプ に自然の風の力を利用していること。
(5) 「風車を動力から自然の力にした」とありますが、それはなぜですか。その理由を二つ、文章中の言葉を使って書きましょう。 一つ8点(16点)
（例 お金がかからないから。）

（例 エネルギーの損失を考えなくていいから。）
(6) この文章を読んで、エネルギーの利用について、あなたはどのように考えましたか。文章中の言葉を使って書きましょう。 10点
（例 エネルギーをつくり出すのはかんたんなことではないのだと思いました。エネルギーをむだ使いしないよう、省エネを心がけたいと思います。）

3 熟語の意味をよく思い出してみると、漢字と漢字の意味のつながりがわかります。

4 二つの言葉が組み合わさるときには、上の言葉の形が変わることがあるので注意しましょう。
③「招き」を言い切りの形で答えます。
④「細」を言い切りの形で答えます。

5 意見文を書くときには、意見（立場）とその理由をはっきりさせておく必要があります。
①言葉の使い方のまちがいは、「本を選んだり」の「〜たり、〜たり」という言い方が、「本で調べる」の部分で対応していないことです。送りがなは、「少くなすぎる」の「く」が不要です。
②田中さんの意見文の形をまねて、メモの内容が入るように書きましょう。

6 (1)直前に「ですからギリシアにおいては……利用できるかできないかということで」と書かれていることに注目しましょう。
(2)直後に、「その小さな盆地には……のどやかに回っています」と書かれています。筆者は、クレタ島へ行って、小さな盆地に六〇〇〇もの風車が回っているのを見て、おどろきました。
(3)直後に「それはひとえに……汲み上げているのです」とあるのに着目します。「それ」とは、クレタ島のラシチという盆地には沃野が広がっていることを指しています。
(4)一九二三年ごろまで、地下にたまった水を汲み上げるポンプを動かすのに、動力を使っていたことが、直後の内容からわかります。ところが、この歴史を逆行するかのように、今は、風車を使ってポンプを動かしているのです。
(5)あとに続く内容に着目しましょう。理由の一つは、直後に書かれています。もう一つは、最後の段落の内容をまとめます。
(6)筆者は、最後の段落でエネルギーの利用について自分の考えを述べています。この部分に着目しながら、エネルギーの利用に関する自分の考えを書きましょう。
例2 ラシチ盆地の風車のように、電気以外のエネルギーを使い省エネルギーを実現している例が他にもないか、知りたいと思いました。

おうちのかたへ
説明文では、筆者が説明している物事が、筆者の伝えたいこととどのように関係しているかに注目しながら読みましょう。

付録 とりはずしてお使いください。

漢字せんもんドリル

5年生で習う漢字

テストによく出る問題をといてレベルアップしよう！

もくじ

5年　組

1 あ行の漢字　圧・囲・移・因・永・営・衛・易・益・液・演・応・往・桜
か行の漢字①　可・仮・価・河・過・快・解・格・確・額・刊

／100

テストによくでる1位

1 ――線の読みがなを書こう。 一つ3点(30点)

① 雲ひとつない快晴。（　）
② 食品の衛生を保つ。（　）
③ 河岸の風景を写生する。（　）
④ 熱が出て額を冷やす。（　）
⑤ 仮に住む家。（　）
⑥ 今年の暑さは格別だ。（　）
⑦ 確信してうたがわない。（　）
⑧ 習ったことを応用する。（　）
⑨ 海底は水圧がかかる。（　）
⑩ 頭囲をはかる。（　）

2 □に合う漢字を書こう。 一つ2点(40点)

① □□（よう い）にかたづく問題。
② □□（り えき）を計算する。
③ 不安が□□（かい しょう）される。
④ □□（きん がく）を計算する。
⑤ 川の□□（か こう）に港がある。
⑥ 駅まで□□（おう ふく）する。

3 次の――線を、漢字と送りがなで書こう。 一つ3点(30点)

① 簡（かん）単でやさしい宿題。（　）
② 期待にこたえる結果。（　）
③ 新しい土地にうつる。（　）
④ 周りをかこむ。（　）
⑤ 雪がとける。（　）

テストによくでる2位

⑦ ［えいえん］に変わらないもの。

⑧ 男子体そうの［えんぎ］。

⑨ 運動場に［いどう］する。

⑩ 失敗の［げんいん］を考える。

⑪ ［かこ］をふり返る。

⑫ ［かのうせい］の高い方法。

⑬ ［えきたい］を器（うつわ）に入れる。

⑭ ［かめん］をつける。

テストによくでる3位

⑮ 二十四時間［えいぎょう］の店。

⑯ ［か］値（ち）のある勝利。

⑰ 公園の［さくら］がさく。

⑱ 父が［ゆうかん］を読む。

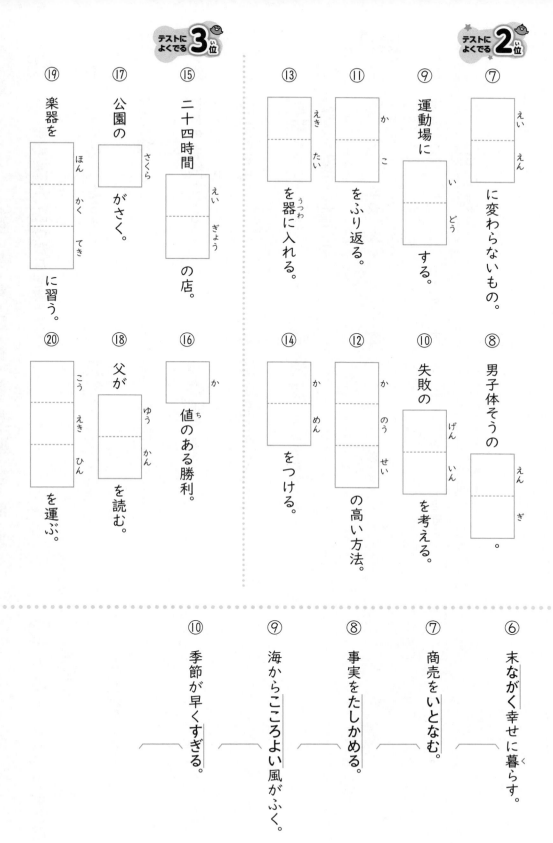

⑲ 楽器を［ほんかくてき］に習う。

⑳ ［こうえきひん］を運ぶ。

⑥ 末**ながく**幸せに暮（く）らす。　（　　　）

⑦ 商売を**いとなむ**。　（　　　）

⑧ 事実を**たしかめる**。　（　　　）

⑨ 海から**こころよい**風がふく。　（　　　）

⑩ 季節が早く**すぎる**。　（　　　）

2 か行の漢字②

幹・慣・眼・紀・基・寄・規・喜・技・義・逆・久・旧・救・居・許・境
均・禁・句・型・経・潔・件・険・検・限・現

／100

1 ――線の漢字の読みがなを書こう。　一つ3点（30点）

① 体育で持久走をする。（　　）
② 原型をとどめない。（　　）
③ 新幹線に乗る。（　　）
④ 会って用件を伝える。（　　）
⑤ 機械の点検をする。（　　）
⑥ 観察眼を養う。（　　）
⑦ 旧式の機械。（　　）
⑧ 限定品を手に入れる。（　　）
⑨ 逆境に負けない強さ。（　　）
⑩ 演技にみがきをかける。（　　）

テストによくでる1位

2 □に合う漢字を書こう。　一つ2点（40点）

① □□（き・しゅく）学校に入る。
② □□（とっ・きょ）をとる。
③ すばらしい□□（けい・けん）をする。
④ 学校の□□（き・そく）を守る。
⑤ □□□（き・こう・ぶん）を読む。
⑥ 新聞を読む□□（しゅう・かん）。

3 次の――線を、漢字と送りがなで書こう。　一つ3点（30点）

① 風にさからって歩く。（　　）
② ひさしぶりに会う人。（　　）
③ 失敗をゆるす。（　　）
④ いい知らせによろこぶ。（　　）
⑤ 寒さに体をならす。（　　）

テストによくでる2位

⑦ 国と国の［さかい］の川。

⑧ ［せいぎ］の味方。

⑨ ［きほん］から学ぶ。

⑩ 高さを［きんとう］にする。

⑪ 進入［きんし］の標識。

⑫ 木の［みき］から皮をとる。

⑬ ［せいけつ］な服を着る。

⑭ 新学期の前に［てんきょ］する。

テストによくでる3位

⑮ 生命［ほけん］に入る。

⑯ ［きゅうきゅうしゃ］をよぶ。

⑰ ［きげん］を定める。

⑱ 試合に［ぎゃくてん］勝ちした。

⑲ 計画が［じつげん］する。

⑳ 文章に［くてん］を打つ。

⑥ けわしい山道を登る。（けわしい）

⑦ 使用する目的をかぎる。（かぎる）

⑧ 信頼(らい)をよせる。（よせる）

⑨ 雲から太陽があらわれる。（あらわれる）

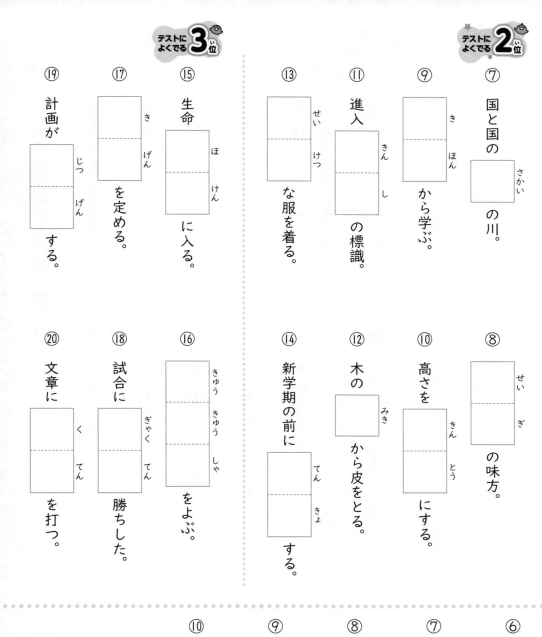

⑩ 永い時をへる。（へる）

3 か行の漢字③ さ行の漢字①

減・故・個・護・効・厚・耕・航・鉱・構・興・講・告・混
査・再・災・妻・採・際・在・財・罪・殺・雑・酸・賛・士・支・史・志・枝

／100

1 ――線の漢字の読みがなを書こう。 一つ3点(30点)

① 雑木林を散歩する。（　　）
② この町の名士。（　　）
③ 講堂に集合する。（　　）
④ 冷たい炭酸ジュース。（　　）
⑤ 航海をはじめる。（　　）
⑥ 息を殺して見守る。（　　）
⑦ 史実にもとづく物語。（　　）
⑧ いたみが軽減される。（　　）
⑨ 細い枝道に分かれる。（　　）
⑩ 新興国の発展。（　　）

テストによくでる1位

2 □に合う漢字を書こう。 一つ2点(40点)

① 男女□□（こんごう）のチーム。
② □□（ようご）学校の先生。
③ □□（じつざい）の人物。
④ テストの□□（さいてん）をする。
⑤ 朝顔に□□（しちゅう）を立てる。
⑥ □□（いし）の強い人物。

3 次の――線を、漢字と送りがなで書こう。 一つ3点(30点)

① 終わりの時間をつげる。（　　）
② 作家をこころざす。（　　）
③ 私（わたし）はふたたび外出した。（　　）
④ 予定より人数がへる。（　　）
⑤ 良くきく薬を飲む。（　　）

テストによくでる2位

⑦ （こくさい）会議に出席する。

⑧ 音楽に（きょうみ）がある。

⑨ 意見に（さんせい）する。

⑩ （こうさく）に適した土地。

⑪ （さいがい）から身を守る。

⑫ チームを（こうせい）する人々。

⑬ （じこ）に備える。

⑭ 金は（こうぶつ）の一種だ。

テストによくでる3位

⑮ 友との（さいかい）を喜ぶ。

⑯ （ざいにん）を取りしまる。

⑰ （ぶんかざい）に指定する。

⑱ 湖の（ちょうさ）を行う。

⑲ 必要な（こすう）をそろえる。

⑳ やさしい（つま）。

⑥ 山菜をとりに行く。

⑦ 絵の具をまぜる。

⑧ あつい本を読む。

⑨ 春に畑をたがやす。

⑩ 新しく店をかまえる。

4 さ行の漢字②

師・資・飼・示・似・識・質・舎・謝・授・修・述・術
準・序・招・証・象・賞・条・状・常・情・織・職・制

/100

テストによくでる1位

1 ――線の漢字の読みがなを書こう。

一つ3点(30点)

① 的に照準を合わせる。（　　）
② 学校の職員室。（　　）
③ 体質が変わる。（　　）
④ よい印象をもつ。（　　）
⑤ 音楽会に招待される。（　　）
⑥ 順序を立てて考える。（　　）
⑦ 手術が成功する。（　　）
⑧ 仕事の指示をする。（　　）
⑨ 母の似顔絵をかく。（　　）
⑩ 医師になるための大学。（　　）

2 □に合う漢字を書こう。

一つ2点(40点)

① 屋根を［しゅう］［り］する。
② ［しょう］［きん］をかく得する。
③ ［し］［かく］を取得する。
④ ［そ］［しき］が全国に広がる。
⑤ 体育の［じゅん］［び］体そう。
⑥ ［じょう］［けん］を整える。

3 次の――線を、漢字と送りがなで書こう。

一つ3点(30点)

① かい犬に手をかまれる。（　　）
② 学業をおさめる。（　　）
③ 方向をしめす。（　　）
④ 会議で意見をのべる。（　　）
⑤ 友人を家にまねく。（　　）

テストによくでる2位

⑦ （ひょう・じょう）が明るくなる。

⑧ （じゅ・ぎょう）では静かにする。

⑨ 球のような（けい・じょう）。

⑩ （つね）に冷静な人。

⑪ 新しい（ち・しき）を得る。

⑫ 先生に（しつ・もん）をする。

⑬ 身分を（しょう・めい）する。

⑭ 国の（せい・ど）を定める。

テストによくでる3位

⑮ （かん・しゃ）の気持ちを伝える。

⑯ 正門から（こう・しゃ）へ歩く。

⑰ 牛や馬を（し・いく）する。

⑱ 良い（きょう・し）になる。

⑲ あこがれの（しょく・ぎょう）。

⑳ 長い物語の（じょ・しょう）。

⑥ 家で犬をかう。（＿＿）

⑦ なさけ深い人物。（＿＿）

⑧ 子供（ども）は親ににる。（＿＿）

⑨ かわった形のまねきねこ。（＿＿）

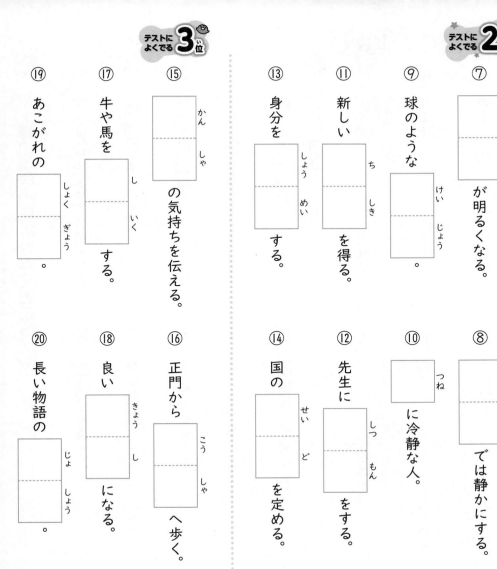

⑩ 美しい布をおる。（＿＿）

5 さ行の漢字③　性・政・勢・精・製・税・責・績・接・設・絶・祖・素
総・造・像・増・則・測・属・率・損　た行の漢字①　貸

テストによくでる1位

/100

1 ——線の漢字の読みがなを書こう。
一つ3点(30点)

①将来(しょう)は政治家を目指す。（　　）
②総合で一位をとる。（　　）
③自画像をえがく。（　　）
④鉄は金属である。（　　）
⑤算数で円周率を習う。（　　）
⑥大勢で観戦する。（　　）
⑦体力を測定する。（　　）
⑧いすを製作する。（　　）
⑨部屋に造花をかざる。（　　）
⑩祖父はとても元気だ。（　　）

2 □に合う漢字を書こう。
一つ2点(40点)

①ビルの□□(せっけい)をする。
②□□(せいりょく)が広がる。
③部品を□□(せいぞう)する。
④検査の□□(せいど)を高める。
⑤国家□□(ざいせい)の見通し。
⑥人口が□□(ぞうか)する。

3 次の——線を、漢字と送りがなで書こう。
一つ3点(30点)

①風のいきおいが強い。（　　）
②特別に席をもうける。（　　）
③建物をつくる。（　　）
④チームをひきいて勝つ。（　　）
⑤自分の失敗をせめる。（　　）

テストによくでる2位

⑦ 算数の［せいせき］が上がる。

⑧ ［ぜったい］に忘(わす)れない。

⑨ 音楽の［そしつ］がある。

⑩ 船が岸に［せっきん］する。

⑪ ［せきにん］のある仕事。

⑫ ［そん］して得取れ。

⑬ ［きそく］を守る。

⑭ ［ちせい］あふれる人。

テストによくでる3位

⑮ ［ぜいきん］をおさめる。

⑯ ［がぞう］を見比べる。

⑰ 人類の［そせん］。

⑱ クラブに［しょぞく］する。

⑲ 天体［かんそく］をする。

⑳ 生徒［そうかい］を開く。

⑥ 友人に本をかす。

⑦ 参加人数がふえる。

⑧ 身長をはかる。

⑨ 消息をたつ。

⑩ 塩であまさがます。

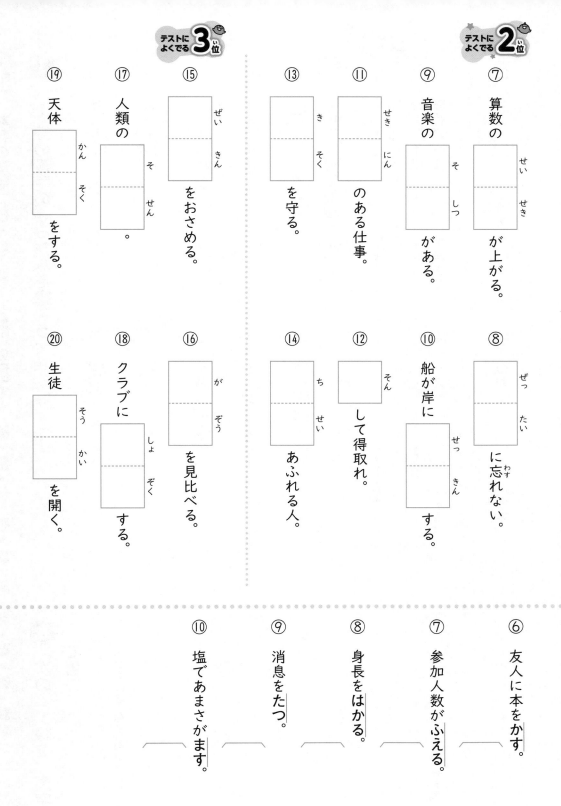

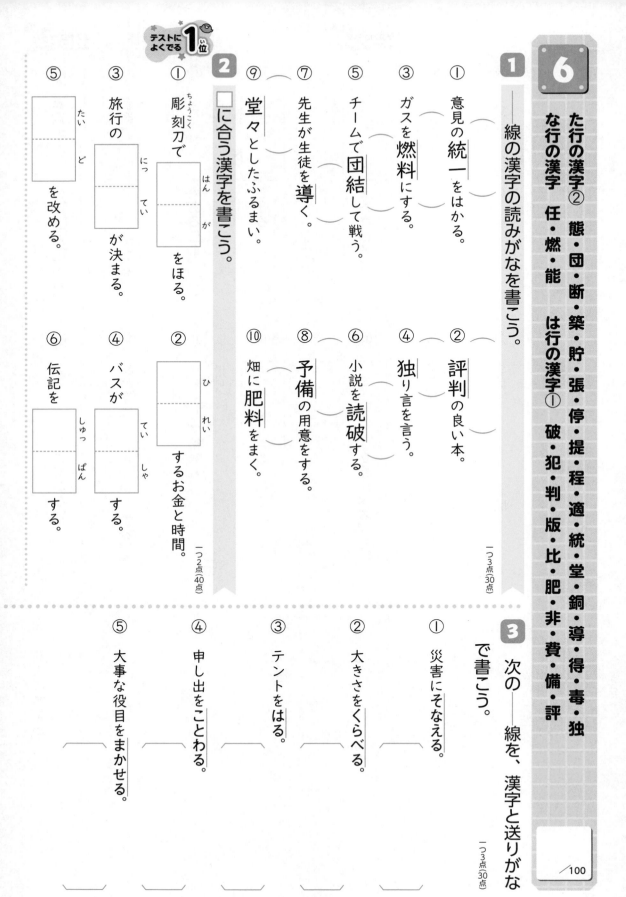

6 た行の漢字② 態・団・断・築・貯・張・停・提・程・適・統・堂・銅・導・得・毒・独
な行の漢字 任・燃・能　は行の漢字① 破・犯・判・版・比・肥・非・費・備・評

／100

テストによくでる1位

1 ——線の漢字の読みがなを書こう。 一つ3点(30点)

① 意見の統一をはかる。（　　）
② 評判の良い本。（　　）
③ ガスを燃料にする。（　　）
④ 独り言を言う。（　　）
⑤ チームで団結して戦う。（　　）
⑥ 小説を読破する。（　　）
⑦ 先生が生徒を導く。（　　）
⑧ 予備の用意をする。（　　）
⑨ 堂々としたふるまい。（　　）
⑩ 畑に肥料をまく。（　　）

2 □に合う漢字を書こう。 一つ2点(40点)

① 彫刻刀（ちょうこくとう）で□□（はんが）をほる。
② □□（ひれい）するお金と時間。
③ 旅行の□□（にってい）が決まる。
④ バスが□□（ていしゃ）する。
⑤ □□（たいど）を改める。
⑥ 伝記を□□（しゅっぱん）する。

3 次の——線を、漢字と送りがなで書こう。 一つ3点(30点)

① 災害にそなえる。（　　）
② 大きさをくらべる。（　　）
③ テントをはる。（　　）
④ 申し出をことわる。（　　）
⑤ 大事な役目をまかせる。（　　）

テストによくでる2位

⑦ お年玉を［ちょ｜きん］する。

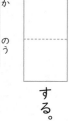

⑧ 課題を［てい｜しゅつ］する。

⑨ 実現が［か｜のう］な計画。

⑩ ［ひ｜じょう｜ぐち］をさがす。

⑪ 議長に［にん｜めい］される。

⑫ 気候の変化に［てき｜おう］する。

⑬ ［どく｜りつ］への道を進む。

⑭ ［はん｜ざい］を防止する。

テストによくでる3位

⑮ 委員長が［けつ｜だん］を下す。

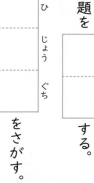

⑯ 三位の［どう］メダルをもらう。

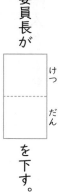

⑰ ［しん｜ちく］の家に住む。

⑱ 多くの時間を［しょう｜ひ］する。

⑲ 父が［しゅっ｜ちょう］から帰る。

⑳ ［どく｜ぶつ］をあつかう仕事。

---

⑥ 紙を<u>やぶる</u>。（　　）

⑦ 山に城を<u>きずく</u>。（　　）

⑧ 今日は<u>もえる</u>ゴミの日。（　　）

⑨ 多くの友人を<u>える</u>。（　　）

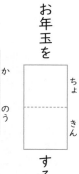

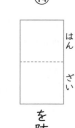

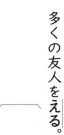

⑩ 牧場の牛が<u>こえる</u>。（　　）

7 は行の漢字②　貧・布・婦・武・復・複・仏・粉・編・弁・保・墓・報・豊・防・貿・暴
ま行の漢字　脈・務・夢・迷・綿　や行・ら行の漢字　輸・余・容・略・留・領・歴

／100

テストによくでる1位

1 ――線の漢字の読みがなを書こう。
一つ3点(30点)

① 野球に夢中になる。（　　）
② 国語の復習をする。（　　）
③ 木に仏の像を彫(ほ)る。（　　）
④ 領地を得る。（　　）
⑤ 婦人会の会合。（　　）
⑥ 消防車が走る。（　　）
⑦ 墓前に花をそなえる。（　　）
⑧ 武士の情け。（　　）
⑨ 遠足で弁当を食べる。（　　）
⑩ 台風の暴風雨。（　　）

2 □に合う漢字を書こう。
一つ2点(40点)

① 国民の□□(ぎむ)を果たす。
② □□(ぼうえき)を再開する。
③ トラックで□□(ゆそう)する。
④ たんぽぽの□□(わたげ)を吹(ふ)く。
⑤ 国の□□(れきし)を学ぶ。
⑥ □□(ふくすう)の意見が出る。

3 次の――線を、漢字と送りがなで書こう。
一つ3点(30点)

① 自分の役割(わり)をつとめる。（　　）
② ふと目にとまる。（　　）
③ どちらを選ぶかまよう。（　　）
④ 人数分よりあまる。（　　）
⑤ 嵐(あらし)で海があばれる。（　　）

テストによくでる2位

⑦ 良い結果を［ほう｜こく］する。

⑧ プリントを［はい｜ふ］する。

⑨ ［めん］でできたシャツ。

⑩ 説明を［しょう｜りゃく］する。

⑪ ［こ｜むぎ｜こ］を練る。

⑫ 大切に［ほ｜かん］する。

⑬ 絵の［よ｜はく］に色をぬる。

⑭ 険しい［さん｜みゃく］。

テストによくでる3位

⑮ ［ちょう｜へん］の小説を読む。

⑯ 外国に［りゅう｜がく］する。

⑰ ［ぬの］から服を作る。

⑱ ［ゆめ］をかなえる努力。

⑲ ［ない｜よう］を理解する。

⑳ 先祖代々の［はか］。

⑥ ゆたかな生活をおくる。（　　　）

⑦ まずしい国に寄付をする。（　　　）

⑧ 水の浸（しん）入をふせぐ。（　　　）

⑨ セーターをあむ。（　　　）

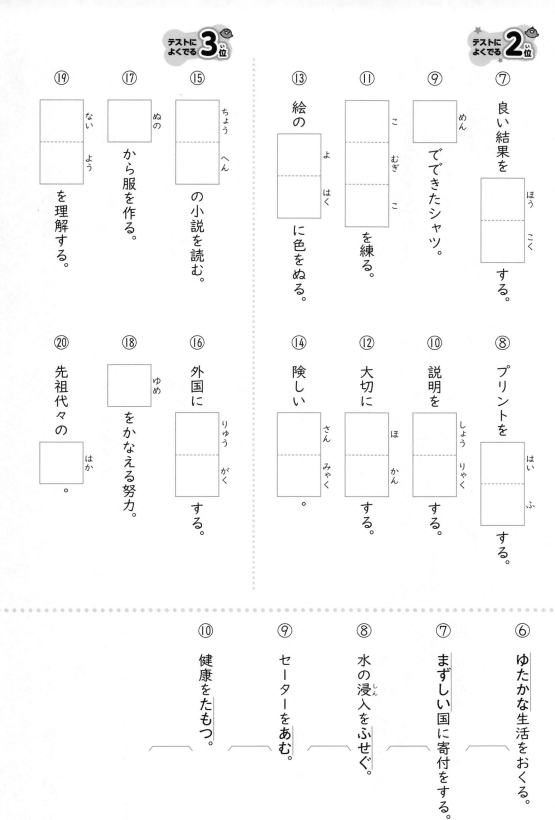

⑩ 健康をたもつ。（　　　）

8 五年生で習った漢字

／100

1 ――線の漢字の読みがなを書こう。 一つ2点(16点)

① 木の幹を材料にする。（　　）

② ビルを転居する。（　　）

③ 全国的な組織に成長する。（　　）

④ 物語の序章にすぎない。（　　）

⑤ 貿易を黒字にする。（　　）

⑥ 余白を十分にとる。（　　）

⑦ 毎日営業する。（　　）

⑧ 原因を調べる。（　　）

2 □に合う漢字を書こう。 一つ3点(24点)

① 税金を□□（けい げん）する。

② □□（たん さん）ジュースを飲む。

4 次の――線を、漢字と送りがなで書こう。 一つ4点(40点)

① スポーツ選手をこころざす。（　　）

② 商売をいとなむ。（　　）

③ こころよい返事をもらう。（　　）

④ 新しい土地にうつる。（　　）

⑤ 自分の考えをのべる。（　　）

③ □□（む・ちゅう）で取り組む。

④ □□（ぶ・し）の情け。

⑤ □□（べん・とう）を食べる。

⑥ □□（よ・び）のパーツを使う。

⑦ 畑に□□（ひ・りょう）をまく。

⑧ □□（たい・しつ）が変化する。

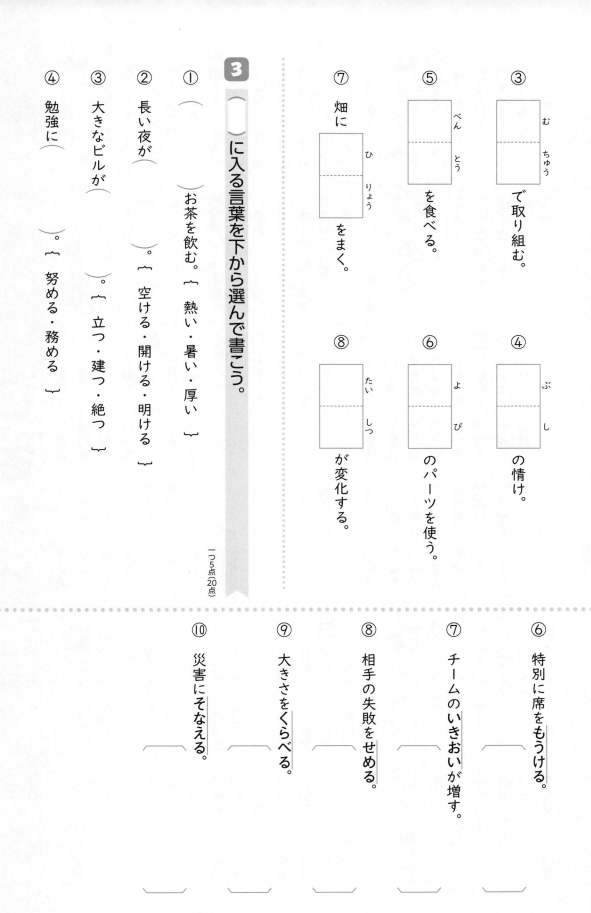

3 （　）に入る言葉を下から選んで書こう。 一つ5点（20点）

① （　　）お茶を飲む。〔熱い・暑い・厚い〕

② 長い夜が（　　）。〔空ける・開ける・明ける〕

③ 大きなビルが（　　）。〔立つ・建つ・絶つ〕

④ 勉強に（　　）。〔努める・務める〕

⑥ 特別に席を<u>もうける</u>。〔　　〕

⑦ チームの<u>いきおい</u>が増す。〔　　〕

⑧ 相手の失敗を<u>せめる</u>。〔　　〕

⑨ 大きさを<u>くらべる</u>。〔　　〕

⑩ 災害に<u>そなえる</u>。〔　　〕

答え

1　2・3ページ

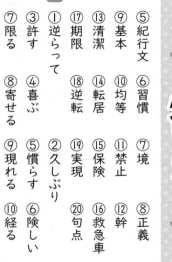

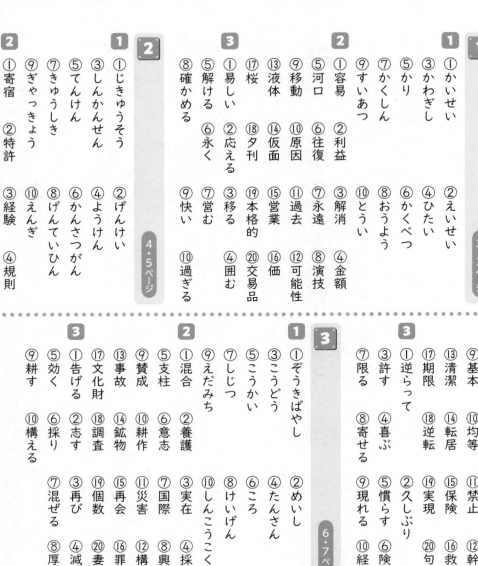

1
①かいせい　②えいせい
③かわぎし　④ひたい
⑤かり　⑥かくべつ
⑦かくしん　⑧おうよう
⑨すいあつ　⑩とうい

2
①容易　②利益　③解消　④金額
⑤河口　⑥往復　⑦永遠　⑧演技
⑨移動　⑩原因　⑪過去　⑫可能性
⑬液体　⑭仮面　⑮営業　⑯価
⑰桜　⑱夕刊　⑲本格的　⑳交易品

3
①易しい　②応える　③移る　④囲む
⑤解ける　⑥永く　⑦営む
⑧確かめる　⑨快い　⑩過ぎる

2　4・5ページ

1
①じきゅうそう　②げんけい
③しんかんせん　④ようけん
⑤てんけん　⑥かんさつがん
⑦きゅうしき　⑧げんていひん
⑨ぎゃっきょう　⑩えんぎ

2
①寄宿　②特許　③経験　④規則
⑤紀行文　⑥習慣　⑦境　⑧正義
⑨基本　⑩均等　⑪禁止　⑫幹
⑬清潔　⑭転居　⑮保険　⑯救急車
⑰期限　⑱逆転　⑲実現　⑳句点

3
①逆らって　②久しぶり
③許す　④喜ぶ　⑤慣らす　⑥険しい
⑦限る　⑧寄せる　⑨現れる　⑩経る

3　6・7ページ

1
①ぞうきばやし　②めいし
③こうどう　④たんさん
⑤こうかい　⑥ころ
⑦しじつ　⑧けいげん
⑨えだみち　⑩しんこうこく

2
①混合　②養護　③実在　④採点
⑤支柱　⑥意志　⑦国際　⑧興味
⑨賛成　⑩耕作　⑪災害　⑫構成
⑬事故　⑭鉱物　⑮再会　⑯罪人
⑰文化財　⑱調査　⑲個数　⑳妻

3
①告げる　②志す　③再び　④減る
⑤効く　⑥採り　⑦混ぜる　⑧厚い
⑨耕す　⑩構える

4　8・9ページ

1
①しょうじゅん　②しょくいん
③たいしつ　④いんしょう
⑤しょうたい　⑥じゅんじょ
⑦しゅじゅつ　⑧しじ
⑨にがおえ　⑩いし

2
①修理　②賞金　③資格　④組織
⑤準備　⑥条件　⑦表情　⑧授業
⑨形状　⑩常　⑪知識　⑫質問
⑬証明　⑭制度　⑮感謝　⑯校舎
⑰飼育　⑱教師　⑲職業　⑳序章

3
①飼い　②修める　③示す　④述べる
⑤招く　⑥飼う　⑦情け　⑧似る
⑨招き　⑩織る

5　10・11ページ

1
①せいじか　②そうごう
③じがぞう　④きんぞく
⑤えんしゅうりつ　⑥おおぜい
⑦そくてい　⑧せいさく
⑨ぞうか　⑩そふ

2
①設計　②勢力　③製造　④精度

⑤財政 ⑥増加 ⑦成績 ⑧絶対
⑨素質 ⑩接近 ⑪責任 ⑫損
⑬規則 ⑭知性 ⑮税金 ⑯画像
⑰祖先 ⑱所属 ⑲観測 ⑳総会

3
①勢い ②設ける ③造る ④率いて
⑤責める ⑥貸す ⑦増える ⑧測る
⑨絶つ ⑩増す

6 （12・13ページ）

1
①とういつ ②ひょうばん
③ねんりょう ④ひと
⑤だんけつ ⑥どくは
⑦みちび ⑧よび
⑨どうどう ⑩ひりょう

2
①版画 ②比例 ③日程 ④停車
⑤態度 ⑥出版 ⑦貯金 ⑧提出
⑨可能 ⑩非常口 ⑪任命 ⑫適応
⑬独立 ⑭犯罪 ⑮決断 ⑯銅
⑰新築 ⑱消費 ⑲出張 ⑳毒物

3
①備える ②比べる ③張る ④断る
⑤任せる ⑥破る ⑦築く ⑧燃える
⑨得る ⑩肥える

7 （14・15ページ）

1
①むちゅう ②ふくしゅう
③ほとけ ④りょうち
⑤ふじん ⑥しょうぼうしゃ
⑦ぼぜん ⑧ぶし
⑨べんとう ⑩ぼうふうう

2
①義務 ②貿易 ③輸送 ④綿毛
⑤歴史 ⑥複数 ⑦報告 ⑧配布
⑨綿 ⑩省略 ⑪小麦粉 ⑫保管
⑬余白 ⑭山脈 ⑮長編 ⑯留学
⑰布 ⑱夢 ⑲内容 ⑳墓

3
①務める ②留まる ③迷う ④余る
⑤暴れる ⑥豊かな ⑦貧しい ⑧防ぐ
⑨編む ⑩保つ

8 （16・17ページ）

1
①みき ②てんきょ
③そしき ④じょしょう
⑤ぼうえき ⑥よはく
⑦えいぎょう ⑧げんいん

2
①軽減 ②炭酸 ③夢中 ④武士
⑤弁当 ⑥予備 ⑦肥料 ⑧体質

3
①熱い ②明ける ③建つ ④努める

4
①志す ②営む ③快い ④移る
⑤述べる ⑥設ける ⑦勢い ⑧責める
⑨比べる ⑩備える